이명옥의 **크로싱**

ⓒ René Magritte / ADAGP, Paris - SACK, Seoul, 2011
ⓒ Calder Foundation, New York / ARS, New York - SACK, Seoul, 2011
ⓒ The Andy Warhol Foundation for the Visual Arts, Inc. / SACK, Seoul, 2011
ⓒ Tracey Emin / DACS, London - SACK, Seoul, 2011
ⓒ 2011 - Succession Pablo Picasso - SACK (Korea)
ⓒ Mel Ramos / SACK, Seoul / VAGA, NY, 2011
ⓒ Salvador Dalí, Fundació Gala-Salvador Dalí, SACK, 2011
M.C. Escher's "Development II" ⓒ 2011 The M.C. Escher Company-Holland. All rights reserved.
www.mcescher.com

이 서적 내에 사용된 일부 작품은 M.C. Escher Company와, 일부 작품은 SACK를 통해 ADAGP, ARS, DACS, Succession Picasso, VAGA, VEGAP와 저작권 계약을 맺은 것입니다. 저작권법에 의하여 한국 내에서 보호를 받는 저작물이므로 무단 전재 및 복제를 금합니다.

이 책에 사용된 작품들은 대부분 저작권자의 동의를 얻었습니다만, 저작권자를 찾지 못하여 게재 허락을 받지 못한 작품에 대해서는 저작권자가 확인되는 대로 게재 허락을 받고 정식 동의 절차를 밟겠습니다.

99명의 거장에게서 발견한 생각의 연금술

# 이명옥의
# 크로싱

이명옥 지음

21세기북스

서 문

# 스마트한 잡종의 시대가 왔다

미술관장이라는 직업의 특성상 시대적 트렌드에 주목하게 된다. 관람객들이 예술 감상을 통해 무엇을 얻고 싶은지, 어떤 부분에 흥미를 느끼는지 분석하면 감상자와 소통하는 방법을 찾을 수 있을 뿐만 아니라 향후 전시 기획의 방향도 설정할 수 있기 때문이다.

  몇 년 전부터 관람객들에게서 눈에 띄는 변화가 나타났다. 예전에는 감성을 풍부하게 만들거나 안목을 높이고 교양을 쌓기 위해 작품을 감상했다. 그러나 요즘에는 창의성 계발이나 예술 체험, 이벤트, 콜래보레이션 등에 대한 아이디어를 얻기 위해 미술관을 방문하는 사람들이 많아졌다. 이런 시대적 분위기를 반영하듯 미술계에도 과거와는 다른 방식으로 창작하는 예술가들이 늘어나고 있다. 가장 두드러진 변화란 융복합적인 작품을 창작하는 것.

순수 미술인지 상업 미술인지, 회화인지 사진인지, 사진인지 조각인지, 예술 작품인지 그냥 물건인지, 아날로그 제작 방식인지 디지털 제작 방식인지, 예술가인지 사업가인지 헷갈린다. 예술과 타 분야를 가르던 경계선이 무너지고 있다는 징조다. 통일성, 획일성, 절대 가치, 순수성을 숭배하는 시대는 가고 융합, 조합, 결합, 다양성, 협업, 소통을 중시하는 시대가 도래한 것이다.

시대가 요구하는 인재상도 바뀌었다. 과거에는 특정 분야에 대한 지식을 많이 '아는knowing' 인재를 우대했지만 21세기에는 다양한 지식들을 섞어 새로운 가치를 창출하는 '생각하는thinking' 인재를 요구한다. 여러 생각들을 혼합하고 각기 다른 감성들을 교환하고 이질적인 요소들을 이종 교배하는 '멀티 재능'을 가진, '스마트한 잡종'을 선호한다. 바로 영화 〈트랜스포머〉에 나오는 변신 로봇 같은 인재다. 영화 속 주인공의 노란 자동차는 수많은 부품들이 제각기 움직여 해체되었다가 다른 구조로 결합되면서 전혀 새로운 모습의 로봇 범블비로 깜짝 변신하지 않던가. 이 책의 콘셉트는 범블비 같은 예술가들의 창조성을 벤치마킹해 새로운 시대가 요구하는 인재상으로 거듭나는 것에 있다.

대다수의 미술사 거장들은 융복합형 인재였다. 그들은 지적 호기심과 실험 정신이 강하고 지식과 경험에 대해 개방적이며 사고방식은 유연했다. 바로 내가 찾던 새로운 시대의 인재상이었다. 새롭고 아름다운 '예술'을 만드는 인재들은 아마도 이런 기질이 필요했나보다. 융합형 인재가 되고픈 독자들을 위해 이 책에서는 예술가들이 융합적인 사고를 하게 된 배경과 최초의 발상을 작품에 어떻게 반영했고 또 후세에 어떤 영향을 끼쳤는지 추적했다.

다만 걸림돌은 독자들에게 융합형 예술가들을 소개하는 구성 방식이었다. 미술 애호가는 물론 미술과 친근하지 않은 독자들도 책 속으로 초대하기 위해서는 남다른 접근법이 필요했다. 오랜 탐색 끝에 실마리를 찾았는데 예술가들을 하이브리드형, 얼리 어답터형, 발명가형, 체험형, 멀티플레이형, 연구자형, 공감각형, 협업형 등 여덟 가지 유형으로 분류했다.

미술사의 거장들을 융합형 인재로 분류한 사례가 없어 책을 집필하는 동안 '감당 못할 일을 벌이는구나' 하고 자괴감에 빠진 적도 많았다. 융합형 인재의 길라잡이가 될 수 있을까 하는 심적 부담을 이겨내는 것은 원고를 쓰는 일만큼이나 어려웠다.

학교의 교과목이 통합으로 재편되는 시대 변화와 융합에서 창의성의 새로운 길을 찾는 사람들이 늘어나고 있는 현실이 책 작업을 계속할 수 있는 용기를 주었다. 이 책이 융합형 인재를 위한 교재가 되었으면 하는 바람을 감히 가지면서 겸허한 마음으로 펜을 놓는다.

끝으로 책을 빛내주기 위해 귀한 도판을 제공해준 작가들과 심지혜 팀장, 이주희 편집자를 비롯한 출판사 21세기북스 관계자에게 감사의 말을 전한다.

2011년 6월
이명옥

## 차 례

**서문**
스마트한 잡종의 시대가 왔다 · 5

## 01 하이브리드형 예술가 _내 것과 네 것의 크로싱

**문화 섞기** · 14
다름에서 배우라 | 내가 너에게, 네가 나에게 닿는 순간

**공간 섞기** · 24
원초적 감성을 복원하다 | 떠나라, 불확실성의 공간으로

**시간 섞기** · 34
미술계의 노마드, 금기를 깨다 | 오래된 새로움

**생각의 이종 교배** · 43
잡종 몬스터 | 생각의 트랜스포머

## 02 얼리 어답터형 예술가 _기술과 예술의 크로싱

**바늘구멍으로 세상을 보다** · 52
카메라 옵스큐라 | 조선의 얼리 어답터

**망원경, 하늘을 끌어내리다** · 63
우주를 그린 최초의 그림 | 코페르니쿠스 이후의 하늘 | 21세기 착시 콜라주

**거울 나라의 예술가** · 72
세상을 바꾼 하이테크 | 최초의 연출 자화상 | 거울에 투영된 미술사

**테크놀로지와 미술의 융합** · 81
비디오로 '아트'하다 | 스마트 아트

## 03 발명가형 예술가 _영감과 탐구의 크로싱

**세상을 바꾼 아이디어** · 90
미술계의 LED 전구 | 심리 자연사 박물관

**빛이 말하게 하다** · 100
빛을 그린 화가 | 과학 기술과 빛의 융합 | 인간 내면의 탐조등

**꿈을 스캔하다** · 110
다중 이미지를 창조하다 | 미술과 정신분석학의 융합
보이는 것이 전부가 아니다

**역설逆說로 역설力說하다** · 119
진실이 된 패러독스 | 매운 사과, 새콤한 마늘

**조각을 공중에서 움직이게 하겠다** · 128
조각의 공중 부양 | 움직이는 추상화

**창조 산업 최초의 CEO** · 136
산업화된 창작 방식과 맞춤형 예술품 | 미를 소비하다 | 절묘한 예술 마케팅

## 04 체험형 예술가 _경험과 열정의 크로싱

**체험은 혁신의 자양분** · 146
미켈란젤로 코드 | 임상학적 체험을 그리다 | 경험은 상처의 치유제

**융합은 남과 다른 경험에서** · 158
최초의 말 전문 화가 | 애견 모델, 미술계를 접수하다 | 예술이 된 관찰

**답은 현장에 있다** · 167
기상학과 풍경화의 융합 | 발로 뛰어라 | 광학적 체험

**오디세이가 되어라** · 180
예술, 광고를 허하다 | 시사만평의 아버지 | 고백도 예술이다

## 05 멀티플레이형 예술가 _재능과 지식의 크로싱

**차이에서 공통점을 발견하다** · 196
통합적으로 연결하고 사고하기 | 방사형 나뭇가지 사고법

**기술과 이론을 융합하라** · 205
장인이면서 이론가 | 노하우를 나누다 | 아름다움의 비밀을 풀다
장인, 예술가가 되다

**'성우聖牛'를 내쫓아라** · 216
천재는 만들어진다 | 성공 전략의 핵심 가치는 도전과 혁신

**스토리텔링하라** · 227
그림과 글은 하나다 | '그림 시'의 모태는 사랑

## 06 연구자형 예술가 _시간과 몰입의 크로싱

**수학을 사랑한 예술가** · 240
미술, 수학을 탐하다 | 공부하는 예술가

**나사못처럼 파고들다** · 248
오로지 작업만, 작업만 | 바위에서 피어난 꽃처럼

**계속해서 일하시오** · 258
색은 과학이다 | 즐거운 워커홀릭

**구도자형 예술가** · 267
모든 것의 근원 | 종교이며 철학인 그림 | 현대의 이콘

# 07 공감각형 예술가 _감각과 감각의 크로싱

**창의성의 원천, 다중 감각** · 278
글, 이미지가 되다 | 꽃보다 아름다운 글자 | 자연이 창조한 글자

**눈으로 듣고 귀로 보다** · 287
색, 소리가 되다 | 듣는 미술

**눈으로 만지고 손으로 보라** · 296
손끝으로 보는 그림 | 물감을 뜨개질하다

**눈으로 맛보고 입으로 감상하라** · 304
눈으로 시식하다 | 미각과 시각의 융합

**향기로 유혹하는 미술** · 313
그림에서 장미향을 맡다 | 비누 향내가 나는 도자기 | 향기를 전시하다

# 08 협업형 예술가 _너와 나의 크로싱

**함께는 혼자보다 힘이 세다** · 324
대가는 함께 일했다 | 예술이 된 디자인 | 예술 창작의 샴쌍둥이

**모두가 예술가** · 335
쌍방향 예술

# 01

내 것과 네 것의 크로싱
## 하이브리드형 예술가

빈센트 반 고흐
에두아르 마네
가츠시카 호쿠사이
장 에티엔 리오타르
외젠 들라크루아
모리츠 코르넬리스 에셔
미르 알리
폴 고갱
콘스탕탱 브랑쿠시
이이남
히에로니무스 보쉬
H. R. 기거
이희명

누구에게서도
'어, 저건 과거에 보았던 그림이잖아'라는 말을
듣고 싶지 않았다.
_빈센트 반 고흐

# 문화 섞기

하이브리드hybrid란 말 그대로 서로 다른 분야의 특성들을 융합해 새로운 가치를 창조하는 것을 가리킨다. 미술계에도 하이브리드를 추구하는 예술가들이 있다. 하이브리드 타입의 예술가들은 이질적인 재료들을 비빔밥처럼 섞어 혼성 예술을 창조한다. 이국의 문화를 섞고(다문화), 과거와 현재와 미래를 섞고(시간 여행), 서로 다른 종을 섞기도 한다(이종 교배).

과거에는 무언가를 섞는 행위를 금기로 여겼다. 잡종이라는 단어는 경멸과 동의어로 사용되었다. 혼성이란 순수성을 오염시키는 불순한 짓이었다. 예를 들면 여자처럼 화장하고 장신구를 단 남자는 기피 인물 1호였다. 타민족과 결혼하면 집안의 수치였다. 성전환자는 몬스터였으며, 동식물의 유전자를 인위적으로 재조합하는 일은 꿈도 꾸지 못했다. 그러나 요즘은 남성미와 여성미를 혼성한 '꽃미남'과 '알파걸'이

선망의 대상이 되었다. 트랜스젠더는 스타 마케팅의 전략이며, 유전 공학 기술을 이용한 농산물은 산업계의 블루 오션이다.

자, 사고와 감성의 순혈주의를 허물고 혼성 예술을 창안한 예술가들을 차례로 만나보자.

### 다름에서 배우라

하이브리드형의 1순위는 세계에서 가장 유명한 화가로 알려진 빈센트 반 고흐다. 고흐는 대중문화의 아이콘이며 미술계의 전설로 불리는 미술사의 거장이다. 그러나 신화적인 화가로 추앙받는 그의 이력을 살펴보면 의문이 생긴다. 고흐는 27세에 독학으로 그림을 시작해 37세에 요절했다. 미술을 전문적으로 공부한 적이 없는 늦깎이 화가였는데도 불과 10년 동안 900여 점에 달하는 많은 양의 작품을 남겼다.

화가로 입문하기 전의 경력도 유별나다. 프랑스 구필 화랑의 네덜란드 헤이그 지점에서 수습사원으로 근무했고, 짧지만 영국 램스게이트 사립학교에서 프랑스어, 독일어, 수학을 가르치기도 했다. 그후 몇 개월간 네덜란드 도르드레흐트의 브루세앤반브람 서점 점원으로 일하다가 그만둔다. 다음에는 브뤼셀 신학교에 입학했으나 학업을 중단하고 벨기에 남부 탄광촌 보리나주에서 복음 전도사로 활동한다. 수습 기간이 끝났는데 재계약이 되지 않아서 성직자의 꿈을 접게 된다. 해고 사유가 흥미롭다.

"지나치게 도덕적이고 열정적이며 희생정신이 강하다. 이런 점들이 사람들의 마음을 불편하게 만든다."

표면적으로 보면 분명 실패한 인생이지만 고흐는 좌절하지 않는다.

**그림 1**
빈센트 반 고흐
〈탕기 영감〉
1888년
캔버스에 유채

평생을 걸만한 가치가 있는 직업을 찾았기 때문이다. 바로 화가의 길이다. 화상, 교사, 선교사, 서점 직원 등 다양한 직업을 전전하다가 독학으로 화가의 길에 들어선 고흐가 어떻게 미술사의 거장이 될 수 있었을까?

전통적인 그림과 차별화된 고흐표 화풍을 창안했기 때문이다. 비결은 '타문화 섞기'다. 타문화란 일본풍 미술이며 그중에서도 에도 시대에 제작된 판화 우키요에를 가리킨다. 고흐는 일본 판화의 열혈 팬이었다. 몽마르트의 클로젤 가에서 화방을 운영했던 탕기 영감을 그린 초상화의 배경에도 온통 일본 판화가 걸려 있다. 그럴 만한 이유가 있었다.

고흐의 조국인 네덜란드는 일본이 쇄국 정책을 펼치던 1639년부터 문호를 개방한 1858년까지 일본과 교역했던 유일한 서방 국가였다. 암스테르담, 로테르담과 같은 항구 도시에는 일본에서 수입한 도자기와 공예품, 의상, 우키요에가 넘쳐났다. 레이덴에 있는 민속 박물관이나 헤이그 시의 왕실 보물관에는 우키요에를 비롯한 일본의 방대한 민속 자료가 전시되었다. 일본 문화에 친숙한 환경에서 자란 고흐가 일본 미술에 이끌리는 것은 자연스런 현상이었다.

고흐는 일본 미술을 너무도 좋아하는 나머지 수집가가 되었다. 가츠시카 호쿠사이, 안도 히로시게, 기타가와 우타마로 등 우키요에 대가들의 그림을 수집해 화상인 동생 테오와 함께 식당과 카페를 빌려 일본 판화 컬렉션전을 개최하기도 했다. 현재 암스테르담에 있는 고흐 미술관에는 고흐와 테오가 수집했던 400여 점의 일본 판화가 소장되어 있다.

일본 판화 마니아였던 고흐는 애호가, 수집가에 머물지 않고 우키요에의 주제와 기법을 차용한 작품들을 창작하는 단계에 이른다. 그 시절 고흐와 가까웠던 인상주의 미술가들도 일본식 화풍을 혼성한 그림을 경쟁적으로 선보이고 있었다. 인상주의 선구자 에두아르 마네의 그림은 당시 혁신적인 유럽 화가들이 일본 미술에 얼마나 매료되었는지 보여주는 증거물이다. 소설가 에밀 졸라가 모델이 된 초상화<sup>그림2</sup>의 배경에는 마네의 대표작인 〈올랭피아〉와 벨라스케스의 〈바커스의 승리〉 모사화가 걸려 있다. 그 옆에 우키요에가 보이고 화면 원편에도 일본 병풍이 있다.

모네, 드가, 르누아르를 비롯한 인상주의 대표 예술가들이 일본 판화

**그림 2**
에두아르 마네
〈에밀 졸라의 초상〉
1868년
캔버스에 유채

에 심취했던 것은 새로운 조형 실험에 필요한 혁신의 실마리를 제공했기 때문이다. 중간조의 색채 대신 강렬하면서도 순수한 색채, 자유로운 선의 구사, 세부 묘사 생략, 원근법을 무시한 평면성 강조, 대각선이나 사선 구도 등 서양화에서는 찾아볼 수 없는 일본 판화의 특성이 예술가들의 창작혼을 자극한 것이다. 미술 비평가 테오도르 뒤레의 주장에서 일본 미술이 서구 미술계에 많은 영향을 끼쳤다는 사실을 확인할 수 있다.

일본 화첩이 수입되기 전에는 프랑스의 어느 화가도 강둑에 앉아서 붉은 지붕과 회반죽을 칠한 벽, 녹색 포플러 나무와 노란 길, 파란 물을 대비시키려는 엄두조차 내지 못했다.

고흐도 일본 미술에서 희망의 싹을 보았다. 서양 미술과 일본 미술을 융합한 새로운 미술을 창안하겠다고 각오하고 남프랑스의 작은 마을 아를로 떠났다. 고흐에게 아를은 프랑스 속의 일본이었다. 그런 그의 속내는 동생 테오와 화가 에밀 베르나르에게 보낸 편지에서도 드러난다.

설령 돈이 생긴다 해도 아를을 떠나고 싶지 않다. 일본 그림을 사랑하고 일본 미술에서 영향을 받았기 때문이다. 나뿐만이 아니라 인상파 화가는 모두 그렇다. (…) 새로운 예술의 미래는 남프랑스에 있다고 생각한다. \_고흐가 테오에게

이곳 아를은 공기가 맑고 색채가 선명해 일본만큼이나 아름답게 보인다네. (…) 일상의 대부분을 야외에서 보낼 수 있을 뿐만 아니라 일본 미술을 이해하는 데도 적격이라네. \_고흐가 베르나르에게

고흐는 한 번도 가본 적 없는 이국 땅 일본을 예술의 아르카디아(이상향)로 여겼다. 오죽하면 일본 승려로 분한 자화상을 그렸을까. 그림3

그림의 제목인 '봉즈bonze'는 고흐가 즐겨 읽었던 피에르 로티의 소설 《국화 부인》에서 가져왔다. 봉즈는 불교 승려를 뜻하는 일본어이며 로티가 소설에서 사용했다. 로티는 일본의 나가사키에서 프랑스 해군 장교로 근무했던 경험을 되살려 동양을 소재로 한 일련의 소설들을 발표했다. 그중의 하나가 1887년에 출간한 《국화 부인》이다. 《국화 부인》은 푸치니의 오페라 〈나비 부인〉의 원작이다. 고흐는 테오에게 보낸 편지에서 승려로 분한 까닭을 밝힌다.

01. 하이브리드형 예술가

그림 3
빈센트 반 고흐
〈승려 같은 자화상(bonze)〉
1888년
캔버스에 유채

나는 일본인처럼 되고 싶어 동양인의 특징인 눈초리가 올라가고 가느다란 눈을 가진 모습으로 그렸다.

이제 고흐가 일본 미술을 흡수한 배경에 대해 알게 되었다. 그렇다면 그는 어떤 방식으로 타문화를 융합했을까? 고흐표 화풍의 특징은 강렬한 색채와 형태의 왜곡, 소용돌이치는 붓 터치다. 이 중에서 밝고 선명한 색채, 비대칭의 대담한 구도, 명암을 제거한 평면성의 강조 등은 일본 판화에서 가져왔고, 꿈틀거리는 에너지가 느껴지는 붓질은 그가 개발한 것이다. 그 시절, 화가들은 예술가의 사적인 감정이나 개성을 그림에 표현하는 것보다 대상을 실제와 닮게 그리는 것을 더 중요하게 여겼다. 팔레트에서 물감을 세심하게 혼합해 부드러운 붓질로 대상을 꼼꼼하게 묘사했다. 그러나 고흐는 개인적인 감정을 표현하는 것에 더 중점을 두었다. 일본 판화에서 자신의 내면에 잠재된 격렬한 감정을 표현할 수 있는 길을 발견했다.

그가 타문화의 융합을 통해 얻었던 또 하나의 소득이 있다. 자연을 향한 무한한 경외심이다. 고흐의 걸작 중에는 자연에 대한 외경심을 표현한 그림들이 유독 많다. 자연과 인간이 하나였던, 자연의 생명력을 중시했던 일본인의 자연관에서 영향을 받은 것이다.

일본인들은 풀잎 한 줄기도 탐구한다. 한 개의 풀잎은 화가에게 모든 동식물이나 사계절, 산과 들의 풍경을 그리게 만든다. 그리고 마지막에 인간을 그리게 한다. (…) 그들은 스스로 꽃이 된 것처럼 자연 속에서 살아간다.

_고흐가 테오에게

## 내가 너에게, 네가 나에게 닿는 순간

그런데 글을 쓰면서 흥미로운 점을 발견했다. 고흐가 무척이나 흠모했던 우키요에 거장 호쿠사이도 네덜란드 문화를 흡수해 일본이 자랑하는 세계적인 화가로 거듭났다는 것. 네덜란드 상인들은 1639년 일본의 쇄국령이 공포된 이후 규슈의 북서쪽에 위치한 나가사키 항구의 인공섬 데지마에서만 교역할 수 있었다. 해외여행이 금지된 일본 화가들에게 데지마는 유럽과 중국의 문화를 체험할 수 있는 유일한 장소였다. 호쿠사이는 수차례에 걸쳐 나가사키를 여행하면서 해부학, 식물학, 천문학, 지도 등의 희귀 서적과 현미경, 망원경, 카메라 옵스큐라와 같은 최첨단 기구, 유럽의 고전주의 회화, 네덜란드 동판화들을 접했다. 화가는 스펀지처럼 서구인들의 과학적 시각과 경험주의적 세계관을 흡수했고, 그 결과 새로운 회화 장르인 '만가漫畵'를 창안할 수 있었다. 〈호쿠사이 만가北齋慢畵〉는 말 그대로 세상 만물을 표현한 그림 책이다. 그림으로 보는 백과사전인 셈인데 현대의 만화와는 성격이 다르다.

그의 만가집에는 다양한 동식물, 사계절 풍경, 괴기한 유령들, 격투기, 곡예사, 어린이 놀이 등 만물상이 담겨 있어 예술가들을 위한 도상

**그림 4**
가츠시카 호쿠사이
〈호쿠사이 만가北齋慢畵〉 삽화

학 교본이라는 찬사를 받고 있다. 호쿠사이는 2000년 미국의 시사 주간지 〈라이프〉가 지난 1000년 동안 세계사를 빛낸 100명의 위인 중 한 명으로 선정한 일본의 국보급 화가다. 네덜란드인 고흐는 우키요에를 흡수해 고흐표 화풍을 개발했고, 호쿠사이는 네덜란드 회화 기법을 융합해 호쿠사이표 화풍을 창안했다. 두 예술가는 프랑스 문화 비평가 기 소르망이 주장했던 "문화는 흐르는 물과 같다"를 증명하는 사례다.

❋ ❋ ❋

고흐가 타국의 문화를 융합했던 의미에 대해 다함께 생각해보자. 고흐에게는 결점이 많았다. 위대한 화가가 되기를 열망했지만 미술을 정식으로 배우지 못한데다 그마저도 뒤늦게 시작했다. 출발점에서부터 불리한 위치에 섰던 그는 자신의 약점을 알았고 그 부족함을 타국의 예술을 흡수하는 방식으로 보충했다. 미술 아카데미에서 전문적인 수업을 받은 적이 없다는 결점이 타문화를 적극적으로 수용하는 데는 오히려 도움이 되었다.

'다름'에서 특별함을 배우는 학구열과 이질적인 문화를 배척하지 않고 적극적으로 흡수하는 열린 마음, 다문화 사회를 사는 우리가 고흐에게 배워야 할 자세다.

여행은 생각의 산파다.
때때로 큰 생각은 큰 광경을 요구하고
새로운 생각은 새로운 장소를 요구한다.
_알랭 드 보통

# 공간 섞기

이번에는 이국에서의 문화 체험을 미술에 융합한 예술가를 소개한다. 예술가의 이름은 외젠 들라크루아, 이국이란 중동을 가리킨다. 들라크루아 시절, 동방은 예술가들이 1순위로 손꼽는 인기 여행지였다. 프랑스의 알제 점령과 수에즈 운하의 개통, 오리엔트 급행열차의 파리-이스탄불 운행으로 동방은 고전 예술의 보고寶庫인 이탈리아를 제치고 유럽인들이 선호하는 최고의 관광지가 되었다.

동방을 인기 투어 코스로 만든 또 다른 요인은 문학이었다. 아랍의 구전 설화인 '아라비안나이트'가 '천일야화'라는 제목으로 유럽에서 출간되면서 선풍적인 인기를 끌었다. 서구 여성으로는 최초로 터키를 여행했던 메리 워틀리 몽테규 부인의 《서간집》도 독자들의 마음을 사로잡았다.

**그림 5**
장 에티엔 리오타르
〈프랑스 귀부인과 하녀〉
1742~1743년

　유럽인들의 동방에 대한 환상이 커지면서 사교계에도 화려한 터키 풍의 옷과 터번, 장신구가 유행했다. 심지어 터번이나 판타롱 바지, 카프탄(터키인의 기다란 상의)과 같은 터키 민속 의상으로 옷장을 가득 채운 사람들도 생겨났다. 동방을 동경하는 사람들 군群에 들라크루아도 포함되어 있었다.

01. 하이브리드형 예술가　25

## 원초적 감성을 복원하다

화가는 미지의 세계를 체험하고 싶은 열망에 불탔다. 그런 그에게 행운의 여신이 손길을 내밀었다. 1832년, 모로코의 술탄을 접견하기 위한 프랑스 외교 사절단의 일원으로 선발되었다. 알제리를 침공해 함락시킨 프랑스는 모로코의 중립을 요구하기 위해 샤를 에드가르 드 모르네 백작이 이끄는 외교 사절단을 탕헤르로 보낸 것이다. 들라크루아는 5개월 동안 모로코와 알제를 여행하면서 이국적인 아름다움에 눈을 뜨게 되었다. 아랍인들이 모로코를 왜 '사막의 꽃'이라고 부르는지도 알게 되었다.

> 이곳은 너무도 아름답다. 유럽에서 유행하는 그림들이 찬미하는 아름다움과는 사뭇 다르다. 다비드의 무리들(신고전주의 화가들을 가리킴)이 그린 그림 속에 나오는 핑크빛 육체는 이곳 태양의 아들에 견주면 처량하게 보일 정도다.
> _들라크루아가 비요에게

작열하는 태양과 원초적 야성을 간직한 자연 풍경, 아프리카와 이슬람과 유럽의 문화가 뒤섞인 이국적인 풍물, 이슬람 건축미에 매혹 당한 화가는 여행지에서 500여 점에 달하는 기행 그림(스케치 포함)을 그렸다.

다음 그림은 타문화 체험이 화가의 예술 세계에 지대한 영향을 끼쳤다는 점을 알려준다. 그림의 주제는 모로코 군인들의 전투 훈련 장면에서 가져왔다. 감상자도 마치 훈련에 참여하는 듯한 느낌이 들 만큼 생동감이 넘치는 그림이다. 말을 타고 사막을 질주하는 근육질의 남성들이 발산하는 에너지는 사막의 태양만큼이나 뜨겁고 야성적인 포효가

**그림 6**
외젠 들라크루아
〈아라비아 판타지〉
1832년
캔버스에 유채

귀를 먹먹하게 만든다. 말발굽에서 피어오르는 뿌연 먼지바람에 절로 호흡이 가빠진다. 들라크루아는 낯선 땅에서 자신이 그토록 갈망하던 창조의 실마리를 발견했다. 원초적 감정을 분출할 수 있는 주제와 주제를 강조하는 색채의 중요성을 인식할 수 있었다. 들라크루아의 열혈 팬인 시인 샤를 피에르 보들레르는 타문화와의 융합이 들라크루아표 화풍을 창안하는 데 결정적인 영향을 끼쳤다고 밝혔다.

그림 7
외젠 들라크루아
〈모로코의 앨범〉
1832년
크로키

 모로코 여행은 화가의 새로운 정신 활동에 깊은 인상을 남겼던 것 같다. 그는 그곳에 머물던 동안 모로코 남녀의 타고난 자유로움과 야성적인 몸동작을 연구할 기회를 가졌다. 근육질의 몸에서 발산되는 건강미, 순수한 혈통을 지켜온 용모에서 풍기는 고대미를 발견했다.

 들라크루아표 화풍에 대한 보충 설명이 필요한 독자들을 위해 타임머신을 타고 18세기 중반 파리 미술계로 되돌아가자. 미술사에서는 들라크루아를 가리켜 '낭만주의 거장'으로 부른다. 낭만주의란 어떤 의미일까? 보들레르는 낭만주의를 이렇게 정의한다.
 "낭만주의 핵심은 주제의 선택이나 진실을 정확하게 표현하는 것이 아닌 감정의 표현 방식에 있다."
 즉 낭만주의 예술가들에게 가장 중요한 핵심 가치는 정열이나 감성, 상상력이었다.
 그 시절 유럽 미술계의 주류는 아카데미즘을 추구했던 신고전주의 화가들이 차지했다. 이들은 균형과 조화, 이상미 등 고전적인 아름다움을 미술의 최고 가치로 여겼다. 그런데 들라크루아의 기질과 성향은 신고전주의와는 전혀 맞지 않았다. 그는 이성과 도덕심을 강조하는 계몽적인 그림보다 인간의 원초적인 본능과 정열을 표현한 작품을 창작하고 싶었다. 아카데미 화풍의 추종자들은 저급한 감정 따위를 중시하는 들라크루아를 멸시했다. 그 당시 "저 사람은 감정적이야"라는 말 속에는 문명인이 아닌 동물적이라는 의미가 들어 있었으니까.

그러나 들라크루아는 스스로 비주류가 되어 감정을 억제하는 대신 해방시켰다. 인간의 내면에 출렁이는 감정이라는 우물에 두레박을 던지고 물을 길어 올린 최초의 화가가 되었다.

두레박은 무엇일까? 중동에서의 체험이다. 앞서 감상한 그림은 언뜻 보면 아랍 전사들이 훈련하는 모습으로 비친다. 하지만 그것은 드러난 부분이고 숨겨진 메시지는 야성과 폭력성이다. 화가는 문명 세계가 윤리, 도덕과 제도로 억눌렀던 동물적 본능을 이국의 주제와 색채를 빌어 화면 밖으로 분출한 것이다.

### 떠나라, 불확실성의 공간으로

네덜란드 화가인 모리츠 코르넬리스 에셔도 이국에서의 문화 체험을 미술에 융합해 세계적인 예술가가 되었다. 1922년 에셔는 스페인의 그라나다에 있는 알함브라 궁전을 방문하고 실내 공간을 장식한 평면 분할(테셀레이션, 혹은 쪽매 맞춤) 양식에 탄복했다. 무어인들은 테셀레이션의 천재였다. 이미 기원전에 건물의 천장이나 벽, 바닥 등 실내 공간은 물론 가구나 양탄자, 깔개, 옷도 테셀레이션으로 장식했으니 말이다.

알함브라 궁전에 있는 수많은 타일 벽과 바닥을 보면 무어인들은 서로 겹치는 유사한 형상들을 빈틈없이 배열하여 평면을 채워나가는 기술의 대가였다는 사실을 알게 된다. _에서

'테셀레이션tessellation'이란 동일한 도형으로 평면이나 공간을 빈틈없이 채워가는 기법을 가리킨다. 우리말로는 '쪽매 맞춤'이다. 절의 단청, 궁궐의 담장, 문창살, 조각보와 같은 전통 문양이나 욕실의 타일, 보도블록도 쪽매 맞춤 장식 기법을 활용한 것이다.

에셔의 뇌리 속에서 알함브라 궁전을 장식한 모자이크가 사라지지 않았다. 그림8 그는 1936년 다시 한 번 알함브라 궁전을 찾게 된다. 모자이크 장식을 스케치에 옮겨 연속적으로 반복되는 패턴의 질서와 규칙을 연구하기 위해서였다. 그 결과 무한히 반복되는 연속무늬 장식은 겉보기에는 복잡하지만 일정한 법칙이 있다는 점을 발견했다. 기본원리를 파악한 에셔는 이국의 평면 분할 양식을 흡수해 자신만의 스타일을 창안했다. 다음 그림그림9은 증거물이다. 그림의 의미를 해독하려면 에셔의 설명이 필요하다.

**그림 8**
알함브라 궁전
아벤세라헤스 방의 천장

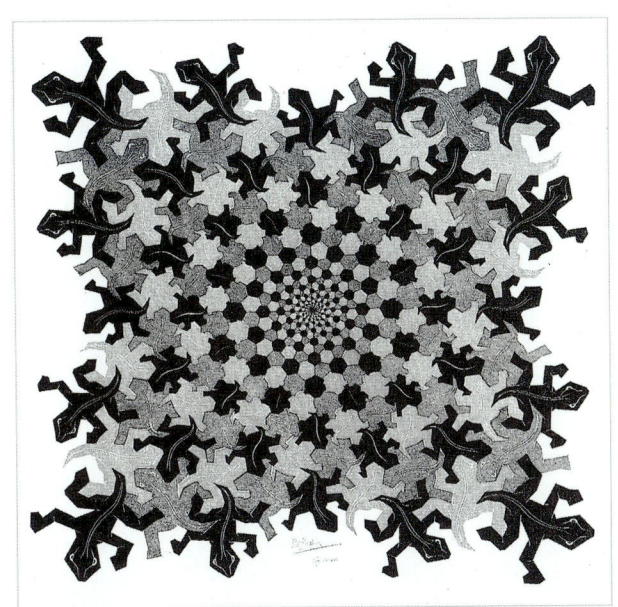

**그림 9**
모리츠 코르넬리스 에셔
〈Development II〉
1542년
목판화

무한히 작은 상태로 중심에서 출발한 오각형은 그림의 가장자리로 나아가면서 도마뱀으로 변형된다. (…) 각 형상의 크기를 서서히 줄여나감으로써 무한히 작은 극한에 도달하는 것은 논리적으로 가능한 일이다. 이는 수數의 무한성, 혹은 총체성을 상징한다. 나는 오랫동안 이 관념에 매혹되었고 작품은 그 결과물이라고 할 수 있다.

에셔는 테셀레이션 기법을 다양한 방식으로 창작에 활용했다. 패턴을 단순 반복하고(평행 이동), 뒤집고(대칭 이동), 60도, 90도, 120도, 180도로 돌리고(회전 이동), 평행 이동해 거울에 반사된 것처럼 뒤집고(미끄럼 반사), 크기를 줄이고 늘리는 등. 그 결과 에셔는 무어인들의 테셀레이션 기법을 순수 예술에 융합한 최초의 화가가 될 수 있었다. 에셔표 그림

01. 하이브리드형 예술가

**그림 10**
미르 알리
〈파스 알리 샤의 초상〉
1813년
캔버스에 유채

은 결정학結晶學, 기하학, 심리학, 철학, 건축학, 과학, 그래픽 등 다양한 분야에 많은 영향을 끼치고 있다.

고유한 문화는 타문화 속으로 물처럼 스며들어 섞이기 마련이다. 들라크루아 에서만 타문화의 혜택을 누린 것은 아니다. 이슬람 화가들도 서양화 기법을 흡수해 혼혈 화풍을 꽃피웠다. 예를 들면 카자르 왕조의 술탄인 파스 알리 샤는 유화를 적극적으로 받아들였다. 궁전의 수많은 벽들을 캔버스화畵로 장식했고 심지어 화가들을 유럽으로 유학 보내기도 했다. 왼쪽 작품은 궁정 화가인 미르 알리가 캔버스에 유화로 그린 황제의 초상화다. 페르시아 화풍과 서양 화풍이 혼성되면 이처럼 독특한 그림이 탄생한다.

* * *

모차르트는 일곱 살이 되던 해인 1763년 6월, 유럽 연주 여행을 떠났다. 3년 5개월간의 긴 연주 여행은 그가 음악가로 대성하는 데 결정적인 영향을 끼쳤다. 루이 15세를 비롯한 유럽의 왕족들에게 자신의 천재성을 홍보하는 것은 물론 대음악가인 바흐와 많은 음악계 인사들과 인맥을 구축할 수 있었다. 그의 첫 번째 교향곡도 유럽 여행의 산물이었다.

철학자 소크라테스는 어디 출신인지 물으면 "아테네"라고 말하지 않고 "세계"라고 대답했다고 한다. 마음이나 생각에 국경선을 긋지 말고 창공을 나는 새의 시각으로 세상을 내려다보자. 내 안에 갇혀 있는 '정신 새'를 자유롭게 날려 보내자. 나와 다른 사고방식, 문화, 역사를 개방하는 것이 새로운 변화의 시작이다.

새로운 것을 시도하기 위해서는
인류의 기원인 유년기로 되돌아가야 한다.
_폴 고갱

# 시간 섞기

미국에 중고 휴대폰을 매입하는 무인 기계식 점포가 생겨 선풍적인 인기를 끌고 있다는 뉴스를 접한 적이 있다. 최신형 휴대폰도 6개월만 지나면 구형으로 전락하는 '신상' 열풍이 낳은 소비 패턴이다. 하지만 아이러니하게도 신상품에 열광하는 한편에서는 옛이야기나 옛 풍습을 복원하고, 복고풍 패션이 유행하기도 한다. 이제 과거와 현재, 미래를 구분하는 일은 무의미해졌다. 이런 시대상을 반영하듯 미술가들도 과거와 현재 혹은 현재와 미래를 섞어 새로운 미술을 창조한다. 시간을 씨줄 날줄 삼아 융합 예술의 직물을 짰던 예술가들을 만나보자.

## 미술계의 노마드, 금기를 깨다

먼저 소개할 화가는 19세기 프랑스 화가인 폴 고갱이다. 고갱은 '프리

미티비즘primitivism'이라는 새로운 영역을 개척한 선구자다. 프리미티비즘이란 '오래된' 혹은 '근원적'이라는 뜻에서 유래했는데 일명 '원시주의'로 부르기도 한다.

고갱의 시절, 진보적인 화가들은 원시 예술에서 창조적 영감을 얻으려고 시도했다. 원시 예술이란 고대 그리스, 아프리카, 에스키모, 남태평양 섬 원주민들이 제작한 미술을 가리킨다. 고갱은 서구 미술과 원시 미술의 융합을 가장 적극적으로 실천한 화가였다.

그럴 만한 동기가 있었다. 화가는 '노마드nomad'였다. 어릴 때 페루의 리마에서 4년 동안 살았고 18세에 파리 호의 3등 항해사가 되어 13개월 간 미국, 남태평양 등의 여러 항구 도시를 방문했다. 20세에 해병에 지원, 제롬 나폴레옹 호를 타고 세계 각지를 여행했다. 다문화를 흡수한 혼성인답게 안주보다는 떠남에 익숙했고 유럽 문화보다 이국 문화에 친숙했다.

고갱은 1891년 원시인으로 살겠다는 폭탄선언을 한 뒤 남태평양의 타히티 섬으로 떠났다. 충동적인 행동은 아니었다. 낙원의 섬으로 알려진 타히티에서 파리 미술인들의 콧대를 꺾을 혁신적인 화풍을 창안하겠다는 야망을 실현하기 위해서였다. 고갱은 혁신의 키는 원시 예술이 쥐고 있다고 확신했다. 다음 그림 그림11은 그가 서양 미술과 원시 미술을 완벽하게 융합했다는 증거물이다.

초상화의 모델은 넓적한 코, 두툼한 입술, 탄탄하고 육중한 몸, 검정색 머리카락과 검은 피부의 타히티 원주민 여성이다. 모델은 열대림에서 생활하는 전형적인 원시인이지만 여자가 의자에 앉아 있는 자세와 구도는 낯익다. 반신상, 한 손을 다른 손에 포갠 자세에서 세계적인 명

**그림 11**
폴 고갱
〈꽃을 든 여인〉
1891년

화가 연상된다. 바로 그 유명한 레오나르도 다 빈치의 모나리자!

초상화는 〈모나리자〉의 타히티 버전인 셈이다. 고갱은 서양 미술의 금기를 깼다. 유색 인종을 서구 미인의 상징인 모나리자로 변신시켰다. 금발의 날씬한 백인 여성만이 미녀가 될 수 있다는 전통적인 미의식을 전복시켰다. 화가의 어록에서도 그런 속내가 드러난다.

타히티 인의 특징을 정확하게 파악하려고 마을에서 순수한 마오리 혈통을 가진 여자를 선택해 초상화를 그렸다. 그녀는 유럽인의 기준에서 볼 때 미인이 아니다. 그러나 그녀는 아름답다. (…) 그녀의 입술은 마치 조각가가 입맞춤을 떠올리거나 기쁨이나 슬픔 등의 모든 감정을 담아 빚은 것만 같다.

인물을 표현한 방식도 파격적이다. 유럽의 아카데미 화가들이 기피했던 강렬한 원색을 사용했다. 인물과 배경도 구분하지 않고 벽지처럼 평평하게 묘사했다. 원초적인 야성미를 강조하기 위해서였다.

고갱이 타히티로 가서 서양 미술과 원시 예술을 융합한 것은 선택이 아닌 필수였다. 그만큼 그는 절박한 상황이었다. 미술계는 잘나가던 주식 중개인에서 화가로 변신한 고갱에게 냉담한 반응을 보였다. 화가로서의 자질조차 인정받지 못했다. 당연히 그림도 팔리지 않았다. 자존심은 구겨지고 경제적 고통으로 인해 가정불화가 심해졌다.

고갱의 참담한 심정은 "화가를 장사꾼으로 전락시키는 미술 시장도, 가장이라는 무거운 짐을 실어주는 아내도 죄다 잊고 싶었다"라는 말에서도 드러난다. 아웃사이더인 고갱은 냉정한 현실을 인식했다. 미술계의 주류가 되려면 남다른 전략이 필요하고, 기존의 미술과 차별화된 혁신적인 화풍을 창안하지 못하면 화가의 꿈도 물거품이 되고 만다는 것을. 방법은 한 가지. 전위적인 미술가들이 경쟁적으로 눈독 들이던 원시 예술이었다. 미술 비평가인 모리스에게 보낸 편지에서 그의 속내를 엿볼 수 있다.

> 자네는 내가 야만인으로 살아가는 방식을 못마땅하게 여기지만 나는 당당하네. 그래, 나는 야만인이네. 내가 야만인이라는 사실을 빼고 나면 내 그림에서 전혀 놀라움이나 새로운 점을 발견할 수 없거든. 다른 화가들이 모방할 수 없는 독창성은 야만에서 나오네.

주변 환경도 열대섬으로의 떠남을 부추겼다. 당시 유럽에는 프랑스령 식민지인 폴리네시아로 이민을 가는 사람들이 많았다. 경제적 어려움을 겪는 서민들에게 이국의 섬은 가난에서 벗어날 수 있는 유일한 대안이었다.

1889년, 파리 만국 박람회에 참가한 원주민들이 현장에서 수공예 제작 과정을 직접 시연하는 볼거리를 연출한 것도 고갱의 방랑벽을 자극했다. 이는 친구인 화가 베르나르에게 보낸 편지에서도 확인할 수 있다.

> 나는 열대 지방에 작업실을 만들기를 원하네. 내가 가진 돈으로 1889년 만국 박람회에서 보았던 그런 종류의 오두막을 살 것이네. 나무를 베어 집을 짓고 젖소와 닭과 오리도 키우고 과일과 채소도 재배하면 돈이 거의 들지 않을 것이네.

고갱은 식민주의적인 환상을 품고 타히티로 향했다. 그곳에 도착한 순간 낙원에 대한 환상은 깨졌지만 원시 문화와 풍습을 체험하면서 진정한 원시주의자로 거듭나게 된다.

고갱이 타히티에서 창작한 열대 그림은 처음에는 멸시와 비웃음을 받았다. 유럽의 미술인과 컬렉터의 눈에 비친 그의 혼혈 화풍은 유럽인의 미적 취향과는 거리가 멀었다. 원시 미술은 미개인의 풍속, 토착민은 정신적, 도덕적으로 열등한 야만인이라는 인종 차별적인 편견을 해소하기 위해서는 좀 더 많은 시간이 필요했다.

생전에 고갱은 예술적 가치를 인정받지 못했지만 사후에는 보상을 받았다. 피카소, 마티스를 비롯한 전위적인 예술가들은 원시 예술의 물꼬를 터준 고갱을 찬양했고 대중은 그에게 '고귀한 야만인'이라는 별명을 선물했다. '프리미티브 아트'의 선구자는 후세인들에게 이런 값진 어록을 남겨주었다.

> 아름다움에는 두 종류가 있네. 하나는 본능에서, 다른 하나는 학습에서 나오네. 이 둘을 융합하는 미적 변형은 매우 복잡한 형태로 나타나네. 이것을 밝혀내는 일이 바로 미술 비평가가 할 일이네.
>
> _고갱이 모리스에게

## 오래된 새로움

고갱 이후 과거와 현재를 융합한 프리미티브 아트의 후계자들이 나타났다. 대표적인 예술가는 루마니아의 조각가 콩스탕탱 브랑쿠시다.

브랑쿠시는 아프리카와 아메리카, 고대 그리스 조각의 특성을 집중

**그림 12**
키클라데스 여인 조각상
기원전 3000년 경

**그림 13**
콩스탕탱 브랑쿠시
〈잠이 든 뮤즈〉
1910년

적으로 탐구하다가 특이한 점을 발견했다. 먼 옛날의 조각가들은 대상을 실물과 닮게 묘사하는 것을 중요하게 여기지 않았다.

기원 전 3000년 경에 제작된 조각상에서 드러나듯 대상을 단순하게 표현했다. 코와 유방만으로 여체임을 암시하는 대신 재료가 가진 물성은 강조했다. 장인적인 정밀함이나 섬세한 기술이 부족했던 것일까? 아니다. 원시인들은 모든 사물에는 정령이 있다고 믿었다. 심지어 생명체가 아닌 무생물이나 대기 현상에도.

예술의 목적은 초자연적인 세계와의 교감에 있었기에 외양을 똑같이 묘사할 필요를 느끼지 못했다. 재료가 지닌 질감을 그대로 살린 것도 한낱 돌덩어리 안에도 영혼이 담겨 있다고 믿었기 때문이다. 새로운 형식의 조각을 창안하고 싶었던 브랑쿠시는 원시 미술에서 조각의 미래를 보았다.

〈잠이 든 뮤즈〉라는 제목의 조각은 심플함 그 자체다. 조각가는 얼굴의 이목구비에서 특징만을 포착했다. 대상의 겉모습을 똑같이 재현하는 대신 본질적인 특성을 표현한 것이다.

브랑쿠시는 자신의 조각을 가리켜 "눈 먼 사람을 위한 조각"이라고 말하고 "사실적으로 접근하면 할수록 죽은 형체를 만들 뿐"이라고 주장하기도 했다. 그래서인지 잠든 여신의 얼굴은 고요하고 평화롭다. 눈과 코, 입을 자세히 묘사하지 않고 윤곽선만으로 암시했기에 더욱 신비하게 느껴진다. 대상을 단순하고, 간결하고, 추상적인 형태로 환원시킨 브랑쿠시의 인물상은 시간을 초월한다. 그의 작품을 한마디로 표현하면 '오래된 새로움'이다.

2010년 3월 사비나 미술관에서 개최된 〈네오 센스NEO SENSE〉전의 참여 작가인 이이남은 시공간을 융합한 디지털 아트를 선보였다.

작품 앞에 서면 감상자는 타임머신을 타고 17세기 네덜란드 화가 요하네스 베르메르의 작업실로 이동하는 듯한 느낌을 받게 된다. 처음에는 화면에 베르메르의 대표작인 진주 귀걸이를 한 소녀의 이미지가 나타난다. 그러다가 그림 속 여성의 이미지가 점차 변모한다. 초상화 속의 소녀는 조용히 눈물을 흘리는데, 어느덧 그녀의 얼굴은 한국의 연예인 김태희의 모습으로 바뀐다.

예술가는 17세기에 살았던 미지의 소녀를 최첨단 디지털 기술을 이

**그림 14**
이이남
〈진주 귀걸이를 한 소녀〉
2010년

용해 부활시켰다. 서양 미녀를 동양 미인으로 페이스 오프했다. 시공간을 섞는다는 역발상이 있었기에 가능한 일이었다.

✽ ✽ ✽

영국의 저널리스트인 토비 월른은 저서 《문화로 재테크하다》에서 남들이 주목하지 않는 문화 상품에 투자해 고수익을 거두는 비법을 알려준다. 예를 들면 슈퍼맨이 처음으로 등장하는 1938년 〈액션〉지 초판은 코흘리개 아이들이 100원에 샀지만 현재 10억 원에 거래되고 있다. 1927년 프리츠 랑 감독의 영화 〈메트로폴리스〉 홍보 포스터는 2005년에 7억 원에 팔렸고, 1965년산 바비 인형은 2006년 크리스티 경매에서 1600만 원에 낙찰되었다. 벽돌 휴대폰의 원조인 모토롤라 다이나택 8000X는 현재 100만 원에 거래되고 그나마 최신 상품인 마이크로택과 스타택, 노키아 2110도 점점 가격이 오르고 있단다. 저자는 아이들이나 가지고 노는 것이라고 무시했던 장난감이나 버린 물건들 중에도 보물이 숨어 있다고 주장한다.

하찮은 물건이나 기억들도 시간이 흐르면 소중한 가치를 지니게 된다. 옛것이라는 광대한 광맥에서 황금을 채굴하는 지혜가 필요하다.

> 인간은 자신의 내부에 식인적이고
> 색정적인 열정을 지니고 있는데도
> 그것을 인정하지 않으려고 한다.
> _조지프 캠벨

# 생각의 이종 교배

서기 1세기 로마의 시인 오비디우스는 《변신 이야기》라는 기발한 책을 썼다. 책에는 이종 교배의 전시장이라고 불러도 손색이 없을 만큼 다양한 변종체가 등장한다. 변신의 황제는 단연 신들의 제왕인 제우스다.

제우스는 암소, 백조, 구름 등으로 변신해 절세 미녀들과 불륜 행각을 벌인다. 꽃미남의 원조인 아도니스와 히아킨토스, 나르시스는 꽃으로 변신하며, 가니메데스는 하늘의 별이 되어 반짝인다. 인간과 각종 동물의 특성을 결합한 반인반수의 괴수들도 독자들의 호기심을 자극한다. 새처럼 날개가 달린 말인 페가수스, 상체는 사람인데 하체는 말인 켄타우로스, 소의 머리에 인간의 몸을 가진 미노타우로스, 머리는 인간이고 몸은 사자인 스핑크스, 머리는 사자인데 몸은 염소인 키마이라, 머리카락 한 올 한 올이 꿈틀거리는 뱀들로 이루어진 메두사 등.

오비디우스가 이종 교배를 통해 잡종 생명체들을 창조한 까닭은 무엇일까? 초자연적인 현상에 대한 두려움을 보여주는 한편 인간의 한계를 뛰어넘는 초능력에 대한 갈망을 표현하기 위해서였다.

**잡종 몬스터**

서양 미술사에도 '미술로 보는 변신 이야기'가 있다. 바로 호러 페인팅의 원조인 히에로니무스 보쉬의 그림이다. 보쉬는 1500~1510년 경에 〈쾌락의 정원〉이라는 세 폭 제단화를 그렸다. 그중 지옥도에는 오비디우스도 울고 갈 괴기한 잡종 몬스터들이 등장한다.

새 머리를 한 악마를 보라. 청동 주전자 모자를 쓰고, 주전자 양말을 신고, 의자에 앉은 자세로 인간을 통째로 삼키고 있다. 악마의 뱃속에서 미처 소화되지 못한 인간 배설물이 오물통으로 떨어진다. 끔찍한 장면을 목격한 한 남자가 역겨움과 두려움을 참다못해 구토한다.

사람의 귀를 닮은 '칼대포'도 등장했다. SF 영화감독들도 혀를 내두를 변종 살인 무기가 희생자들을 잔인하게 깔아뭉갠다. 보쉬는 인간의 무의식 속에 잠재된 파괴적 본능을 잡종 몬스터의 형상을 빌어 표현했다.

보쉬가 창조한 몬스터는 스위스 출신의 화가인 H. R 기거에게 영감을 주었다. 기거는 보쉬의 몬스터보다 좀 더 잔인하고, 좀 더 징그럽고 좀 더 엽기적인 몬스터를 창안했다. 기거표 몬스터란 리들리 스콧 감독의 SF영화 〈에이리언〉에 나오는 우주 괴물을 가리킨다. 기거의 이름은 미술계에서보다 영화계에서 더 유명하다.

영화를 관람했던 독자라면 인간을 잔인하게 살해하던 변종 생명체의 끔찍한 형상과 충격적인 생태 방식을 잊지 못하리라. 외계 괴물체의

**그림 15**
히에로니무스 보쉬
〈지옥도〉 부분
1500~1510년 경

역겨운 모습을 묘사하면 다음과 같다. 겉모습은 로봇과 비슷하지만 몸체는 문어처럼 유연하다. 기다란 촉수가 달렸지만 인간처럼 손가락이 있고 두 발로 걸어 다닌다. 목은 뱀처럼 길고 이빨은 날카롭다. 젤라틴처럼 끈적거리는 분비물을 뿜어낸다. 여왕 에이리언은 개밋과 곤충처럼 많은 알을 낳고 번식한다. 숙주는 인간의 몸이다. 혐오감의 절정은 새끼 에이리언들이 인간의 가슴을 뚫고 태어나는 장면이다. 비위가 약한 관객이라면 속이 메스꺼워지는.

〈에이리언〉은 기발한 소재와 특수 효과, 작품성을 겸비한 영화라는 입소문이 퍼지면서 흥행 돌풍을 일으켰다. 이는 모두 미술과 영화를 융합한 기거가 있었기에 가능한 일이었다. 기거는 1980년 아카데미 영화상 최우수 시각 효과상을 수상하는 영광을 누리게 된다.

기거는 아카데미 영화상의 후광으로 에어리언 시리즈물과 로저 도널드슨 감독의 〈스피시즈〉에도 참여하게 되었다. 바이오메카노이드의 창시자라는 찬사를 받았고 수많은 추종자도 생겨났다. 미술 평론가 프랑크 리날리의 말에서 그의 인기와 영향력을 실감하게 된다.

많은 영화에서 괴물과 세트를 만들 때 기거의 작품과 비슷한 모양으로 만들어내는 것을 보게 된다. 이제 우리는 '기거레스크 Gigeresque'라는 새로운 단어를 만들지 않고서는 기거 신드롬을 설명할 수 없게 되었다.

기거는 왜 사람들을 공포의 극한으로 몰아넣는 변종 몬스터를 창안했을까? 내 안에 어둠이 숨어 있고 그 어둠은 나를 지배하는 강력한 힘

**그림 16**
H. R. 기거
〈NO. 252, 바이오메카노이드 I〉
1974년
종이에 아크릴

이라는 것을 보여주기 위해서였다. 어둠의 정체는 폭력성과 성욕이다.

공포물의 거장인 스티븐 킹은 《죽음의 무도》라는 책에서 공포의 의미에 대해 이렇게 주장한다.

사람들이 자주 질문하는 것 중의 하나는 '이 세상에 현실적인 공포가 그토록 많은데도 왜 당신은 무서운 것들을 만들어내고 싶어 하는가?'다. 해답은 '허구의 공포는 현실의 공포를 극복하는 데 도움을 주기 때문'이다.

예술가들은 인간이 부정하려고 하는, 인정하고 싶지 않은 무의식에 잠재된 원초적 본능을 잡종 괴물체에 투영한다. 괴물은 우리의 엄연한 본성이라고 얘기한다. 악의 세력인 몬스터도 필요하다고 주장한다. 몬스터가 없다면 인간은 죽음을 의식하지도, 삶에 대한 긴장감도, 자신이 누구인지조차 모르게 되니까. 다시 말해 몬스터는 두려움에 대한 면역체를 길러주는 백신이라는 뜻이다.

**생 각 의   트 랜 스 포 머**

2009년 사비나 미술관 겨울 기획전의 제목은 〈변신〉이다. 당시 과학자들이 유독 흥미를 보였던 작품이 있다. 바로 인간과 동식물을 이종 교배한 이희명의 설치 작품이다. 예술가의 상상력이 빚어낸 돌연변이 잡종 생명체다. 화분에 심은 손가락 줄기에서 초록색 이파리가 자라나고 인간과 곤충, 인간과 식물이 한 몸에 기생한다. 손가락 피부가 사과껍질처럼 벗겨지거나 손가락 피부와 닭 뼈가 이종 교배한다. 애벌레의 얼

**그림 17**
이희명
〈유충〉
2007년
스컬피에 과슈

**왼쪽**
〈껍데기로 이루어지다〉
2009년

**오른쪽**
〈Meat〉
2009년

굴은 예술가의 자소상自塑像이다.

예술가는 종에 대한 편견을 불식시키려고 종의 분류 체계를 뒤섞은 생명체를 창조했다고 한다. 인간은 여러 생물 종의 서열을 매기는 습성이 있다. 생명체의 최강 종種은 당연히 인간이다. 다음은 영장류, 파충류, 곤충, 미생물 순으로 등급이 매겨진다. 같은 동물 종에서도 상등 동물과 하등 동물로 서열이 매겨진다.

예술가는 오만한 인간들의 시각에서 종의 위계가 구분지어지는 방식은 잘못된 것이라고 주장한다. 인종을 차별하고, 상류층과 하층 계급으로 편을 가르고, 우열을 따지고, 미녀와 추녀를 비교하는 인간적인 시각을 왜 모든 생명체에도 적용하는가. 과연 생명체들은 강제적으로 규정지어진 종의 분류 방식을 원할까?

그녀는 강자와 약자가 공생하면서 평등하게 살아가는 열린 세상을 만들고 싶은 바람을 변종 생명체에 투영했다. 실은 그녀 자신도 약자다. 부와 권력, 명성이 삶의 목표가 되는 한국 사회에서 예술가는 사회적인 약자니까. 이는 "몸은 성숙했지만, 경제 활동을 하지 못하는 나의 모습이 애벌레와 닮았다는 자각을 표현한 것"이라는 말에서도 드러난다. 각각의 생명체를 이종 교배한 몬스터는 인간의 오만과 편견에 대한 예술가의 저항이다.

\* \* \*

영화 〈트랜스포머〉의 흥행 포인트는 기상천외한 변신 로봇이다. 로봇은 상황에 따라 자동차와 비행기, 오토바이, 중장비, 컴퓨터 기기 등 주변에서 흔히 보게 되는 기계 장치로 자유롭게 변신한다. 변신 로봇을 창조한 주역은 하이브리드적 사고와 감성, 상상력이었다. '어떻게 로봇이 자동차로 변신할 수 있어, 말도 안 돼' 하고 단정 짓지 않았기에 실현 불가능한 아이디어를 가능으로 바꿀 수 있었다.

가상공간과 현실공간이 뒤섞이고, 학과목이 통합되고, 이종 교배되는 융합의 시대에는 생각의 트랜스포머가 필요하다. 비결은 머릿속에서 획일, 편견, 고정관념, 경계선이라는 단어를 삭제하는 것. 그리고 그 빈자리를 개방, 소통, 유연함, 다양성이라는 단어들로 채우는 것이다.

# 02

기술과 예술의 크로싱
## 얼리 어답터형
## 예술가

요하네스 베르메르
안토니오 카날레토
이명기
아담 엘스하이머
조반니 바티스타 티에폴로
안드레아 만테냐
베른트 할프헤어
파르마자니노
피테르 클라스
하르먼스 판 레인 렘브란트
남경민
백남준
김창겸
전지윤

*버튼만 누르십시오.*
*나머지는 우리가 합니다.*
*_코닥 사 카메라 광고*

# 바늘구멍으로
# 세상을 보다

얼리 어답터early adopter, 신상품을 빠르게 구매하거나 그에 관한 기술과 노하우를 자신의 것으로 만드는 사람들을 가리키는 단어다. 미국 스탠퍼드 대학교 교수인 에버렛 M. 로저스가 《개혁의 확산》이란 책에서 처음 사용하면서 널리 알려지게 되었다.

로저스 교수는 신기술을 받아들이는 인간의 유형을 이노베이터스, 얼리 어답터스, 얼리 머조리티, 레이트 머조리티, 래거즈 등 다섯 가지로 분류했다. 이노베이터스innovators란 새로운 아이디어나 지식, 방법, 제품을 가장 적극적으로 구입하는 타입이다. 얼리 머조리티early majority는 다른 사람들보다 신속하게 받아들이지만 신중하게 고려한다. 레이트 머조리티late majority는 새로운 것에 회의적인, 래거즈laggers는 새로운 것에 손사래를 치는 보수적인 성향의 사람들을 가리킨다.

미술사에서도 신기술이나 신상품을 적극적으로 받아들인 융합의 선구자들이 있다. 미술계의 얼리 어답터를 만나보자.

## 카메라 옵스큐라

17세기 네덜란드 회화의 거장 베르메르에게는 이런 수식어가 따라다닌다. '신비의 화가' '여인의 화가' '실내화의 대가'. 베르메르에 관한 개인 정보가 거의 남아 있지 않은데다 은밀한 실내 공간에서 벌어지는 여인의 사생활을 그림의 주제로 삼았기 때문이다. 얼마나 미스터리하면 소설가 마르셀 프루스트가 "그에 관한 비밀은 영원히 밝혀지지 않을 것"이라고 말했을까?

신비한 화가인 그가 생뚱맞게도 얼리 어답터라? 그렇다. 베르메르는 신기술을 적극적으로 창작에 활용했다. 그의 그림을 감상하면 궁금증을 풀게 된다. 다음 그림<sup>그림1</sup>을 보라.

두 남녀가 음악 수업을 하고 있다. 버지널에 오른팔을 기댄 남자는 교사, 악기를 연주하는 여자는 학생으로 보인다. 그림은 베르메르 양식의 특징을 선명하게 보여준다. 은은하면서 미세한 빛은 왼쪽 창문에서 실내로 스며든다.

그의 그림에서 빛은 늘 창문을 통해서 실내로 들어온다. 일명 베르메르표 반역광 혹은 역측광으로 부르는 빛이다. 빛은 평범하고도 일상적인 공간을 고요와 정적이 감도는 신비한 공간으로 바꿔준다. 바닥의 격자무늬 타일도 전형적인 그의 스타일이다. 베르메르는 기하학적인 타일을 즐겨 그렸다. 투시도법을 적용하면 공간에 깊이감을 줄 수 있기 때문이다.

**그림 1**
요하네스 베르메르
〈신사와 함께 버지널 앞에 앉아 있는 여인〉
1669년 경
캔버스에 유채

 순간 정지 동작도 베르메르만의 특별한 기법이다. 그는 마치 스냅 사진을 찍듯 인물을 묘사한다. 인물들의 순간 동작을 채집해 화면에 영원히 고정시킨다. 이 그림 속 두 남녀에게서도 움직임은 감지되지 않는다.

끝으로 정밀 묘사. 두 남녀가 입은 의복의 질감, 창문의 장식 문양과 벽의 질감, 카펫과 타일의 무늬, 버지널 덮개에 적힌 "음악은 기쁨을 동반하고 고통을 치유한다"라는 뜻을 지닌 라틴어를 실제보다 더 실제처럼 묘사했다. 벽에 걸린 거울을 보라. 버지널을 연주하는 여자의 모습이 희미하게 비친다. '회화적인 기교의 대가' '섬세하고 정교한 묘사 능력은 최고 수준' '최강 디테일'이라는 찬사가 결코 과장이 아니라는 것을 알 수 있다.

타의 추종을 불허하는 베르메르표 효과의 비결은 무엇일까? 많은 미술 전문가와 학자들이 거장의 비법을 파헤치는 연구에 착수했다. 그 결과 충격적인 가설들이 제기되었다. 베르메르의 작업실에 카메라 옵스큐라가 있었고 화가는 신제품을 환등기처럼 사용해 디테일의 대가가 되었을 것이라는.

카메라 옵스큐라는 '어두운 방' 혹은 '어둠 상자'라는 뜻을 지닌 라틴어에서 유래했는데 카메라가 발명되기 이전에 사용되던 광학 기구를 가리킨다. 바늘구멍 사진기pin-hole camera와 같은 원리이며 상자 내부에 뚫린 바늘구멍으로 들어온 빛이 벽면이나 흰 종이에 실제와 똑같은 상을 만들어준다. 실물과 다른 점은 상이 거꾸로 비친다는 것.

베르메르가 기계의 도움을 받아 그림을 그렸다고 주장한 사람들은 상당히 많다. 영국의 화가인 데이비드 호크니는 저서《명화의 비밀》에서 "베르메르는 사진처럼 정확한 이미지를 얻기 위해 광학 도구를 이용해 그림을 그렸다", 과학 저널리스트인 엘리안 스트로스 베르는 "베르메르의 그림을 정밀하게 조사한 결과 투시도법의 선들이 만나는 곳에 조그만 바늘구멍이 뚫려 있다는 점을 밝혀냈다", 일본의 미술사학자

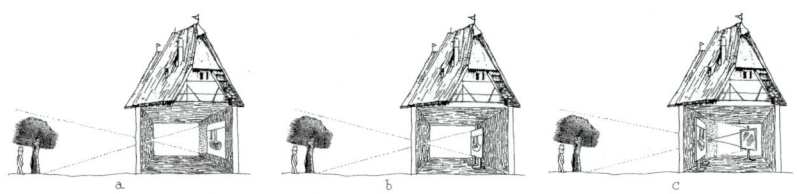

**그림2**
카메라 옵스큐라 원리

인 고바야시 요리코는 "각각의 색채가 만나는 경계 부분이 흐릿하게 보이고, 윤곽선이 해체되었고, 빛의 반짝임과 초점이 맞지 않는 부분들을 발견했다"라는 점을 사례로 들어 카메라 옵스큐라를 사용했다고 주장했다.

가장 집요하게 추적한 사람은 영국의 건축가 필립 스테드먼이다. 그는 20년 동안 베르메르 그림을 연구했으며 화가의 집을 직접 방문하기도 했다. 심지어 그림 속 실내 공간과 똑같은 방의 모형을 만들어 카메라 옵스큐라가 있었다고 추정되는 지점에 카메라를 설치하고 촬영한 사진도 공개했다.

전문가들이 구체적인 물증들을 제시하자 예술가들과 미술 애호가들은 커다란 충격을 받았다. 그럼 베르메르의 천부적인 묘사 능력은 허구였다는 말인가? '화가는 천재성을 발휘해 그림을 그리는 대신 광학기구를 이용해 암실에 맺힌 영상의 윤곽선을 그대로 베꼈구나. 위대한 화가의 회화 비법은 창작이 아닌 모사模寫였구나' 하는 일종의 배신감을 느끼게 된 것이다. 그러나 실망할 필요는 없다. 17~18세기에 활동했던 다른 서양화가들도 최첨단 광학 도구를 이용해 그림을 그렸다. 당시 화가들에게 카메라 옵스큐라는 사진처럼 정확한 묘사를 위한 유용한 도구였다.

카메라 옵스큐라를 맨 처음 사용한 사람들은 천문학자와 건축가들이었다. 당시는 휴대용 천막이나 상자 형태로 사용되었다. 그런데 새로운 광학 기구가 풍경은 정확하게, 사물의 윤곽선은 쉽게 그릴 수 있는 회화 도구로 활용될 수 있다는 입소문이 퍼지면서 미술계 얼리 어답터들의 호기심을 자극했다. 융합형 예술가의 원조인 레오나르도 다 빈치는 최첨단 테크놀로지를 가장 먼저 실험한 화가였다. 다 빈치의 노트에는 이렇게 적혀 있다.

광장이나 들판을 마주 보고 있는 집 한 채가 있고, 태양 빛을 받지 않는 정면에 둥글고 작은 창문이 뚫려 있다면, 태양빛을 받는 모든 것은 자신의 영상을 창으로 보내어 집의 안쪽에 닿게 해 상이 나타나게 할 것이다. 안쪽의 벽면이 하얗다면 그 모습 그대로 보인다. 단 거꾸로 비칠 것이다.

얼리 어답터인 베르메르가 카메라 옵스큐라에 관심을 가진 것은 당연한 현상이었다. 시대적인 분위기와 과학자들과의 교류도 광학 도구

**그림3**
사무엘 반 호그슈트라텐의
투시 상자
17세기

**그림4**
토머스 게인즈버러의
쇼 박스
1781~1782년

에 대한 흥미를 자극하는 요인이 되었다. 베르메르의 시절, 무역 대국인 네덜란드에서 광학 기구는 교역이나 원양 항해에 반드시 필요한 생존 도구였다. 상업적인 수요는 최신 광학기구의 개발을 부추기는 자극제가 되었다. 그 증거로 당시 광학사에 빛나는 발명가들은 대부분이 네덜란드인이었다.

1608년 미델부르흐의 안경 제조사인 H. 리페르세이가 빛이 렌즈를 통과할 때 굴절되는 특성을 이용해 굴절 망원경을 발명했다. 크리스티안 호이겐스는 진자시계振子時計를 발명했고, 빛의 파동성에 근거해 빛의 전파를 기술하는 호이겐스의 원리Huygens' principle를 발표했다. 현미경을 발명한 안토니 반 레벤후크는 베르메르와 가장 절친한 친구이자 유산 관리인이었다. 신경 생물학자인 세미르 제키의 주장이다.

베르메르의 기교가 뛰어났다는 점에는 이론의 여지가 없다. 원근감, 색채, 빛, 그림자의 구사력. 마치 사진처럼 생생하게 묘사하는 능력에 대해서는 이미 많은 사람들이 언급했다. 그는 아마도 자신의 작품 관리인 중 하나인 독일의 현미경학자 안토니 반 레벤후크의 도움으로 최신 기술인 카메라 옵스큐라를 사용했을 것이다.

동시대 화가들이 카메라 옵스큐라를 이용해 그림을 그렸던 사례는 베네치아 화가인 안토니오 카날레토의 작품에서도 찾아볼 수 있다. 카날레토는 과학적인 정밀 묘사로 명성을 떨쳤던 화가다. 1726년 프랑스 대사 자크 빈센트 랑게가 베네치아 공화국에 부임하기 위해 선착장에 도착하는 장면을 그린 역사화에서도 그의 진가를 확인할 수 있다.

**그림 5**
안토니오 카날레토
〈프랑스 대사의 도착〉
1735년 경
캔버스에 유채

그림은 외교적인 공식 행사를 화려하고도 장엄하게 재현했다. 한 치의 빈틈조차 찾아보기 힘들 만큼 정확하고 세밀하게 묘사되어 마치 건축물의 투시도처럼 느껴진다. 완벽한 묘사 능력의 노하우는 카메라 옵스쿠라와 자를 이용한 투시화법에 있었다. 카메라가 없던 시절, 광학 기술을 활용해 명승지와 건축물, 자연 풍경을 사진처럼 재현한 카날레토의 그림은 관광 기념엽서나 기록물의 역할을 대신하기도 했다.

## 조선의 얼리 어답터

또 한 가지 흥미로운 주장, 17~18세기 서양의 화가들만 광학 기구에 열광한 것은 아니었다. 놀랍게도 그 시절 조선 화단에도 얼리 어답터 화가들이 있었다. 미술사학자인 이태호에 따르면 김홍도와 이명기 등 묘사 능력이 탁월한 화가들은 카메라 옵스큐라를 활용해 "과학적인 사실주의 화풍을" 정립했다. 이태호는 조선 화가들이 카메라 옵스큐라를 활용해 그림을 그렸다는 증거로 이명기의 초상화를 제시한다.

초상화의 모델은 정조 시절 정승을 지낸 유언호. 그가 58세에 우의정에 오른 것을 축하하는 기념 초상화다. 초상화 배경의 윗부분에 정조의 어평御評이 적혀 있다.

"좋은 신하 만나려고 먼저 꿈을 꾸었네. 팽팽한 활과 부드러운 가죽이 서로 보완됨을 김종수와 유언호에게서 보았네."

그런데 화면의 오른쪽 화문석 바로 윗부분에 "얼굴과 몸의 길이와 폭은 원래 신장의 절반으로 줄어들게 보인다"라는 글이 보인다. 모델의 실제 키와 그림 속의 키가 다르다는 것을 글을 빌어 알리고 있다. 왜? 카메라 옵스큐라를 이용해 그렸다는 뜻이다.

이태호에 의하면 이명기는 광학 기구를 이용해 옷 주름은 사실적이면서 입체적으로, 눈동자의 수정체는 생동감이 넘치게 묘사할 수 있었다. 의자와 족좌, 화문석은 투시도법을 활용해 그렸다. 조선의 화가들뿐만 아니라 정약용, 이규경, 최한기, 박규수 등 조선 후기 학자들도 카메라 옵스큐라에 흥미를 가졌다. 특히 다산 정약용은 새로운 광학 도구에 가장 열광한 얼리 어답터였다. 다산은 저서 《여유당전서》의 〈칠실관화설漆室觀畵說〉에 카메라 옵스큐라를 접했던 체험담을 실었다.

그림 6
이명기
〈유언호 초상〉
1787년
견본 채색

방을 칠흑같이 어둡게 하고 돋보기를 가져다 구멍에 맞추어 꽂았다. 돋보기에서 몇 자 거리 떨어진 흰 종이 위에 비쳐 들어오는 빛을 받는다. 산 능선 아래 개울가와 대나무, 꽃, 누각 옆의 울타리까지 눈으로 볼 수 있는 모든 풍경들이 종이에 비친다. 빛깔도 그대로요, 가지와 잎의 형상도 그대로다. 중국의 유명한 화가 고개지나 육탐미도 능히 할 수 있는 바가 아니다. 천하의 기이한 광경이다. 안타까운 것은 바람을 맞은 나뭇 가지가 살아 움직이므로 묘사하기가 무척 어렵다.

당시 혁신적인 조선의 지식인들이 서양의 광학 도구를 적극적으로 수용하고 활용했다는 사실은 신선한 충격으로 다가온다.

❋ ❋ ❋

19세기 말, 얼리 어답터 예술가들에게 에드워드 머이브리지의 '활동사진' 즉 모션픽쳐motion picture는 혁신적 교재였다. 머이브리지의 사진집 《움직이는 동물》에는 다양한 동물과 새들의 움직임, 《움직이는 인간》에는 걷고 뛰고 앉고 무릎을 굽히고 돌을 던지고 물건을 주워 올리는 등 갖가지 동작을 취하는 사람들의 연속 동작 사진이 실려 있었다. 책값도 비쌌고 소량 판매였는데도 예술가들은 앞다투어 사진집을 구매했다.

신기술인 사진을 미술에 적극적으로 융합했던 얼리 어답터 예술가들이 있었기에 육안으로는 포착하기 힘든 동물들의 빠른 움직임과 인체 동작의 변화를 그림에 표현할 수 있는 길이 열린 것이다.

인간은 도구를 만들지만
그 다음에는 도구가 인간을 만든다.
_존 컬킨

# 망원경,
# 하늘을 끌어내리다

신학자, 철학자, 자연과학자였던 로저 베이컨은 엉뚱한 생각을 했다. "우리는 사물을 가까이서도 멀리서도 볼 수 있다. 때문에 우리는 태양과 달, 별들을 우리 가까이로 내려앉게 할 수 있다."

 그의 상상력은 350년 후에 현실이 된다. 네덜란드에서 최초의 망원경이 발명된 것이다. 망원경의 발명은 미술사에도 커다란 변혁을 가져온다. 17세기 독일의 화가인 아담 엘스하이머의 그림[그림7]에서 그 변화의 흔적을 찾아볼 수 있다.

### 우주를 그린 최초의 그림

그림의 주제는 성서 〈마태복음〉에 나오는 '성가족 이집트로의 피신'이다. 성가족이 낯선 땅으로 피신 가던 도중에 밤이 깊어 잠시 휴식을 취

**그림 7**
아담 엘스하이머
〈이집트로의 피신〉
1609년

한다. 이 그림은 동시대에 그려진 다른 성화<sup>聖畫</sup>와는 확연하게 다른 점이 있다. 먼저 시간대를 한밤중으로 선택했다. 성서에 의하면 성가족이 베들레헴을 떠나 이집트로 피신 가던 시간은 밤이었다. 그러나 엘스하이머 이전의 화가들은 밤을 낮으로 바꾸었다. 당시 화가들에게 하늘이나 천체는 실재하는 것이 아니었다. 태양과 달, 별들이 떠 있는 우주 공간은 그리스 신화나 고전 문헌에 등장하는 배경에 불과했다. 그런 만큼 화가들은 밤하늘을 구체적으로 묘사할 필요성을 느끼지 못했다. 설령 느꼈다고 하더라도 묘사할 능력이 없었다.

다음은 광원. 그림 속의 광원은 모두 네 곳이다. 밤하늘의 은하수와 보름달의 광채, 수면에 비치는 달빛의 반사광, 요셉이 들고 있는 횃불, 목동들이 피우는 모닥불이다. 화가는 각기 다른 네 개의 풍경을 광원을 통해 한 화면에 통합했다.

화면의 구도도 특이하다. 하늘과 땅을 사선으로 가르고 지평선을 낮게 설정해 하늘이 화면의 절반을 차지하도록 구성했다. 마치 그림의 주인공은 성가족이 아닌 밤하늘이라고 말하듯이.

지금껏 수많은 별들이 반짝이는, 성운과 만월이 떠 있는 밤하늘을 이처럼 사실적으로 묘사한 그림은 없었다. 17세기 초에 활동했던 화가가 어떻게 천체를 저토록 정확하게 관측하고 그림에 표현할 수 있었을까? 육안으로도 하늘을 자세히 관찰하지 않던 시절에.

해답은 최첨단 광학 도구인 망원경이다. 이 그림은 화가가 망원경으로 우주 공간을 관찰한 그 경험을 화폭에 반영했다는 증거물이다.

엘스하이머는 32세에 요절했지만 미술사에 커다란 업적을 남겼다. '야경夜景을 그림에 최초로 표현한 화가' '은하수와 달의 표면까지도 화폭에 생생하게 묘사한 최초의 화가'로 기록되고 있으니 말이다.

독일의 미술 저널리스트인 플로리안 하이네에 따르면 이 그림은 천문학적 자료 가치도 높다. 화면의 밤하늘에서는 약 1200개의 별과 은하수, 보름달 속의 분화구까지 발견된다. 더욱 중요한 점은 화가인 엘스하이머가 천문학자인 갈릴레오 갈릴레이보다 먼저 망원경으로 우주를 관측했다는 사실, 그리고 그 체험을 그림에 표현했다는 것이다. 즉 미술과 천문학의 융합을 보여주는 소중한 자료라는 얘기다.

하이네는 엘스하이머가 얼리 어답터가 된 배경에 대해 다음과 같이 밝혔다. 1608년, 네덜란드의 안경 제조사인 한스 리페르세이가 유리를 갈아 만든 볼록 렌즈와 오목 렌즈를 이용해 먼 곳에 있는 물체를 가까이 볼 수 있는 망원경을 개발했다. 신기한 발명품은 유럽의 학자, 지식인, 화가들의 마음을 단숨에 사로잡았다. 엘스하이머의 재산 관리인 파베르 박사는 로마의 과학자와 지식인 모임인 린체이 아카데미의 회원이었다. 화가는 파베르 박사를 통해 천문학에 관한 지식과 정보를 접하는 한편 저명한 과학자들과 친교도 맺을 수 있었다. 그 무엇보다 망원경으로 우주를 관찰할 수 있었다.

### 코페르니쿠스 이후의 하늘

엘스하이머가 세상을 떠난 이후 우주적인 시각에서 천체를 묘사하는 화가들이 나타나기 시작한다. 대표적인 화가는 17세기 바로크 예술의 거장인 조반니 바티스타 티에폴로다. 다음 천장화를 보라.

그림을 올려다보는 순간 탄성이 절로 터진다. 마치 천상의 세계가 열리면서 하늘로 승천하는 듯한 착각에 빠지게 된다. 그림 속 인물들은 중력의 지배에서 벗어나 하얀 구름이 떠다니는 허공을 유영하고 천상으로 상승하는가 하면 현실 세계로 내려오기도 한다.

천장화가 그려진 공간은 실내이고 평면이지만 마치 실외의 실제 공간처럼 느껴진다. 형태의 왜곡을 통해 환영을 불러일으키는 이런 그림을 가리켜 콰드라투라(quadratura, 평면인 천장을 돔처럼 보이게 하는 기법) 혹은 착시 천장화로 부른다. 실내에서 천상의 세계를 가상 체험할 수 있는 착시 천장화는 당시 큰 인기를 끌었다. 대중들에게는 최고의 볼거리였고 교회에서도 선호했다. 이성보다 감성에 호소하는 효과가 뛰어났기에 종교 개혁 이후 느슨해진 신앙심을 다지는 용도로도 활용되었다.

**그림 8**
조반니 바티스타 티에폴로
뷔르츠부르크 레지덴츠의 천장화

티에폴로는 시각적인 환영을 이용해 실내 공간이 광대한 우주 공간으로 확산되는 듯한 착각을 불러일으키는 착시 기법의 대가였다. 그림은 환각적 회화의 결정체라는 극찬을 받고 있다. 감상자는 천장화를 올

**그림 9**
안드레아 만테냐
만토바 두칼레 궁전 신혼의 방 천장화
1461~1474년

려다보는 순간 실내에 그려진 그림이라는 사실을 깜박 잊게 된다. 장엄하고 숭고하고 격정적인 느낌에 압도당한다. 지상의 인간들은 현실 세계를 초월해 우주의 비경을 체험하게 된다. 티에폴로는 망원경적 시각을 천장화에 반영하기 위해 두 사람의 손을 빌렸다. 협업자는 건축가인 발타자르 노이만과 쾨드라투라 전문가인 제롤라모 멘고치 콜로나였다.

티에폴로의 천장화와 르네상스 시대 화가인 안드레아 만테냐의 천장화를 나란히 비교하면 우주 공간을 표현하는 방식에 커다란 변화가 생겼다는 점을 발견하게 된다. 변화의 요인은 육안으로 우주를 관찰한 세대와 망원경으로 우주를 관찰한 세대의 차이에 있다. 만테냐는 1461~1474년 만토바 두칼레 궁전의 '신혼의 방'에 미술사에서 최초인 착시 천장화를 그렸다.

둥근 난간 주위에 사람들이 모여 있다. 열 명은 푸토(아기 천사)고 다섯 명은 여성이다. 아이와 여자들은 난간에 걸터앉고 틈새로 얼굴을 내밀거나 감상자를 내려다보기도 한다. 화가는 착시 효과를 극대화하기 위해 오렌지 나무를 심은 커다란 화분을 막대기에 걸쳐 놓는 재치도 발휘했다. 그러나 만테냐의 하늘에서는 티에폴로의 하늘에서와 같은 우주적인 공간감이 느껴지지 않는다. 왜? 만테냐는 망원경으로 하늘을 관찰한 경험이 없었으니까. 게다가 일점원근법을 적용해 그림을 그렸다.

일점원근법을 적용한 착시 기법은 미리 설정해놓은 지점에서 천장을 올려다볼 때만 극적인 효과가 생긴다. 궁전이나 교회 등 많은 사람들이 드나드는 넓은 공간에서는 환영 효과를 기대하기 힘들다. 반면 티에폴로는 망원경으로 우주를 관찰한 세대였다. 자신이 경험한 우주적인 시각을 천장화에 표현하기 위해 혁신적인 착시 기법을 미술에 접목했다. 소실점을 분산시키는 다중원근법을 천장화에 도입한 것이다. 덕분에 감상자는 여러 시점에서 천장화를 올려다보더라도 우주의 광대함을 느낄 수 있게 되었다. 그림 속 하늘은 '코페르니쿠스 이후의 하늘'로 불린다. 천문학적 시각이 반영된 그림이라는 뜻이다.

## 21세기 착시 콜라주

바로크 미술의 꽃인 착시 천장화는 250년 후에 베른트 할프헤어의 작품에서 화려하게 부활한다. 예술가는 착시 천장 화가 그려진 바로크 교회를 3D 형태로 감상자의 눈앞에 재현했다.

이 작품은 바로크 교회의 실내를 찍은 각각의 사진을 둥근 표면에 붙여 만든 것이다. 일종의 사진 콜라주 조각이다. 지름 50센티미터의 작은 구球 안에 바로크 교회의 실내 정경이 고스란히 담겨 있다. 관람객은 작품 주위를 돌면서 감상하는 동안 마치 17세기 바로크 교회 안에 서 있는 듯한 착각에 빠지게 된다.

실내 공간을 사진으로 찍어 구 형태로 재현한 발상도 독특하지만 파노라마식 실내 공간을 구현하는 제작 비법도 창의적이다. 예술가에 의하면 처음에는 사진을 한 장씩 인화하고 가위로 일일이 오려 붙였다.

**그림 10**
베른트 할프헤어
〈바로크 교회〉
2007년
사진 콜라주 · 플라스틱 코팅

구의 크기와 사진의 길이가 맞지 않아 낭패한 적도 많았다. 15년 동안 시행착오를 거듭하면서 노하우를 터득했다. 지금은 손으로 직접 깎아 만든 구 모형에 사진들을 접착하고 코팅하는 일을 컴퓨터 프로그램을 통해 능숙하게 해낸다. 얼리 어답터인 그는 파노라마 영상 기법과 최첨단 3D 기법을 미술에 융합해 웅장한 바로크 교회를 작은 구 안으로 공간 이동시켰다. 250여 년 전 사람들이 착시 천장화를 보면서 경험했던 우주의 경이로움을 21세기인들도 느낄 수 있도록.

* * *

르네상스 시대 망원경은 상업용이나 전쟁용, 또는 진귀한 수집품으로 여겨졌다. 그런데 갈릴레이는 망원경을 전혀 다른 용도로 사용했다. 천체의 움직임과 행성들을 정밀하게 관측하는 도구로 활용한 것이다. 얼리 어답터인 갈릴레이는 망원경이 발명되었다는 소식을 듣고 신속하게 렌즈를 구해서 광학적으로 개선된, 배율이 33배나 되는 정교한 망원경을 만들었다.

1610년, 망원경을 통해 관측한 결과를 〈별세계의 보고〉라는 논문으로 발표했다. 논문에는 태양계 흑점의 회전 현상, 달 표면의 불규칙적 현상, 목성의 위성, 금성의 위상 변화, 토성의 고리 등 니콜라스 코페르니쿠스의 지동설을 지지하는 충격적인 내용들이 담겨 있었다.

2009년 '세계 천문의 해'를 기념하는 25유로 기념주화에 갈릴레이의 얼굴과 그의 망원경이 나란히 실렸다. 갈릴레이의 망원경은 "도구는 생각을 바꾸고, 사회를 바꾼다"는 것을 증명하는 흥미로운 사례다.

세상에는 두 가지 유형의 인간이 있다.
몸을 뒤로 빼는 인간과 앞으로 나아가는 인간이다.
_켄 올레타

# 거울 나라의
# 예술가

　이번에는 거울을 창작의 도구로 활용했던 얼리 어답터들을 만나보자. '거울이 얼리 어답터와 무슨 연관이 있을까?' 하고 생각하겠지만 타임머신을 타고 15세기로 되돌아가면 거울이 신新기법에 목마른 예술가들을 열광시킨 획기적인 상품이었다는 사실을 알게 된다.
　13세기 경 베네치아 무라노의 장인들이 유리 거울을 개발했을 때 예술가들은 신속하게 반응했다. 3차원의 세계가 2차원의 거울 표면에 투영되는 현상은 가히 시각적 혁명이었다. 더군다나 유리 거울은 금속 거울의 단점을 보완한 업그레이드 상품이었다. 금속 거울은 무겁고 상象이 흐릿하게 보이며 녹이 잘 스는 결점이 있었다. 반면 유리 거울(일명 크리스탈 거울)은 가볍고 선명한데다 보존성도 좋았다. 옥에 티는 찻잔 정도로 작은데다 상이 굴절되어 보이는 볼록거울이었다는 것.

## 세상을 바꾼 하이테크

흥미롭게도 얼리 어답터 화가들은 이 결점에 오히려 열광했다. 가운데가 튀어나온 곡면에 비친 이미지는 실제 모습을 왜곡시켜 보이도록 했다. 화가들은 볼록거울의 굴절 효과를 이용해 실내 공간을 실제보다 더 넓어 보이게 하거나 특정 부위를 확대해서 보여주는 용도로 활용했다. 이 그림은 당시 화가들이 볼록거울을 광학 도구로 사용했다는 증거물이다.

볼록거울에 젊은 화가의 모습이 비친다. 화가는 볼록거울의 굴절 효과를 교묘하게 활용해 이미지를 변형하고 왜곡했다. 벽과 천장은 돔 형태가 되었고 화가의 오른손은 거대해졌다. 화가는 단지 거울의 유희를 즐기려는 의도에서 볼록거울에 비친 자신의 모습을 그렸을까? 이미지를 창조하는 화가의 자부심을 강조하려는 의도였다. 거울의 곡면에 의해 길게 늘어지고 거대해진 손은 예술적 재능을 상징한다. 화가는 화폭에 가상의 세계를 창조하는 창조주와 같은 존재라는 뜻이다.

이 그림을 통해 알 수 있듯 화가들에게 거울은 자화상을 그리는 데 꼭 필요한 도구였다. 예술가가 자신의 모습을 탐색할 수 있게 된 것도 거울이 있었기에 가능했다. 거울의 발명은 자화상의 발전에 결정적인 역할을 했다. 화가 호크니에 따르면 하인리히 슈바르츠는 저서 《화가의 거울과 신앙심》에서 이렇게 주장했다.

**그림 11**
파르미자니노
〈자화상〉
1524년
목판에 유채

1401년부터 화가들은 볼록거울을 사용했다. 모든 공방에서 거울은 필수 장비였다. 화가들과 거울 장인들은 매우 가까운 관계였고 네덜란드 브뤼헤 시에서는 두 직업의 수호성인 성 루가의 길드가 조직되기도 했다.

17세기의 네덜란드 화가 피테르 클라스도 볼록거울의 왜곡 효과를 실험하는 자화상을 그렸다. 다음 정물화는 삶의 허무함을 뜻하는 바니타스vanitas화다. 그림에서 바니타스화의 전형적인 소재인 해골, 유리잔, 악기, 모래시계, 과일, 책 등을 찾아볼 수 있다. 이런 정물들은 쾌락의 허무함과 물질의 덧없음을 상징한다. 즉 인간이 욕망하는 것들은 속절없이 사라진다는 교훈을 담고 있다.

그런데 화가의 모습은 어디에서 찾을 수 있을까? 탁자에 놓인 커다란 유리구슬의 표면을 자세히 살펴보라. 실내 공간이 비친다. 화가가 이젤 앞에서 그림을 그리는 장면과 작업실이 투영되었다. 화가는 거울의 반사 효과를 이용해 화면에서는 보이지 않지만 실제로는 존재하게 하는, 부재하는 대상을 현존하게 하는 기법을 실험하고 있다. 그 시절 예술가들은 유리구슬의 반짝이는 특성을 이용해 그림 속에 또 하나의 세상을 창조한 것이다.

### 최초의 연출 자화상

그러나 1463년, 독일의 누렌버그산 소형 볼록거울은 인기 상품에서 구형 모델로 전락했다. 베네치아의 유리 장인 베로비에리가 평면 유리 거울(일명 베네치아 거울)을 개발한 것이다. 화가들은 앞다투어 신상품인 평

**그림12**
피테르 클라스
〈유리구슬이 있는 정물〉
1630년대

면거울을 구입했다. 사실적이면서 정교한 그림을 그리는 용도로 사용하기 위해서였다.

하지만 문제는 가격, 거울은 고가의 사치품이었다. 같은 크기의 그림 값보다 서너 배나 비쌌다. 당시 르네상스 시대 거장인 라파엘로의 그림 값은 3000리브르(옛 프랑스의 화폐 단위)였는데 거울 가격은 8016리브르였다. 따라서 프랑스 재상 장 바티스트 콜베르의 유산 목록에 은제 액자에 끼워진 46×26인치 베네치아산 평면거울이 있을 정도였다. 왕족과 귀족, 재력가들만이 명품 거울을 구매할 수 있었다. 오죽하면 상류층 자녀의 혼수 품목에 베네치아산 거울이 포함되어 있었을까? 하지만 얼리 어답터 예술가들은 고가품인 평면거울을 구입했고 다양한 방식으로 실험했다. 다 빈치는 거울을 연구하고 실험했던 체험담을 《회화론》에 기록했다.

> 만일 그대가 한밤중에 1브라치오(약 70센티미터) 떨어진 두 개의 평면거울 한가운데 등불을 놓으면, 각 거울에 비친 수없이 많은 등불과 잇달아 작아지는 등불을 보게 될 것이다.

다 빈치의 글을 읽으면서 문득 떠오르는 생각 한 가지. 잘 알려져 있듯 다 빈치의 글은 좌우가 바뀌어 거울에 비춰보면서 읽어야 한다. 화가는 혹 거울에 글자를 비춰보면서 노트에 적지 않았을까? 그는 거울에 맺힌 상을 연구하는 데 몰두하고 있었으니까.

17세기 네덜란드의 거장 렘브란트는 평면거울을 가장 적극적으로 창작에 이용한 화가였다. 렘브란트는 생전에 100여 점(스케치 포함)에 달하는 자화상을 그렸다. 이토록 많은 자화상을 제작할 수 있었던 것은 거울이라는 새로운 매체를 실험하려는 욕구가 강했기 때문이라는 주장이 제기되었다.

렘브란트 자화상의 특징은 각양각색의 모습을 연출한다는 것. 화가는 마치 연극배우라도 되는 양 다양한 포즈와 자세를 취하고, 패션과 연령대도 각기 다른 모습으로 분한 자화상을 그렸다. 화가이면서 스스로 모델이 되어 자신의 모습을 연구 대상으로 삼았다. 학자들은 렘브란트가 평면거울을 갖고 있어 미술사상 최초인 '연출 자화상'을 그리게 되었을 것이라고 주장한다.

**그림 13**
하르먼스 판 레인 렘브란트
〈동양 의상을 입은 자화상과 푸들〉 외
17세기

암스테르담 시장의 한 상점에서 렘브란트에게 거울을 판매했던 자료를 근거로 그의 화실에 베네치아산 거울이 있었다고 추정하기도 한다. 하긴 화가에게 거울이 없었다면 카멜레온처럼 변신하기란 결코 쉽지 않았으리라. 그가 고가의 거울을 구입한 동기도 인간의 다양한 기질과 특성, 유형을 탐구하기 위해서였으리라.

**거울에 투영된 미술사**

지금까지 거울이 자화상의 발전에 커다란 영향력을 끼쳤다는 사실을 확인했다. 남경민의 그림에서 미술계의 얼리 어답터를 열광시켰던 '그 거울'을 만나게 된다.

화려한 실내 공간이 보인다. 유리 탁자 위에 놓인 유리 꽃병에는 하얀 백합꽃, 탁자 위에 놓인 항아리에는 붓들, 보라색 의자에는 노란색 천이 걸쳐 있다. 실내 인테리어는 더없이 화려하지만 분위기는 고요하고도 적막하다. 인간의 흔적조차 느껴지지 않는 이곳은 과연 누구의 방일까? 화면 오른편 위, 벽에 걸린 거울이 방 주인의 정체를 알려준다.

거울에 한 남자가 등을 돌린 채 그림을 그리고 있는 모습이 비친다. 남자가 그리는 그림은 파블로 피카소의 대표 작품인 〈아비뇽의 처녀들〉이다. 탁자 위에 놓인 화집 《큐비즘》도 피카소와 관련이 깊다. 피카소는 동료 화가인 브라크와 함께 큐비즘을 창안했다. 그렇다면 이 방은 피카소의 화실이리라.

비록 화면에서 피카소의 모습은 볼 수 없지만 분명 그는 이 공간에 존재한다. 우리는 과거 미술사의 거장들이 거울의 반사 효과를 이용해 부재하는 존재를 현존하게 만들었다는 사실을 알고 있다. 화가의 모습

그림 14
남경민
〈피카소〉
2008년
린넨에 유채

은 거울에 비치건만 정작 그 화가는 화면 속에 존재하지 않는, 현실의 세계와 가상의 세계를 융합한 이 그림은 거울에 투영된 미술사다.

✽ ✽ ✽

다음은 윌리엄 파워스의 《속도에서 깊이로》에 소개된 일화. 15세기 중반, 독일의 아헨 성당은 7년마다 성스러운 유물을 공개했다. 수많은 순례자들은 성스러운 유물이 뿜는 빛을 흡수하기 위해 휴대용 금속 거울을 가지고 몰려들었다. 신성한 빛이 병을 낫게 한다는 입소문이 퍼졌기 때문이다.

　1432년, 거울 장인들은 순례자들을 겨냥한 판매용 거울 제작에 열을 올리게 되는데, 그중에 요하네스 구텐베르크가 포함되어 있었다.

　당시에는 거울을 손으로 직접 만들었기에 제작 기간이 많이 걸리고 값도 비쌌다. 구텐베르크는 와인이나 올리브 오일 즙을 짤 때 사용되는 압축기를 응용해 얇은 금속판으로 여러 장의 거울을 만들어 저렴한 가격에 공급했다. 한 걸음 더 나아가 압축기를 이용한 대량 거울 생산 기술을 금속 인쇄기 개발에 응용했다. 즉 필사본보다 더 신속하게 제작되고, 활자 이동이 가능하며, 값도 저렴한 인쇄술의 대혁명은 거울 제조 기술에서 비롯되었다는 얘기다.

　구텐베르크의 일화는 하이테크는 세상을 바라보는 시각을 바꾸고, 시각이 바뀌면 사고방식이 바뀌고, 공동체적 의식 또한 바뀐다는 것을 알려준다.

미래에는 텔레비전 음극관이 캔버스를 대체하고,
예술가들은 반도체와 전자 기기로 작업하게 될 것이다.
_백남준

# 테크놀로지와
# 미술의 융합

문화 비평가인 마샬 맥루한은 "미디어는 메시지다"라는 명언을 남겼다. 테크놀로지의 발전 속도에 멀미를 앓는 현대인들은 미디어가 인간의 사고방식과 의식을 지배한다는 맥루한의 주장에 공감하게 되리라.

그의 주장을 미술로 구현한 예술가가 있다. 한국이 낳은 최초의 글로벌 아티스트 백남준이다. 백남준은 비디오 아트의 창시자로 불린다. 전자 시대의 주역인 비디오와 텔레비전을 미술의 표현 도구로 활용하는 신개념의 미술을 창안했기 때문이다. 독자는 백남준이 한국을 대표하는 예술가라는 사실은 이미 알고 있겠지만 정작 그가 미술사에 어떤 업적을 남겼는지에 대해서는 정보가 부족할 것이다. 그는 대중들이 생각하는 것 이상으로 위대한 예술가였다.

1996년 10월 독일 〈포쿠스〉지가 선정한 '올해의 예술가 100인',

1997년 8월 독일 경제지 〈캐피탈〉이 선정한 '세계의 작가 100인', 1999년 동양인 최초로 미국 〈아트 뉴스〉 '세기의 미술인' 선정, 1993년 베니스비엔날레 황금사자상 수상, 1998년 미국 프랫 인스티튜트에서 미술 명예박사학위 수여. 1998년 교토상 수상 등. 화려한 경력에서 드러나듯 백남준은 한국 예술의 자존심이다.

그는 어떻게 세계적인 예술가가 될 수 있었을까? 비결은 얼리 어답터였다. 백남준은 '멀리tele-보는vision' 시대를 예견하고 미술과 전자매체를 융합한 개척자였다.

## 비디오로 '아트'하다

그는 1963년 독일 부퍼탈의 파르나스 갤러리에서 열린 첫 개인전〈음악의 전시-전자 텔레비전Exposition of Music-Electronic Television〉에서 미래형 예술을 선보였다. 전시장에서 그림이나 조각은 전혀 찾아볼 수 없었다. 전통적인 미술 재료인 캔버스, 물감, 붓, 대리석, 청동으로 제작되던 작품의 자리를 텔레비전과 비디오가 차지했다.

예를 들면 열두 대의 텔레비전 세트를 전시장에 배치하고 영사막을 거꾸로 뒤집어놓거나 관객들이 발로 밟으면 기계적으로 작동하는 비디오 작품들을 전시했다.

TV 수상기를 영상을 보여주는 용기(그릇)로만 여겼던 사람들은 큰 충격을 받았다. 전자 기기도 조각품이 될 수 있다고 누가 감히 상상이나 할 수 있었을까? 백남준은 손으로 편지를 쓰던 시절에 이메일(전자우편)을 사용한 셈이었다. 아날로그 미술에 종지부를 찍고 디지털 아트 시대의 문을 활짝 열었다.

 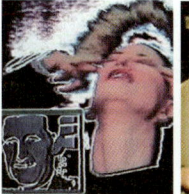 

**그림 15**
백남준
〈음악의 전시-전자 텔레비전〉 전시 장면
1963년

**오른쪽**
〈굿모닝 미스터 오웰〉의 한 장면
1984년

 그뿐만이 아니다. 그는 인터넷이 등장하기 이전에 이미 세계를 단일 네트워크로 묶는 지구촌 프로젝트를 시도했다. 1984년 새해 첫날 뉴욕, 독일, 파리, 네덜란드, 한국에 생중계된 TV 위성 쇼 '굿모닝 미스터 오웰'은 지구촌을 뜨겁게 달군 빅 이벤트였다.

 제목의 미스터 오웰은 소설 《1984년》의 저자 조지 오웰을 가리킨다. 오웰은 《1984년》에서 미래 사회는 절대 권력자인 '빅브라더'에 의해 모든 정보가 통제되고 테크놀로지가 인간을 지배하게 될 것이라는 암울한 미래상을 제시했다.

 백남준은 오웰이 예언했던 1984년, 새해 첫날, 빅브라더의 통제 수단인 TV가 개인의 사생활을 감시하고 억압하는 대신 지구촌을 하나로 연결시키는 정보 중개자가 될 수 있다는 점을 전 세계에 알렸다. 마치 "오웰 당신의 예측은 틀렸소"라고 말하듯.

 전 세계를 하나의 네트워크로 구성해 지구촌으로 만드는 TV 아트 쇼는 백남준이 아니면 시도할 수 없는 미술 이벤트였다. 세계 미술계에서 존재조차 희미했던 한국의 예술가가 창작한 영상 작품을 무려 2500만에 달하는 시청자들이 TV 브라운관을 통해 감상했으니까.

그는 예술가면서 기술자, 연출자이기도 했다. 전자 매체를 회화적인 이미지를 표현하는 도구로 활용하기 위해 오랫동안 연구하고 실험했다. 1970년 일본 비디오 기술자 아베 슈야와의 협업으로 비디오 신디사이저(비디오 영상 합성기)를 개발했다.

뉴욕 구겐하임 미술관의 미디어 아트 수석 큐레이터인 존 핸하트는 '뉴 미디어'라는 새로운 매체를 개발하고 예술의 표현 범위를 확장시킨 백남준의 업적에 대해 이렇게 평가한다.

백남준의 작품은 20세기 말의 미디어 문화에 강력하고도 지속적인 영향을 미쳤다. 그 덕분에 텔레비전에 대한 재정의가 이루어졌으며 비디오가 미술가의 예술적 수단이 되었다.

백남준은 얼리 어답터였기에 전자 매체를 발빠르게 수용해 예술과 융합할 수 있었다. 그리고 얼리 어답터만이 할 수 있는 어록을 남겼다.

비디오 아트는 아직 유년기야. 말하자면 비디오 아트는 2년마다 새로운 매체를 선보일 정도로 아주 빠르게 바뀌는 분야야. 나는 비록 나이를 먹었지만 아직도 10년 정도는 할 일이 남아 있어.

혁신적인 예술가가 미술의 전통과 금기를 깨면 후배 예술가들이 그 혜택을 받게 된다. 선구자가 새로운 매체를 자유롭게 실험할 수 있는 물꼬를 터주었으니까. 미술계에서는 백남준의 후예들을 '뉴 미디어 아티스트'라고 부른다.

**스마트 아트**

뉴 미디어 아트new media art란 테크놀로지와 결합된 전자 예술, 다시 말해 미디어 기술과 예술을 융합한 미술을 가리킨다. 일명 멀티미디어 아트, 인터렉티브 아트로 명명하기도 한다. 아래 그림은 테크놀로지가 예술의 도구로 활용되는 뉴 미디어 아트의 사례다.

작품의 제목인 'still life'는 정물, 죽어버린 자연이라는 뜻이다. 예술가는 생명을 상징하는 여인의 누드와 꽃이 핀 나무를 무생물인 집과 병 속에 넣었다. 움직이는 것과 움직이지 않는 것, 생명과 무생물, 실재와 가상의 경계를 탐색하는 작업이다.

김창겸은 전통적인 방식으로 미술을 창작하지 않는다. 붓과 물감으로

**그림 16**
김창겸
〈still life〉
2010년
디지털 프린트

캔버스에 그림을 그리는 대신 사진술과 컴퓨터 기술을 이용해 이미지를 변형하거나 비율을 조정한다. 수학적, 공학적 지식과 최첨단 3D 기술을 예술가적 감성과 융합해 익숙하면서도 낯선 이미지를 창조한다.

이제 예술가의 호칭도 바뀌었다. 캔버스는 컴퓨터로 대치되고, 붓이 아닌 마우스로 작업하는 그들을 이제는 화가나 조각가라고 부르지 않는다. '예술가'라고 부른다.

2011년 3월 사비나 미술관의 〈다중감각전〉에는 얼리 어답터가 창작한 예술 작품들이 출품되어 관람객들의 눈길을 끌었다. 그중 전지윤의 앱app 아트 〈A Couple of Men〉을 소개한다.

**그림 17**
전지윤
〈A Couple of Men〉
2011년

전시장 벽에는 동일한 남성의 얼굴 사진 여덟 장이 나란히 붙어 있다. 관람객들은 언뜻 평범한 인물 사진이거니 생각하고 지나치기 십상이다. 하지만 예술가가 제공한 스마트폰을 사진에 가져다 대고 스캔하면 엉뚱한 남자가 스마트폰 속에서 나타나 눈을 부릅뜨거나 미간을 찌푸리고 고함을 치기도 한다. 즉 감상자가 보고 있는 실사 영상(사진)과 스마트폰 속의 가상 영상이 화면에서 오버랩되면서 새로운 스토리가 전개된다. 이른바 현실과 가상 현실을 융합한 '증강 현실augmented reality' 작품이다.

예술가는 관람객이 스마트폰을 활용해 작품을 감상하게 하고 사진을 스캔하는 애플리케이션도 직접 개발했다. 자신의 작품은 "단순한 모바일 아트가 아닌 앱 아트"라고 주장한다. 앱을 통해서만 작품이 최종적으로 완성된다는 뜻이다.

지금 이 순간도 얼리 어답터 예술가들은 최첨단 전자 매체를 적극적으로 수용해 웹 아트, 레이저 아트, 디지털 아트, 인터렉티브 아트, 멀티미디어 아트 등 혁신적인 미술을 창조한다. 얼리 어답터 예술가들은 새로운 도구가 인간의 의식을 변화시킨다고 믿고 있다.

※ ※ ※

진화 생물학자인 제레드 다이아몬드는 저서 《총, 균, 쇠》에서 이런 질문을 던진다. "왜 각 대륙의 문명 발달 속도는 차이가 나는가?"

그는 스스로 해답도 제시한다. 동등한 조건이라는 전제하에서 기술 문명이 가장 빠르게 발달하는 곳은 생산성이 높고 면적이 넓으며 인구가 많은 지역이라는 것. 왜? 잠재적인 경쟁자가 많은 사회는 지적인 호기심을 자극하니까.

　예를 들면 뉴기니의 저지대에서 사는 파유 족은 미래의 에디슨이 많은데도 정작 천재성은 발휘하지 못한다. 재능을 축음기를 발명하는 데 사용하는 대신 정글에서의 생존을 위한 일에 소모하기 때문이다. 유라시아인들이 기술 문명의 헤게모니를 쥐게 된 것은 지능이 뛰어나서가 아니라 지적인 호기심을 자극하고 경쟁을 유도하는 사회 구조에 있었다는 다이아몬드의 주장은 시사하는 바가 크다.

# 03

영감과 탐구의 크로싱

## 발명가형 예술가

주세페 아르침볼도
자크 리나르
요한 게오르크 하인츠
다발 킴
미켈란젤로 메리시 다 카라바조
조지프 라이트
공성훈
살바도르 달리
김재홍
르네 마그리트
김문경
알렉산더 칼더
피에트 몬드리안
손봉채
앤디 워홀
무라카미 다카시

우리는 지금까지 한 번도
대발명next big thing을 내놓은 적이 없다.
혁신은 언제나 수천 수백 가지의
소소한 발명next small things에서 비롯됐다.
_조지 버클리

# 세상을 바꾼 아이디어

미국 대중음악계의 스타인 밥 딜런은 기자가 성공 비결에 대해 물었을 때 기발한 답변을 내놓았다. "나는 항상 전구를 가지고 다닌다."

   사람들은 흔히 톡톡 튀는 아이디어를 가진 인재들을 가리켜 '불이 켜진 전구'에 비유하곤 한다. 미술사의 거장들 중에서도 전구 같은 유형이 있다. 이번 장에서는 미술계의 전구에 해당되는 발명가형 예술가들을 만나보자.

### 미술계의 LED 전구

첫 번째로 소개할 예술가는 16세기 신성 로마 제국의 궁정 화가로 활동했던 주세페 아르침볼도다. 1560년대 후반 아르침볼도는 기상천외한 형식의 그림을 창안했다. 미술사에서 최초로 시도된 합성 그림이다. 화

**그림 1**
주세페 아르침볼도
〈봄〉〈땅〉〈물〉〈불〉
1560~1570년
캔버스에 유채

가는 놀랍게도 식물, 동물, 물, 불, 땅, 책 등을 조합해 인간의 두상을 만들었다. 네 점의 그림은 다양한 사물들을 합성해 초상화로 만들었던 아르침볼도표 화풍의 특징을 잘 보여준다.

〈봄〉은 사계절 연작 중 한 점이다. 봄에 자라는 각종 야채와 꽃을 모아 소년의 옆모습을 만들었다. 〈땅〉은 땅에서 사는 각종 동물들을 합성해 노인의 측면 초상을 만들었다. 노인의 얼굴에서 사자, 코끼리, 사슴, 양, 말, 표범, 늑대, 멧돼지의 형상을 찾을 수 있다. 〈물〉은 가오리, 새우, 메기, 낙지, 거북, 조개, 뱀장어, 상어, 가재 등 물에 사는 생물들을 조합해 여인의 측면 초상을, 〈불〉은 장작불, 촛불, 도화선, 대포, 총 같은 불과 연관된 사물들을 합성해 남자의 옆모습을 창조했다.

그림을 보는 순간 16세기에 활동했던 화가가 이처럼 기발한 아이디어를 낼 수 있었다는 점에 절로 감탄하게 된다. 아르침볼도는 근거리에서는 사물들로 해체되지만 원거리에서는 각각의 이미지들이 조합되어 인물로 변신하는 합성 회화를 최초로 개발한 업적으로 미술계의 발명왕으로 등극했다. 어떻게 이런 발상이 가능했을까? 비결은 융복합적인 지식과 박물관 체험에 있다.

먼저 융복합적인 지식. 아르침볼도표 인물 두상은 그림으로 보는 백과사전이며 철학 교재다. 각종 사물들을 조합해 구성한 네 점의 작품도 사계절과 4원소를 의인화한 것이다.

화가는 사계절을 인생의 각 단계에 비유했다. 봄은 탄생, 여름은 성숙, 가을은 노쇠, 겨울은 죽음을 뜻한다. 〈봄〉에서는 봄 식물들로 소년의 신체를 구성했는데, 만물이 소생하는 계절인 봄은 인생의 청소년기에 해당한다. 〈땅〉〈물〉〈불〉은 4원소를 의인화한 것이다.

4원소란 현대화학에서 말하는 원소와는 다른 개념이다. 고대인들은 지구를 구성하는 기본적인 요소는 물, 불, 흙, 공기 네 가지라고 믿었다. 4원소는 일종의 생명체로써 서로 결합해 다양한 물질들을 만들어낸다. 예를 들면 네 가지 원소 중 가장 가벼운 불은 항상 하늘로 향하는 속성을 지녔는데 태양이 하늘에 떠 있는 이유이기도 하다. 불의 성질은 뜨겁고 건조하다. 4원소 중 두 번째로 가벼운 공기는 불과 물 사이에 존재한다. 공기의 성질은 따뜻하고 습하다. 물은 공기보다 무거우며 공기와 흙 사이에 존재한다. 하늘에서 비가 내리는 현상은 물이 원래 있던 자리로 이동하려는 것이다. 물의 성질은 차갑고 습하다. 4원소 중 가장 무거운 흙은 맨 아래 존재한다. 돌을 하늘에 던지면 땅으로 떨어지는 이유이기도 하다.

과학적 지식이 풍부한 현대인들에게는 황당한 이론이지만 고대인들은 우주와 인간(대우주와 소우주), 우주와 지구(자연계를 지배하는 우주의 법칙)는 밀접한 연관을 갖는다고 믿었다. 이런 범우주관은 르네상스 시대까지 이어졌고 4원소를 동식물이나 자연물에 비유하는 그림들이 그려졌다.

다음 작품 그림2도 그중 하나다. 왼쪽의 새는 4원소 중에서 공기, 타오르는 화로는 불, 화병과 주전자는 물, 과일은 흙을 상징한다. 4원소를 사물에 비유해 표현한, 소위 잘 그린 그림이지만 아르침볼도의 4원소 그림과 비교하면 평범하게 느껴진다. 천재성이나 인문학적 지식이 없어도 능히 그릴 수 있는 그림이다.

반면 아르침볼도는 우주의 이치를 자연물이나 인공물에 비유하는 것에 그치지 않고 기발하면서도 논리적으로 재구성했다. 언뜻 보면 생뚱맞은 조합으로 보이지만 다양한 지식을 씨줄 날줄 삼은 지혜의 보고

**그림 2**
자크 리나르
〈오감과 4원소〉
17세기
캔버스에 유채

寶庫다. 한마디로 조합과 분석, 융복합의 백미白眉다.

아르침볼도가 다양한 지식을 흡수할 수 있었던 것은 시대를 타고 났기 때문이다. 아르침볼도가 모셨던 루돌프 2세는 지적 호기심에 관한 한 둘째가라면 서러울 정도였다. 루돌프 2세는 1576년 24세 때 신성로마제국 황제로 등극해 36년간 통치했는데 그 궁정은 인문학자와 자연과학자, 연금술사, 예술가들의 천국이었다. 황제는 덴마크의 천문학자인 티코 브라헤를 황실부 제국수학관으로 초빙했고 티코 브라헤의 제자인 천문학자이며 수학자인 요하네스 케플러도 적극적으로 후원했다.

케플러는 황제의 총애에 학문으로 보답한다. 1627년 항성과 행성의 목록인 《루돌핀 목록》을 출간했는데 학문을 진심으로 사랑했던 루돌프

**그림 3**
요한 게오르크 하인츠
〈수집가의 캐비닛〉
1666년

황제의 이름을 딴 것이다. 아르침볼도는 지적인 자극이 넘쳐나는 궁정에서 학문적 열정을 지닌 창의적인 인재들과 교류하면서 기발한 아이디어를 얻었던 것이다.

다음은 박물관적 체험. 루돌프 2세는 유럽 최고의 컬렉터이기도 했다. 새롭고 진귀한 물건이 있다는 정보를 입수하면 수단과 방법을 가리지 않고 수집해, 일명 '경이의 방'으로 부르는 장소에 모두 진열했다. 그 유명한 루돌프 2세의 쿤스트카머(진귀한 사물들을 모아놓은 곳)는 개인의 수집 공간을 말하는데 박물관의 전신으로 불리기도 한다.

   당시 유럽의 군주들과 부유층 사이에서 이국적이거나 기이한 자연물, 인공물, 예술품을 수집하는 열풍이 불었다. 수집가들은 궁전이나 저택의 방 여러 곳을 컬렉션으로 가득 채웠다. 이런 진귀한 수집품은 특권층의 지적 호기심을 충족시키는 한편 부와 권력, 교양을 과시하는 홍보 수단이 되었다. 루돌프 2세의 소장품은 양과 질에서 다른 유럽 황실의 수집품을 단연 압도했다. 그의 소장품은 개인 컬렉션이 아닌 박물관급 수준이었다. 호기심 창고인 황제의 컬렉션은 아르침볼도의 창작에 영감을 주었다. 화가는 궁정에 작은 우주를 창조하고 싶었던 황제의 바람을 합성 그림에 구현했다. 다양한 사물들의 목록으로 구성된 아르침볼도표 초상화는 유한한 존재인 인간이 무한한 우주를 이해하려고 시도했던 지식의 컬렉션이다.

## 심리 자연사 박물관

이질적인 사물들을 조합해 전혀 다른 이미지로 반전시키는 아르침볼도표 화풍은 후배 예술가들에게 영감을 주었다. 다발 킴은 아르침볼도식 아이디어를 차용해 독특한 이미지를 창조한다. 기계 부품으로 이루어진 동물의 내장, 실핏줄이 흐르는 고지도古地圖, 박제 동물의 가죽은 산수와 지형으로 변형된다.

   그녀는 창작을 위한 목록의 아이디어를 수집품과 일상용품에서 가져온다. 사막에서 채집한 동물의 뼈와 수집한 고지도, 가죽, 구두, 지갑

**그림 4**
다발 킴
〈자화상〉
2009년
종이에 잉크·털

과 같은 일상적인 물건들이 모두 창작의 재료가 된다. 다발 킴에게 수집품과 일상용품은 단순한 물건이 아니다. 꿈과 추억, 감성이 생생하게 살아 숨 쉬는 장소다.

나는 몽상가이며, 오래된 물건을 채집하고 모든 일상의 기록을 모으는 수집가이기도 하다. (…) 다시 재조합되어 입체물이 될 수 있는 설계도의 형식을 취하고 있다. _다발 킴

미술 평론가 고충환은 그녀의 그림을 가리켜 "제도의 통제하에 잠재된 개인의 야성과 본성, 반제도적이고 반문명적인 욕망의 귀환을 보여준다"라고 말한다.

앞서 본 작품 그림4 은 기계 부품들을 조합해 만든 자화상이다. 그녀는 꿈속에서 여전사를 자주 본다고 한다. 예술가의 무의식 속에 강인한 여전사가 되고 싶은 갈망이 숨어 있다는 뜻이다. 예술가의 개인 수집품과 일상 용품들로 구성된 자화상은 예술가의 내면 풍경을 보여주는 '심리 자연사 박물관'인 셈이다.

\* \* \*

목록의 대백과사전으로 불리는 《궁극의 리스트》의 저자 움베르트 에코는 한 인터뷰에서 이렇게 말했다.
"만일 외딴섬에 가게 된다면 전화번호부를 가지고 가겠다."
 전화번호부에 실린 이름만으로도 무한한 조합을 통해 무궁무진한 이야기를 만들어낼 수 있다는 뜻이다.

독자도 아이디어의 보고인 목록들을 조합하는 놀이를 즐기면 어떨까. 메모장을 열어 자신의 취미와 꼭 하고 싶은 일들의 목록을 적어보라. 책벌레는 읽고 싶은 책들 목록, 여행 마니아는 방문하고 싶은 여행지 목록, 쇼핑을 좋아하는 사람이라면 쇼핑 목록, 미술 컬렉터는 구매하고 싶은 미술품 목록 등. 이런 놀이를 즐기면 자신이 진심으로 욕망하는 것들은 무엇인지, 자신이 세상을 어떻게 바라보는지 이해하게 된다. 자, 아이디어의 전구에 스위치를 켜줄 나만의 목록을 조합해보자.

나는 계속해서 그림을 그릴거야.
(…) 그 속에 빛이 너무 가득차서
너희들이 아무것도 찾아낼 수 없는 그런
보이지 않는 그림을 말이야.
_지그프리트 렌츠, 《독일어 시간》 중에서

# 빛이
# 말하게 하다

다음은 소설가 공쿠르 형제가 암스테르담 국립 박물관에서 렘브란트의 걸작 〈야경〉을 감상한 소감이다.

빛 속에서 살아 숨 쉬는 인물들의 모습이 붓끝에서 이토록 생생하게 표현된 그림은 결코 본 적이 없다. (…) 이 그림은 굵은 점들의 붓 터치가 화폭 위에서 파닥거리면서 빛을 진동시키는 격렬한 붓놀림의 잔치다.

공쿠르 형제를 감탄하게 만든 것은 그 유명한 '렘브란트의 빛'이다. 렘브란트가 〈야경〉에서 시도한 강렬한 명암법은 그에게 '빛의 화가'라는 이름을 선물했다. 하지만 빛과 그림자를 이용한 명암 대조 기법은

**그림 5**
하르먼스 판 레인 렘브란트
〈야경〉
1642년
캔버스에 유채

렘브란트의 발명품이 아니다. 창안자는 16세기 이탈리아 화가인 미켈란젤로 메리시 다 카라바조다.

### 빛을 그린 화가

카라바조가 명암법을 개발하기 이전에 그려진 그림에서는 빛의 효과가 느껴지지 않는다. 미술의 특성상 화가들은 일찍부터 빛을 표현하기 위해 많은 노력을 기울였지만, 대체 빛을 어떻게 그릴 수 있다는 말인가! 중세 화가들은 간접적인 방식으로 빛의 효과를 표현했다. 번쩍이는 금가루를 화폭에 바르거나 빛이 투과되는 스테인드글라스를 활용하는 식이었다. 그러나 카라바조는 광학적 지식을 바탕으로 혁신적인 명암법을 창안했다. 그는 특수한 광원을 활용하면 생생한 환영 효과와 강렬한 감정 표현이 가능하다는 것을 깨달았다. 그리고 빛과 어둠을 또렷하게 대비시켜 화면에 깊이감을 주는 한편 극적인 변화를 이끌어냈다. 그는 마침내 빛을 그려냈다.

다음 그림을 보라. 화면 속 빛은 일정한 지점에서 나와 특정 대상에게로 집중된다. 마치 무대 위에 선 배우에게 스포트라이트를 비추듯 말이다. 이 장면은 예수와 제자 마태의 첫 만남을 묘사한 것이다. 성서에 따르면 예수는 성문을 지나면서 세리인 마태에게 그저 "따르라"고 말한다. 놀랍게도 마태는 예수의 부름에 복종하고 그의 제자가 된다.

카라바조는 스승과 제자의 운명적인 만남을 마치 영화의 한 장면처럼 묘사했다. 그림 속 장소는 세금 징수원들의 사무실. 화면 오른쪽에서 예수가 제자 베드로와 함께 나타나 긴 손가락으로 마태를 가리킨다.

그림은 카라바조가 개발한 명암법의 효과가 얼마나 혁신적인지 보여준다. 배경은 칠흑처럼 어두운데 세리들에게만 강렬한 빛이 집중된다. 방의 유일한 창문은 닫혀 있는데 빛은 어디에서 나오는가? 화가는 광원의 근원을 정확히 보여준다. 빛은 화면 오른쪽 위 대각선 방향에서 들어온다. 예수의 손가락은 감상자의 눈길을 빛이 쏟아지는 실내로 유도하는 역할을 한다. 카라바조는 측면 조명을 절묘하게 활용해 그리스도의 신성神聖을 강조하고 마태를 제자로 선택하는 의미도 부각시켰다.

화가는 특정 대상에 조명을 비추면 어떤 효과가 생기는지 잘 알고 있었다. 강한 음영 대비는 화면에 돌출 효과를 나게 하고 연극적인 비장미를 강조한다. 또한 빛과 그림자의 또렷한 대조는 사람들의 눈길을 화면 속 공간으로 강하게 흡수한다. 그 결과 감상자는 화면 속 인물들에게 일어난 일이 성서의 이야기가 아니라 현실에서 벌어지는 실제 사건인 양 느끼게 되는 것이다.

참, 한 가지 중요한 정보를 빠뜨렸다. 세리들 중 그리스도의 선택을

**그림 6**
미켈란젤로 메리시 다 카라바조
〈성 마태의 소환〉
1597~1559년
캔버스에 유채

받은 마태는 누구일까? 미술 전문가들은 다섯 세리들 중 누가 마태인지 알아내기 위해 고심했다. 미술사학자인 뢰트겐이 왼쪽 탁자 끝에 앉아 돈을 세고 있는 젊은 남자가 마태임을 밝혀냈다. 그는 어떻게 마태의 정체를 알았을까? 손가락 언어에 해답이 있다. 예수와 베드로, 검정 베레모를 쓴 남자의 손가락을 선으로 연결하면 삼각형이 된다. 삼각형의 꼭지점은 얼굴을 숙인 채 탁자 위의 돈을 세고 있는 남자를 가리킨다. 그가 마태라는 증거다.

### 과학 기술과 빛의 융합

카라바조가 창안한 명암법은 수많은 예술가들을 매료시켰다. 카라바조식 명암법을 모방하는 추종자들을 가리키는 카라바지스티(caravaggisti, 카라바조 화풍을 따르는 화가들이라는 뜻)라는 용어도 생겨났다. 18세기 영국의 화가 조지프 라이트는 카라바조식 명암법을 전수받은 대표적인 화가다. 라이트는 선배가 창안한 명암 기법에 과학을 융합했다. 다음 그림은 업그레이드된 명암법의 정수를 보여준다.

과학자가 플라스크 내부를 진공 상태로 만드는 실험을 하고 있다. 탁자에는 다양한 과학 실험 도구와 마그데부르크 반구(진공 펌프를 발명한 오토 폰 게리케가 마그데부르크에서 한 진공 실험에서 사용)가 놓여 있다.

과학자는 유리 공과 연결된 밸브를 조절해 용기 안의 공기를 빼내려고 시도한다. 공기가 완전히 빠져나가고 진공 상태가 되면 유리공 안에 들어 있는 실험용 앵무새는 질식하게 된다. 구경꾼들은 잔뜩 긴장된 표정으로 과학자의 실험을 지켜보고 있다. 과학자가 정말로 새를 죽일까, 아니면 밸브를 열고 공기를 주입해 새를 살릴까?

**그림 7**
조지프 라이트
〈진공 펌프 실험〉
1768년
캔버스에 유채

어린 소녀는 언니의 허리를 끌어안고 두려움 반, 호기심 반의 눈길로 실험 과정을 지켜본다. 처녀는 죽임을 당하는 앵무새를 차마 볼 수 없어 얼굴을 돌린다. 아버지로 보이는 중년 남자는 인류를 위한 실험이라면서 딸의 어깨를 감싸 안고 달래는 중이다. 라이트는 칠흑처럼 어두운 배경과 램프의 조명에서 발산되는 빛을 강렬하게 대비시켜 마치 감상자가 18세기에 행해지던 과학 실험에 참관하는 듯한 착각에 빠지도록 했다.

하지만 그림을 자세히 살피면 라이트식 명암법은 카라바조표 명암법과 차이점이 있다는 것을 발견하게 된다. 두 그림을 나란히 비교하면 다른 점을 금세 구별할 수 있다. 광원이 다르다. 카라바조의 그림에서 빛은 화면 밖에서 안으로 들어오지만 라이트의 작품에서는 화면의 중심에서 발광한다. 이 그림에서 광원은 램프다.

라이트가 업그레이드된 명암법을 시도할 수 있었던 비결은 무엇일까? 과학 기술을 숭상하던 시대 분위기와 현장 체험이다. 라이트는 과학 실험이 주제인 그림을 최초로 그린 화가다. 그가 활동하던 시절은 제임스 와트, 매튜 볼턴, 조시아 웨지우드 등 영국의 산업 혁명을 주도한 과학자, 발명가, 사업가들의 시대이기도 했다. 당시 영국의 지식인, 산업가들은 과학과 산업 기술은 인류의 발전에 꼭 필요하다는 신념을 가졌고 지주들도 세계 최초인 산업 혁명을 전폭적으로 지지했다.

화가는 시대적 분위기에 자극을 받아 미술의 블루오션을 개척하는데, 바로 과학 실험 그림이다. 화가에게 그림을 의뢰한 주문자도 대부분 과학자나 산업계 종사자들이었다. 라이트의 과학 실험 그림은 일반인들에게도 큰 인기를 끌었다. 이는 그림 속 배경이 영국 상류층의 저택인 것에서도 드러난다.

그 시절 과학 실험은 오늘날과는 달리 신기한 볼거리였다. 18세기 사람들에게 과학 실험은 마술 그 자체였다. 과학자의 이미지도 흥행사, 마법사, 인기 강사에 가까웠다. 과학자는 연구실에서 실험에 몰두하는 대신 부유층의 집을 방문해 즉석에서 과학 실험을 실감나게 보여주곤 했다. 지주들도 이들의 방문을 반겼는데, 저녁 시간의 깜짝 이벤트면서 자녀들에게 필요한 과학 지식을 쌓게 하는 체험학습의 효과도 있었기 때문이다.

라이트는 과학자들이 실험하는 장면을 수차례나 참관했다. 또한 인공조명이 설치된 공장과 제철소를 자주 방문해 현장에서 직접 빛을 탐구했다. 즉 라이트식 명암 기법을 태동시킨 것은 과학과 산업 기술에 대한 찬양이었다.

### 인간 내면의 탐조등

현대 화가들은 카라바조가 개발한 명암법을 다양한 방식으로 응용한다. 공성훈은 인공조명 효과를 인간의 내면에 감춰진 폭력성을 드러내는 도구로 활용한다.

다음 그림[그림8]의 배경은 경기도 벽제의 밤. 개가 밥을 먹고 있다. 일상적인 장면인데도 화면에서 왠지 음산한 기운이 느껴진다. 금방이라도 불길한 사건이 벌어질 것만 같은, 소리 없는 두려움. 그림을 대하는 감상자의 마음도 덩달아 불편해진다.

무엇이 이런 느낌을 유발할까? 바로 인공조명이다. 검푸른 하늘을 배경으로 서 있는 가로등은 샛노란 불빛을 발산하고, 광원이 불분명한 인공조명은 땅과 나무를 노랗게 염색한다. 개집에는 개의 그림자가 또

**그림 8**
공성훈
〈개〉
2008년
캔버스에 아크릴

렷하게 새겨져 있다. 화가는 의도적으로 감상자의 불안을 자극하는 전략을 구사한다. 그럴 만한 까닭이 있다.

그림 속 개는 식용 개다. 화가의 작업실은 경기도 벽제에 있는데 그의 화실 주변에는 인간을 위해 사육당하는 개가 유난히 많다. 개들은 길게는 몇 달, 짧게는 며칠 동안 줄에 묶인 채 살다가 사람들에게 먹히고 사라진다. 화가는 인간의 어두운 본성을 밤에, 약자의 공포는 개에 투영했다. 인공조명은 어떤 역할을 할까? 강자의 폭력성을 경고하는 도덕성의 탐조등이다.

* * *

1989년, 일본의 건축가인 안도 다다오는 세계적인 건축물이 된 '빛의 교회'를 완공했다. 교회는 벽과 천장이 모두 노출 콘크리트로 되어 있어 외부에서 볼 때는 거칠고 투박해 보이지만, 과감하게 벽에 길을 내 '천지 창조'에 버금가는 새로운 빛을 창조했다. 다른 건축가와는 차별된 방법으로 아름답고 절제된 공간을 연출한 것이다.

그는 "자신의 삶에서 빛을 구하고자 한다면 먼저 눈앞에 있는 힘겨운 현실이라는 그림자를 제대로 직시하고 그것을 뛰어넘어 용기 있게 전진할 일이다"라고 말했다.

고난과 역경이라는 이름의 벽에 찬란한 빛의 길을 낼 수 있는 방법은 무엇인지 곰곰이 생각해보자.

나는 세상을 분석하기 위해
편집광적 비평방법을 사용했다.
숨어 있는 권력과 법칙을 지각하고 이해해
내 것으로 만들고 싶었다.
_살바도르 달리

# 꿈을 스캔하다

예술가들은 꿈에서 창작의 영감을 얻곤 한다. 시인 생 폴 루에게 잠은 엄연한 창작 과정이었다. 그는 잠자는 시간을 방해받지 않도록 현관문에 이런 쪽지를 붙이곤 했다.

"시인은 지금 작업중"

또 다른 시인 윌리엄 블레이크는 꿈속에서 누군가 시 구절을 낭송하는 목소리를 들었다고 말한다.

나는 어떤 목소리를 듣고 한번에 12행이나 많게는 20행까지 받아쓰기를 했다. 미리 생각한 시 구절은 전혀 없었다. 심지어 내 의지에 반하는 시 구절들도 있었다.

작곡가인 리하르트 바그너는 꿈속에서 〈라인 강의 황금〉 서곡의 주요 악절을 들었고, 비틀즈의 멤버인 폴 매카트니는 〈예스터데이〉의 선율을 들었다고 한다. 화가들 중에도 꿈에서 영감을 얻어 미술사의 거장이 된 사례가 있다. 바로 꿈 그림의 창시자로 유명한 초현실주의 화가 살바도르 달리다.

## 다중 이미지를 창조하다

달리는 꿈을 화폭에 스캔하거나 스스로 꿈을 조작하는 등의 기발한 일들을 시도했다. 최초의 꿈 전문 화가가 되겠다는 야망을 품고 상상을 초월한 기법들을 개발했다. 그중 한 가지가 정신분석학에서 아이디어를 얻어 개발한 편집광적 비평방법이다.

편집광적 비평방법이란 편집증 환자의 정신착란(시각적인 정보를 잘못 해석해 사물을 보는) 증세를 모방하는 것을 말한다. 편집증 환자들은 자신의 정신적 이미지를 대상에 투사하기 때문에 같은 이미지를 반복적으로 보게 되고 실제와 망상을 구별하지 못한다.

달리는 편집증 환자의 증세에 비상한 흥미를 느꼈다. 그의 눈에 비친 편집증은 아이디어의 원천이었다. 편집증 환자들은 예민한 감각과 고삐 풀린 상상력을 지녔다. 정상인들에게는 불가능한 하나의 이미지를 복합적인 이미지로 변형시키는 능력도 탁월하다. 달리는 편집증 환자는 아니었지만 망상 증세를 창조성의 도구로 활용할 수만 있다면 마치 꿈을 꾸는 듯한 착각을 불러일으키는 신종 그림을 창안할 수 있겠다고 판단했다. 이는 "예술가는 이성이나 의지를 중단시키고 편집증의 증세인 망상(환각)을 개발해야 한다. 그리고 예술 작품을 창작할 때뿐만 아니

**그림 9**
살바도르 달리
〈비키니 섬의 세 스핑크스〉
1947년
캔버스에 유채

라 일상생활에서도 시도해야 한다"라고 주장한 것에서도 드러난다.

위 그림을 감상하면 그가 편집광증 비평방법을 창안한 의도에 대해 공감하게 된다. 감상자는 보는 각도에 따라 화면에서 각기 다른 형상을 보게 된다. 어떤 이는 화면 앞쪽에서 땅을 뚫고 솟아난 인간의 머리를, 어떤 이는 그림 가운데 있는 두 그루의 나무를, 혹은 멀리 산 정상에 있는 두상을 보는 이도 있을 것이다.

놀랍게도 시선을 옮기면 한 개의 이미지는 또 다른 이미지로 변형된다. 화면 앞쪽에 보이는 사람의 뒷모습에 시선을 집중하라. 머리카락이 어떤 이미지를 연상시키는가. 혹 핵폭발 때 발생하는 버섯 모양의 구름으로 보이지는 않는가. 화면 중앙에 서 있는 나무는 어떤가. 나무의 몸통은 인간의 목, 나뭇잎은 사람의 머리카락으로 보이지 않는가. 멀리 있는 산 정상의 두상은 인간의 머리이면서 산꼭대기를 뚫고 분출하는 버섯구름으로도 보인다. 이 그림의 묘미는 감상자가 어떤 부분에 시선을 집중하는가에 따라서 이미지가 다르게 보인다는 것. 다시 말해 환각을 경험하는 것에 있다.

하나의 이미지가 이중이나 다중 이미지로 보이는 시각적 오독誤讀은 편집증 환자의 정신착란 증세를 흉내 낸 것이다. 인간의 두상과 버섯 모양의 구름을 융합한 아이디어는 태평양 마셜 제도의 비키니 섬(1946~1958년 미국의 원자 폭탄 실험 장소)과 일본 히로시마와 나가사키에 투하되었던 원자 폭탄에서 가져왔다.

화가는 수많은 사람들의 목숨을 앗아간 원자 폭탄의 가공할 위력을 고발하려는 의도로 그림을 그리지 않았다. 오히려 그는 자연의 힘을 압도하는 과학에 대해 경외심을 품고 있었다. 특히 핵분열 때 발생하는 버섯 모양의 구름은 화가에게 시각적 자극을 주었다. 새로운 이미지에 매혹당한 달리는 즉각 이 형상을 다중그림의 도구로 활용했다.

### 미술과 정신분석학의 융합

달리가 편집광증 비평방법이라는 기상천외한 기법을 개발하게 된 배경은 무엇일까? 멘토가 있었기에 가능했다. 멘토는 정신분석학자인 지그문트 프로이트다. 화가는 마드리드의 산 페르난도 왕립 미술학교 시절 프로이트의 저서 《꿈의 해석》을 읽고 감명을 받아 열렬한 팬이 되었다.

《꿈의 해석》 안에는 히스테리성 공포증과 강박 관념에 사로잡힌 환자들의 꿈을 분석한 내용이 담겨 있다. 프로이트에 따르면 인간이 꿈을 꾸는 이유는 무의식 속에 잠재된 욕망을 해방시키기 위해서다. 욕망의 대부분은 성적인 특징을 지녔기에 의식은 수치심을 느끼고 이를 억압하려고 한다. 하지만 욕망은 집요하게 자신의 정체를 드러내려고 시도한다. 단, 정면 돌파가 아닌 우회 작전을 쓴다. 의식의 검열을 피하기 위

**그림 10**
살바도르 달리
〈해변에 나타난 얼굴과 과일 그릇의 환영〉
1938년
캔버스에 유채

해 꿈속에서 왜곡된 형상으로 나타난다. 예를 들면 남성의 성기는 칼, 창, 막대기, 나무 줄기, 우산처럼 길고 뾰족한 형상으로 재현되고 여성의 성기는 상자, 그릇, 화덕 같은 오목한 형상을 빌어 재현된다.

달리는 프로이트의 꿈 이론에서 영감을 얻어 하나의 이미지가 복수의 이미지로 변형되는 편집광증 비평방법을 창안한 것이다.

왼쪽 그림은 꿈에서나 볼 수 있는 전형적인 다중 심상心象그림이다. 개의 등은 해변, 개의 목걸이는 고가 철교, 눈은 터널, 가슴은 과일 그릇, 젖가슴은 여인의 눈으로 변형된다. 꼬리에 꼬리를 물고 이어지는 이미지의 변형이다.

흥미롭게도 프로이트의 제자인 정신분석학자 자크 라캉이 '미술계의 프로이트'로 불리는 달리에게 지대한 관심을 보였다. 라캉은 1930년 〈혁명을 위한 초현실주의〉 창간호에 게재된 '타락한 당나귀'라는 달리의 글을 읽고 매료되어 그와 사귀게 되었다. 〈개성에 비추어 본 망상증〉이라는 논문으로 박사 학위를 받았던 라캉에게 망상을 창작 기법으로 활용하는 달리표 그림은 융복합 연구의 사례가 되었다.

라캉은 달리의 그림을 분석하면서 과대망상이나 피해망상도 창의성의 원천이 될 수 있다는 화가의 주장을 인정하게 되었다. 마침내 라캉은 〈미노토르〉지에 달리의 이론을 지지하는 글을 싣는다.

편집증 환자의 정신 착란 경험은 민담이나 신화에 나오는 기상천외한 내용과 매우 유사하다. 그들의 엉뚱한 상상력과 해독 불가능한 복잡성은 종종 위대한 예술가의 창의적인 발상과 동일하다.

달리는 꿈과 무의식, 광기에 대한 정신분석학의 개념을 탐구해 환각적인 화풍을 창안했다. 그가 정신분석학을 미술에 융합한 것은 인간 내면의 가장 깊은 곳을 탐색하고 싶은 창조적 열망 때문이었다. 그는 의식의 잠금장치를 해제하고 억눌린 욕망을 해방시키면 무한한 자유를 누릴 수 있다고 믿었다. 망상을 의도적으로 조작하는 기발한 기법을 발명한 것도 참되고 진실한 나를 되찾기 위해서였다.

## 보이는 것이 전부가 아니다

한 이미지가 다중 이미지로 바뀌는 달리표 화풍은 후배 예술가들에 의해 다양한 방식으로 응용된다.

다음 그림의 배경은 한국의 절경으로 유명한 강원도 영월의 동강이다. 언뜻 보면 사진처럼 정교하게 묘사된 아름다운 풍경화다. 그런데 고개를 90도 방향으로 돌리면 전혀 다른 이미지가 보인다. 괴석과 나무, 맑은 물이 어우러진 풍경 속에서 아기를 업은 댕기 딴 처녀(업저지)의 뒷모습이 나타난다. 그림 속 처녀는 동강에서 살다가 세상을 떠난 마을 주민이다.

화가는 왜 이승을 떠난 동강 주민의 모습을 풍경화 속에서 되살아나게 했을까? 자연은 곧 인간이며 삶의 역사라는 메시지를 강조하기 위해서다.

그가 그림을 그리던 시절인 1999년, 동강을 개발하자는 여론이 있었다. 화가는 효용성이나 편리함이라는 명분을 내세워 자연을 훼손시키려는 일부 개발론자들의 주장에 동조할 수 없었다. 그림으로 반대 의사를 밝힌 것이다. 아름다운 동강 풍경에 민초들의 모습을 오버랩시킨 이

**그림 11**
김재홍
〈업저지〉
1999년
캔버스에 아크릴

중 그림에는 모든 생명체의 자궁인 자연을 보호하자는 예술가의 인생철학이 담겨 있다.

\* \* \*

2008년 영국의 〈더 타임스〉에 '잠은 아이디어의 보고'라는 이색적인 기사가 실렸다. 과학자들의 연구 결과를 인용하면 이렇다. 깨어 있는 동안에는 잡념이 생겨 집중하지 못한다. 하지만 잠잘 때는 방해꾼이 사라져 뇌가 창의적이 된다. 잠자는 동안 뇌는 전혀 관련이 없다고 밀쳐

03. 발명가형 예술가 117

두었던 정보들을 새롭게 연결하거나 조합한다. 그래서 기발한 아이디어가 떠오른다. 그동안 몰랐던 잠의 새로운 면이다.

여기에 영국의 신경과학자인 러셀 포스터는 "수면 부족은 창의성을 없애는 반면 숙면은 문제를 해결하는 길을 열어준다"라고 주장한다.

잠자는 시간이 아까워 밤새워 공부하고 일하는가? 잠은 창의성이라는 샘물을 길어 올리는 두레박이라는 사실을 잊지 말아야 한다.

'영감'은 무엇이 일어나는지
알고 있는 순간을 말한다. 그러나 우리는
무엇이 일어나는지조차 모르고 있다.
_르네 마그리트

# 역설逆說로
# 역설力說하다

1990년대 가수 마돈나는 자신의 콘서트에서 상상을 초월한 '쇼킹 패션'으로 대중들을 경악시켰다. 이른바 '마돈나 패션'으로 불리는 '란제리룩'이다. 마돈나는 코르셋과 거들, 브래지어를 무대 의상으로 탈바꿈시키면서 패션 리더로 변신했고 란제리룩은 핫 트렌드가 되었다.

세계적인 화제를 불러일으켰던 란제리룩은 속옷을 노출시키거나 겉옷을 속옷과 비슷하게 디자인한 패션 스타일을 가리킨다. 속옷 패션은 '패션계의 악동'으로 불리는 장 폴 고티에의 작품이다. 고티에는 은밀하게 숨겨진 여성의 속옷을 겉옷처럼 입으면 섹시미를 강조할 수 있다는 점에서 착안했다. 그는 '남과 다른 관점으로 보기' '고정관념에서 벗어나기'로 세계 일류 디자이너의 반열에 올라섰다.

고티에가 패션에 도입했던 역발상을 미술에서 최초로 시도한 화가가 있다. 벨기에 출신의 화가 르네 마그리트다. 마그리트는 '패러독스 (역설) 그림'을 발명한 미술사의 거장이다.

그의 작품은 '그림으로 보는 철학' '역설의 논리를 보여주는 그림'이라는 평가를 받고 있다. 영국의 〈더 타임스〉는 마그리트의 그림이 "매우 지적이고 사고를 자극한다"라고 극찬했다.

그는 감성을 풍부하게 만드는 역할에 그쳤던 회화를 사물의 진상을 규명하고 철학적 사유와 지혜의 도구로 사용하는 길을 열어주었다. 화가 스스로도 "나는 회화를 이용해 사유를 가시화한다"라고 말했다.

그를 화가이기 전에 철학자, 철학자이기 전에 시인으로 부르는 사람들도 많다. 당연하게도 미술과 철학을 융합한 그의 그림에 많은 철학자들이 비상한 관심을 보였다. 예를 들면 철학자 폴 누제와 막스 로뢰는 마그리트의 친구였고 미셸 푸코는 〈이미지의 배반〉이라는 그림에 영감을 받아 책을 집필하기도 했다.

### 진실이 된 패러독스

다음 그림은 '마그리트가 왜 역설의 대가인가'라는 질문에 대한 답이다.

벽난로를 뚫고 난데없이 기차가 튀어나온다. 기차는 전속력으로 달리고 있었던 듯 하얀 연기를 내뿜고 있다. 그림은 한눈에 보아도 전혀 이치에 맞지 않는다. 철로 위를 달려야 마땅한 증기기관차가 실내로 돌진한다. 커다란 기차는 장난감 기차처럼 작아지고, 기차에 비해 상대적으로 작은 벽난로는 훨씬 크게 묘사되었다. 한마디로 역설적이며 이율배반적이다.

아이러니하게도 논리적으로 맞지 않기에 익숙한 대상들을 새롭게

**그림 12**
르네 마그리트
〈고정된 시간〉
1935년
캔버스에 유채

보도록 만든다. 감상자의 사고를 자극한다. 우선 다음과 같은 생각을 하게 된다. 벽난로와 기차의 조합은 생뚱맞지만 공통점이 있다. 둘 다 에너지를 전환하고 연기를 내뿜는다. 벽난로 속 통나무가 태워지고 에너지를 방출하면 난방이 된다. 기차는 석탄을 태운 에너지로 움직인다. 통나무가 탈 때 연기가 나오고 증기기관차도 연기를 내뿜는다.

다음 그림도 패러독스의 진수를 보여준다.

펼쳐진 우산 위에 물이 담긴 유리컵이 놓여 있다. 우산 위에 웬 유리컵? 우산과 유리컵은 외관상으로는 전혀 관련이 없기에 더욱 황당하게 느껴진다. 하지만 과연 우산과 유리컵이 아무런 연관이 없을까? 두 물건의 외양이나 기능은 다르지만 다른 각도에서 보면 공통점이 있다. 바로 물이다. 우산은 물을 거부하고 컵은 물을 담으니까. 그런데 그림의 제목은 엉뚱하게도 철학자 헤겔의 이름에서 따왔을까?

화가는 이렇게 설명한다.

나는 물컵을 평범하지 않게 천재적인 방식으로 표현하고 싶었다. 100번째인가 105번째인가에 선은 확장되고 우산의 형태가 되었다. 우산은 컵 안에 담겼다가 결국 컵 아래로 가게 되었다. (…) 나는 천재인 헤겔이 상반되는 작용을 하는 두 가지 물건에 대해 매우 민감하게 반응했을 것이라고 생각했다. 우산과 물컵은 어떤 물도 거부하는 동시에 어떤 물도 수용하니까. 나는 헤겔이 휴가를 즐기듯 매우 재미있어 했을 것이라고 상상하면서 그림의 제목을 '헤겔의 휴일'이라고 명명했다.

**그림 13**
르네 마그리트
〈헤겔의 휴일〉
1958년
캔버스에 유채

 화가의 설명을 듣고 작품을 다시 감상하면 정正과 반反의 역설을 통해 합合을 산출하는 헤겔의 변증법을 그림으로 절묘하게 보여주었구나 하고 감탄하게 된다.
 마그리트의 그림을 처음 대한 사람들은 '기발하네' 혹은 '재치 있네'라는 반응을 보이기 마련이다. 물론 톡톡 튀는 아이디어맨에 불과하다고 저평가하는 사람들도 있다. 그러나 일견 모순적인 그의 그림에는 깊은 뜻이 숨어 있다. 헤겔, 푸코, 후설, 니체, 플라톤의 이론을 탐독했던 화가는 역설逆說을 통해 진리를 일깨우는 방법을 그림을 통해 제

03. 발명가형 예술가　123

시하고 있다. 노자는 "가장 진실한 격언들은 역설적이다"라고 말하지 않았던가.

《위대한 개츠비》의 저자인 스콧 피츠제럴드는 "당신이 최고의 지성인지를 판단하는 기준은 두 가지 상반된 개념을 한꺼번에 머릿속에 넣고 작용시킬 수 있느냐 하는 것"이라고 주장했다. 역설은 표면적으로 진리와 대립되는 것 같지만 진실을 드러내는 가장 효과적인 도구다. 왜? 상반된 개념을 두뇌가 받아들일 때, 충격으로 인해 팽팽한 긴장감이 생겨난다. 두뇌 활동이 활발한 사람들에게 긴장은 불안으로 작용하기보다 창조적 자극으로 이어진다. 이것은 지성인들이 모순과 역설에 대해 흥미를 갖는 이유이기도 하다.

이런 의미에서 역설 그림의 개발자인 마그리트는 최고의 지성인이라고 말할 수 있다. 비논리적이고 모순적인 이미지로 구성된 그의 그림은 인간 존재에 대한 철학적인 물음표니 말이다.

## 매운 사과, 새콤한 마늘

창의성의 시대인 21세기에 접어들면서 역설적인 내용을 담은 미술 작품들이 많은 사랑을 받고 있다. 창의성 계발에 도움이 되기 때문이다.

황당하고 모순적인 그림이 창의적인 교재로 인기를 끄는 것은 공통점이 없는 것들을 연결해 새로운 발상을 유도하기 때문이다. 김문경의 작품에서도 역설의 묘미를 느낄 수 있다.

겉모양은 영락없는 사과인데 안은 붉은 고추이고, 외양은 분명 마늘인데 속은 오렌지다. 겉과 속이 전혀 다른 신종 과채가 등장했다.

작품은 시각적인 충격을 주는 한편 '왜?'라는 질문을 유도한다. 달콤

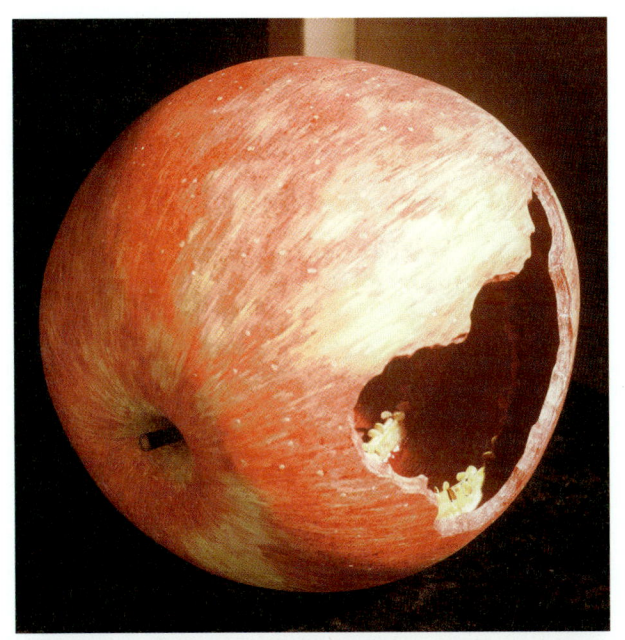

**그림 14**
김문경
〈고추사과〉
2006년
도자·나무·아크릴

**아래**
〈마늘오렌지〉
2007년

한 사과인줄 알고 먹었는데 매운 고추 맛을 느낀다면? 매운 마늘인줄 알고 껍질을 깠는데 샛노란 오렌지 속살이 나온다면? 겉과 속이 전혀 다른 과채는 외양만을 보고 쉽게 판단하는 인간적인 맹점을 꼬집는다. 예술가는 작품의 의도를 이렇게 밝히고 있다.

> 나의 작품은 식물 형태의 변형을 통해, 모든 현상과 대상 간에 존재하는 거짓과 눈속임을 드러내고, 왜곡된 현실을 표현하는 데 목적을 두었다. 나는 모든 대상을 변질된 형상으로 바라보면서 스스로 이런 질문을 던진다. 인간의 삶에서 과연 진실이 존재하는가, 무엇이 실상이고 무엇이 허상인가.

역설의 사례는 문학 작품이나 일상생활에서도 흔히 찾아볼 수 있다. 시인들은 글의 의미를 강조하기 위해 역설적인 표현을 즐겨 구사하곤 한다. 한용운의 시 〈님의 침묵〉에는 이런 구절이 나온다. "아아 님은 갔지마는 나는 님을 보내지 아니하였습니다." 윌리엄 셰익스피어의 《로미오와 줄리엣》에서도 다음의 구절을 발견하게 된다. "당신에게 더 많이 줄수록, 나도 더 많이 갖게 될지니." 비단 예술가, 문인들뿐 아니라 일반인들도 역설적인 표현을 일상적으로 사용하곤 한다. '찬란한 어둠' '모두가 아는 비밀' '잔인한 친절' 등.

\* \* \*

창조적 문제 해결 방법인 시네틱스synetics 기법을 고안한 윌리엄 고든은 창의성을 기르는 데 도움이 되는 두 가지를 제시했다. 하나는 친숙한 것을 낯설게 보기, 다른 하나는 낯선 것을 친숙하게 보기다. 인간은 친숙하면 흥미를 잃게 되고 친숙하지 않은 것은 거부하는 습성을 가졌다. 마그리트처럼 평소 보고 느끼는 것을 한번쯤은 뒤집어 보거나 반대로 생각하고 행동하면 어떨까? 주변에서 늘 보던 친숙한 사물들을 전혀 다른 관점으로 바라보는 훈련을 쌓는다면 깨달음을 얻게 된다. 세상에 흥미롭지 않은 것은 없으며 평범한 일상을 특별하게 만드는 일은 우리의 생각에 달려 있다는 것을.

매우 동떨어진 분야에서 나온
아이디어의 결합이
가장 훌륭한 결과를 가져오는 경우가 많다.
_앙리 푸앵카레

# 조각을
# 공중에서 움직이게
# 하겠다

　누구나 어린 시절, 천장에 매달린 모빌이 움직이는 모습을 홀린 듯 바라보던 경험이 있을 것이다. 공중에 떠 있는 다양한 색깔의 플라스틱 조각들이 나비처럼 팔랑거리면서 춤을 추는 모빌은 신기한 장난감이었다.

　아기에게 색채 감각을 길러주고 시각 훈련을 도와주는 장난감을 개발한 사람은 놀랍게도 예술가다. 미국의 조각가인 알렉산더 칼더는 공학적 원리를 도입해 공기의 흐름이나 바람에 의해 자연스럽게 움직이는 모빌을 창안했다. 아기 방을 장식하는 장난감이나 학습 교재로도 널리 사용되는 모빌은 20세기 조각사의 지평을 넓힌 중대한 발명품이다. 정지된 조각을 움직이게 했을뿐더러 조각의 영역을 땅에서 공중으로 확장시켰으니 말이다.

## 조각의 공중 부양

칼더는 조각가들을 괴롭히던 오랜 숙제를 풀기 위해 고심하던 중에 모빌을 개발했다. 당시 창의적인 예술가들을 좌절시키는 견고한 벽이 있었으니 바로 그림이나 조각에서 '움직임'을 표현하는 일이었다.

미술에서의 움직임은 심리와 정서를 표현하는 중요한 도구이기에 예술가들은 계속해서 미술의 한계에 도전했다. 사람과 동물의 움직임을 동작이나 자세를 통해 간접적인 방식으로 표현했다. 그러나 이런 방식은 자연스럽지 않을뿐더러 실제로 움직인다는 느낌도 주지 못했다. 특히 재료가 무겁고 바닥에 놓여야 하는 조각의 특성을 감안하면 조각에서 움직임이나 변화를 표현하기란 거의 불가능한 일이었다. 칼더는 움직임에 집착했던 당시 미술계의 분위기를 이렇게 전한다.

> 내가 모빌을 제작하기 시작했을 때 많은 예술가들은 미술에서 움직임을 표현하는 문제에 대해 이야기하고 있었다. 대부분 구체성이 결여되고 실현 가능성도 없었다.

하지만 칼더는 보란 듯 불가능을 가능으로 바꾸었다. 처음에는 손으로 움직이는 모빌, 1920년대 후반에는 모터를 이용한 모빌, 1935년 이후에는 동력 없이 기류와 바람에 의해 움직이는 모빌을 선보였다. 움직이는 것을 뛰어넘어 공중에서 기류에 따라 움직이는 신개념의 조각을 창안한 것이다.

그는 어떻게 3차원의 조각에 움직임(시간)을 추가해 4차원의 예술로 만들 수 있었을까? 비결은 '다중 전공'과 '놀이'에 있었다. 칼더는 뉴욕

**그림 15**
알렉산더 칼더
〈Lobster Trap and Fish Tail〉
1939년
와이어・알루미늄

의 아트 스튜던트 리그에서 회화를 공부하기 이전에 스티븐스 공과대학교에서 기계 공학을 전공했다. 엔지니어 출신의 예술가였기에 조형적 감각과 기계적 요소를 성공적으로 융합할 수 있었다.

그가 만든 철사나 끈에 매달린 형형색색의 철판과 플라스틱 조각들은 고정되어 있지 않고 기류에 따라 위치가 바뀐다. 칼더는 탁월한 조형 감각으로 공간 속의 형태들이 다양하게 변화하는 과정에서 모빌의 색채 하모니를 연출했다. 기계적 요소란 물체가 움직이는 모빌에는 원심력, 구심력과 같은 동역학의 개념과 힘과 무게, 균형 등의 공학적 원리가 적용되었다는 뜻이다.

놀이란 서커스를 가리킨다. 칼더는 서커스에 열광했다. 뉴욕에서 공연하는 서커스는 놓치지 않고 관람했다. 그는 보는 것에 그치지 않고 곡마사들이 고난도 곡예하는 모습을 현장에서 빠른 속도로 능숙하게 그리곤 했다. 다양한 서커스의 움직임은 그의 뇌리에 깊은 흔적을 남겼다.

칼더는 미국을 떠나 파리에 정착했을 때 취미로 미니 서커스 공연을 했다. 철사, 나무, 종이, 가죽, 헝겊 등의 폐품을 이용해 사람과 동물의 모형을 만들어 철사와 모터에 의해 움직이게 했다. 몽파르나스의 동료 예술가들은 칼더의 서커스 공연을 관람하는 구경꾼이 되었다. 신기한 서커스라는 입소문이 퍼지면서 명사들도 관객으로 합류했다. 신바람이 난 칼더는 1927년부터 작업실에서 매주 네 번 정기적으로 서커스 공연을 했다.

그는 서커스 놀이를 통해 공간 속에서 물체가 움직이는 방식을 탐구할 수 있었다. 이는 "나는 서커스의 공간을 사랑했다. 그 공간적인 관계와 공간의 방대함을 사랑했다"라는 칼더의 말에서도 드러난다.

그러나 공중에서 움직이는 조각만으로는 1퍼센트가 부족하다는 생각이 들었다. 움직이는 사면체는 신기했지만 아름답지는 않았으니까.

칼더는 1930년 가을, 화가 피에트 몬드리안의 작업실 방문을 통해 해답을 얻었다. 수직선과 수평선의 검은색 격자와 삼원색으로 구성된 몬드리안의 추상화를 본 순간 아이디어가 떠올랐다. 이 그림을 움직이게 한다면?

넓은 작업실의 흰 벽에는 검은 선의 칸막이가 있고 원색의 사각형을 통해 들어오는 빛이 교차되면서 황홀한 아름다움을 발산했다. 나는 '이것들이 모두 움직인다면 얼마나 아름다울까' 하고 생각했다.

그는 2차원의 회화를 3차원 조각으로 바꾼다. 그리고 허공에서 움직이게 했다. 디자인과 공학의 절묘한 조화라는 극찬을 받고 있는 아름다운 모빌이 탄생한 순간이었다.

### 움직이는 추상화

칼더의 혁신 정신은 동료 예술가들에게도 전염되었다. 칼더와 절친했던 몬드리안도 그림에 움직임을 도입한다.

몬드리안의 대표작인 〈브로드웨이 부기우기〉다. 화가는 바둑판처럼 가로세로의 선으로 구획된 뉴욕의 시가지를 추상화에 재현했다. 화면에서 뉴욕 브로드웨이의 네온사인이 깜박거리고, 일명 '옐로 캡'으로 불리는 노란 택시들이 도로를 질주하는 소리가 들려온다. 스타카토로 두들기는 드럼 박자와 부기우기의 빠른 리듬감도 느껴진다. 몬드리안이 평면인 화폭에 움직이는 효과를 낼 수 있었던 비결은 무엇일까? 색채 조합과 휘도 대비輝度對比를 활용했다.

사각형의 가늘고 긴 띠 안에 빨강, 파랑, 노랑, 회색의 사각형들이 그려져 있다. 자, 도형을 자세히 살펴보라. 빨강, 파랑, 노랑의 삼원색 사각형은 두드러져 보이는 반면 바탕색과 비슷한 회색 사각형은 눈에 잘

**그림 16**
피에트 몬드리안
〈브로드웨이 부기우기〉
1942~1943년
캔버스에 유채

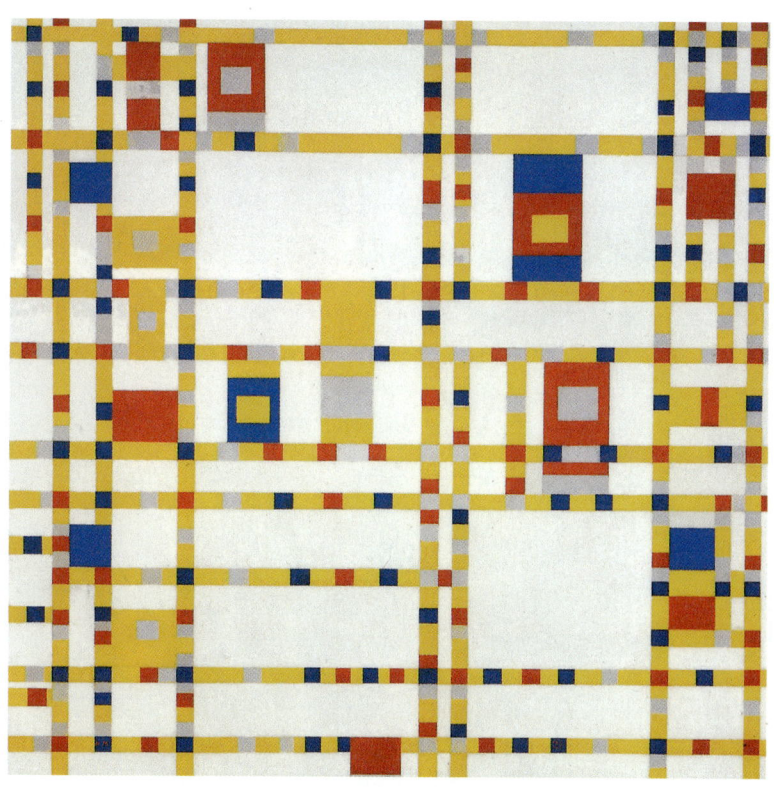

03. 발명가형 예술가　133

**그림 17**
손봉채
〈자전거〉
1997년

띄지 않는다. 밝기가 비슷하기 때문이다. 휘도 대비로 인해 회색 사각형들이 삼원색 사각형들 사이에서 나타났다 사라지는 착시 효과가 생겨난다. 즉 추상화를 움직이게 하는 동력은 색채의 진동 효과와 착시 기법의 결합에 있다.

  자, 칼더가 움직이는 조각을 발명한 의미에 대해 정리하자. 칼더는 '조각은 무겁고, 정지되어 있고, 좌대에 놓인다'라는 전통과 관습에서 자유로운 정신의 소유자였다. 만일 그가 '어떻게 조각을 움직이게 하고 허공에 떠 있게 한다는 말이야?' 하고 지레 포기했다면 후배 예술가인 손봉채가 허공에 자전거를 매달아 움직이겠다는 발상을 시도할 수 있었을까?

✽ ✽ ✽

18세기 말 많은 발명가들이 인터넷의 전신인 전기 통신 개발에 도전했지만 성공하지 못했다. 사람들은 실패한 발명가들을 터놓고 비웃었다. "전기 통신은 웃음거리다. 전기 충격으로 우리에게 충격을 주는 능력밖에 없다." 그러나 미국의 화가이며 발명가인 새뮤얼 모스는 좌절하지 않았다. 1844년 길고 짧은 전기로 간단히 코드화한 부호를 발명했다. '모스 부호'로 불리는 최초의 전보는 그렇게 태어났다.

사람들은 "꿈은 이루어진다"라는 말에 희망을 걸지만 희망을 품는 것보다 더 중요한 것은 집념이다. 집념은 꿈의 자동차를 움직이게 하는 동력이다.

돈을 버는 것도 예술이고
일하는 것도 예술이고,
사업을 잘하는 것은 최고의 예술이다
_앤디 워홀

# 창조 산업 최초의 CEO

현재 세계 미술 시장을 쥐락펴락하는 블루칩 예술가는 영국의 데미안 허스트와 미국의 제프 쿤스다. 두 예술가는 미술계의 갑부이면서 예술 산업의 최고 경영자이기도 하다. 예술가이기보다 아트-비즈니스맨에 가깝다.

데미안 허스트는 사업체가 12개나 되고 총자산은 10억 달러로 추정된다. 제프 쿤스의 스튜디오에는 비서, 재정, 홍보, 마케팅, 고객 관리 팀 등 100명이 넘는 직원들이 근무하면서 예술품의 기획, 제작, 설치, 홍보, 마케팅을 담당한다. 아트 마케팅 art marketing의 흐름을 주도하는 이런 사례는 유별난 것이 아니다. 예술을 비즈니스로 여기는 예술가들이 늘고 있는 미술계의 트렌드를 반영한다.

돈에 초연한 과거의 예술가상을 전복시키는 예술가들이 생겨나게 된 것은 팝 아트의 제왕으로 불리는 앤디 워홀 덕분이다. 워홀은 창조 산업 최초의 CEO다. 그는 예술도 돈벌이가 될 수 있다는 것을 간파했고 '명품 그림'을 개발해 CEO형 예술가상을 창조했다. 만일 워홀이 예술과 마케팅을 융합하지 않았다면 지금도 예술가들은 예술과 상업성을 결부시킬 엄두조차 내지 못했으리라.

**산업화된 창작 방식과 맞춤형 예술품**

이 그림은 그가 뛰어난 예술가이며 탁월한 경영자였다는 점을 증명한다. 그림 속의 여성은 헐리우드의 스타 마릴린 먼로다. 섹시 아이콘인 먼로는 1962년 8월 5일 캘리포니아의 자택에서 돌연 세상을 떠났다. 그녀의 충격적인 사망 소식에 대중들은 경악했고, 전 세계 언론 매체는

그림 18
앤디 워홀
〈마릴린 먼로〉
1967년
실크스크린

03. 발명가형 예술가

몇 주 동안이나 먼로의 드라마틱한 사생활과 출연했던 영화들을 경쟁적으로 소개했다.

바로 그 시기에 워홀은 먼로가 주연을 맡았던 영화 〈나이아가라〉의 흑백 광고 사진을 구해 실크스크린 기법으로 캔버스에 복사했다. 실크스크린은 포스터나 인쇄물 제작에 사용되는 공판인쇄孔版印刷 기법을 말한다. 놀랍게도 워홀은 순수 예술가임에도 전통적인 미술 재료를 이용해 그림을 그리지 않았다. 다른 예술가들은 거들떠보지도 않던, 상업용도로 쓰이던 실크스크린 기법으로 창작했다. 왜? 생산성을 높이기 위해서였다.

실크스크린 기법을 이용하면 짧은 시간에 많은 그림을 제작할 수 있다. 즉 공산품처럼 대량 생산이 가능하다. 하지만 워홀 이전의 어떤 화가도 시도할 생각조차 하지 못했다. 그림이란 화가의 손으로 직접 그려야 하고 세상에 단 한 점밖에 없어야 한다는 고정관념을 갖고 있었으니까. 누가 감히 그림을 마치 인쇄용 포스터처럼 기계적인 방식을 이용해 찍어낸단 말인가.

더욱 충격인 건 인쇄마저 자신이 직접 하지 않았다는 것이다. 스스로 '공장Factory'이라 명명한 작업실의 조수들에게 맡겼다. 조수들은 기계적인 생산 방식으로 하루에 80여 점의 작품을 제작하기도 했다. 워홀의 작업실은 예술적 정취가 짙게 풍겨 나오는 창작의 산실이 아니었다. 이미지를 기계적으로 생산하는 미술 공장이었다.

워홀이 선택했던 주제도 미술인들이 용납할 수 없는 것이었다. 그는 순수 미술에서 통속적인 주제라고 기피했던 영화배우나 슈퍼마켓의 공산품을 그림의 주인공으로 선택했다. 그것도 실물을 직접 보고 그린

**그림 19**
앤디 워홀
〈캠벨 수프 캔〉
1965년
실크스크린

**오른쪽**
〈캠벨 수프〉
1968년

것이 아닌 광고 사진을 참조했다.

화면 속의 캠벨 스프는 당시 미국인들이 슈퍼마켓에서 구입하던 평범한 농축 스프 통조림이다. 푼돈만 있으면 누구나 사먹을 수 있는 저가 상품인 통조림의 외양과 상표까지 똑같이 베꼈다. 이때껏 통조림을 그림의 주제로 선택한 화가는 거의 없었다.

워홀은 흔히 '창조'하면 연상되는 숭고함, 치열함, 고상함, 이상적이라는 단어를 축출했다. 저속한 주제를 선택한 것도 부족해 상업용 포스터인 양 대량으로 찍어냈다. 예술의 순혈주의를 파괴한 워홀에게 미술인들은 거센 비난을 퍼부었다. 미술계의 여론은 한마디로 "워홀의 작품은 예술이 될 수 없다"였다.

당시에는 예술과 비예술, 고급 미술과 저급 미술, 순수 미술과 상업 미술의 경계선이 명확했기에 이런 예술가들의 반응은 당연한 것이었다. 예나 지금이나 예술가들이 미술에서 가장 신성하게 여기는 덕목은 독창성과 유일성, 숙련된 기능, 상업성에서의 초연함이다.

## 미를 소비하다

워홀은 왜 고상한 주제 대신 하찮은 주제를 선택했을까? 그것도 상업용 인쇄 기법으로 제작했을까? 시대가 변했고 컬렉터와 대중의 취향 또한 변했다는 사실을 간파했기 때문이다.

1960년대 미국인들은 자본주의, 소비문화, 대중매체, 유명 인사에 열광했다. 워홀 역시 풍요로운 물질과 대중문화의 세례를 받고 자라난 세대였다. 그런 그에게 예술혼을 치열하게 불태우는 예술가나 상업성을 멸시하다가 스스로 빈민층으로 전락하는 예술가는 구시대의 예술가상이었다. 내면의 자아를 표현한 그림은 너무 무겁고, 도덕적이고 교훈적인 메시지를 담은 그림은 감각이 떨어지고, 고상하고 우아함을 추구하는 그림은 진부했다. 즉 시대에 뒤떨어진 낡은 그림이었다. 대중들은 명품처럼 구매하고 소비할 수 있는 신종 미술을 갈망하고 있었다. 이는 미술 시장에서의 거래량을 보더라도 금세 알 수 있다. 화랑은 기업이, 예술 작품은 럭셔리 상품이었다.

럭셔리 상품이 된 예술품을 팔기 위해서는 새로운 마케팅 전략을 짤 필요가 있다. 탁월한 경영 감각을 가진 그는 소비자인 컬렉터의 심리를 파악했다. 미술품 수집가들은 캔버스에 인쇄된 복제 그림을 비싼 돈을 주고 구매하지는 않을 것이다. 이런 생각을 뒤집을 방법이 있다. 순수 예술의 전통인 원본 개념과 마케팅의 대량 생산 기법을 융합하면 된다. 워홀은 실크스크린 기법으로 복제한 여러 장의 인쇄 그림에 약간의 붓 터치를 가해 세상에서 '단 하나뿐인' 그림으로 변신시켰다. 비록 캔버스에 이미지를 다량으로 복제했지만 예술가가 손수 작업했으니 엄연한 예술 작품이라는 주장이다. 이는 워홀만의 고유한 미학이 된다.

미학자인 진중권은 워홀의 미술사적 가치를 이렇게 평가한다.

워홀의 작품은 높은 평가를 받는다. 그 속에 후기 산업 사회의 모습이 담겨 있기 때문이다. 주위를 둘러보라. 오늘날의 세계는 온통 복제들로 가득 차 있다. 공장에서는 하나의 프로토 타입prototype으로 무수히 많은 스테레오 타입stereotype을 찍어내고, 스튜디오에서는 하나의 네거티브negative로 무수히 많은 포지티브positive 사진을 찍어낸다.

만일 워홀이 실크스크린으로 그림을 제작하지 않았다고 가정해보라. 제아무리 부지런한 화가라도 손으로 직접 그릴 경우 연간 수십 점 정도밖에 제작하지 못한다. 비효율적인데다 생산성도 떨어진다. 그림을 사고 싶은 수많은 컬렉터들의 수집 욕구를 채워줄 수 없다. 하지만 기존의 창작 방식을 바꾸기만 하면 생산자인 예술가와 작품 소장을 원하는 소비자의 욕구를 동시에 충족시킬 수 있다. 워홀은 '똑똑한 해결법'을 찾아낸 것이다.

### 절묘한 예술 마케팅

그런데 이해하기 힘든 일이 벌어졌다. 신종 그림의 출현을 컬렉터와 대중들이 반긴 것이다. 워홀의 작품은 그가 주제로 선택했던 소비 상품처럼 불티나게 팔려나갔다. 왜 이런 기현상이 일어났을까?

컬렉터와 화상들이 세대교체 되었다. 신세대 수집가들은 대중매체에 등장하는 명사들을 좋아하고, 스타들을 동경했다. 값비싼 미술품을 수집하고 소장할 만큼의 재력가라는 점을 과시하려는 욕망도 강했다. 젊은 컬렉터들에게 슈퍼마켓에 진열된 상품이나 대중매체에 등장하는 스타들의 이미지를 예술 작품의 소재로 삼은 워홀표 그림은 감각적이면서 '쿨cool'하게 느껴졌다.

미술 평론가 로버트 휴스는 미술품을 통해 과시욕을 충족시키려는 신세대 컬렉터들의 속물근성을 이렇게 비꼬았다.

비누로 돈을 벌어 갑부가 된 사람들이 이제는 비누 광고를 그린 그림을 사들이고 있다.

미술 시장의 새로운 권력자로 급부상한 레오 카스텔리, 시드니 제니스 등 신세대 화상들의 출현도 젊은 컬렉터들에게 많은 영향을 끼쳤다. 경영 마인드를 지닌 화상들은 공격적인 마케팅과 프로모션으로 예술 작품을 명품처럼 소비하는 시대를 열었다. 화랑은 매니지먼트 회사, 화랑주는 아트 매니저인 셈이다.

워홀은 단일 제작 방식을 대량 생산 방식으로, 예술품을 소비 상품으로 전환하는 혁명적인 아이디어로 전통적인 예술가상과 창작 방식을 완전히 바꾸었다. 이제 사람들은 CEO형 예술가들에게 거부감을 갖지 않는다. 세계 미술 시장을 움직이는 스타급 예술가들의 작품을 보라. 예술품인지 상품인지 구별하기조차 힘들다.

신세대 예술가들에게 상업성은 비호감이 아닌 인기 전략이기도 하

**그림 20**
무라카미 다카시
〈TM4. LV 수퍼플랫 핑크〉
2004년
석판화

**그림 21**
루이비통 핸드백

다. 대표적인 사례로 아시아의 앤디 워홀로 불리는 일본의 무라카미 다카시는 워홀식 마케팅 기법을 벤치마킹해 세계적인 블루칩 예술가가 되었다. 다카시는 "너무 상업적이다, 돈을 밝힌다"라는 미술인들의 입방아에도 눈 하나 깜짝하지 않는다. 자신의 브랜드를 활용한 마스코트, 아트 상품, 출판물과 같은 다양한 문화 상품을 개발해 돈벌이에 나서는가 하면 연예 기획사와 유사한 공장형 스튜디오인 '카이카이 키키KaiKai Kiki'를 설립해 예술가들을 프로모션한다.

2003년 S/S 시즌에는 루이비통의 수석 디자이너인 마크 제이콥스와 손잡고 멀티 컬러 모노그램 시리즈를 기획해 대박을 터뜨렸다.

워홀은 미술계의 블루오션을 개척한 최초의 CEO형 예술가로 미술사에 이름을 남겼다. 변화하는 사회상과 대중들의 소비 심리를 꿰뚫어 보고 순수 미술을 고부가가치가 높은 창조 산업으로 전환시켰다. 예술과 마케팅을 융합한 그의 명성은 세월이 흐를수록 더욱 높아간다. 워홀의 작품은 물론 그 자신도 마케팅 사례의 모델로 연구되고 있다. 심지어 '워홀리즘'이라는 용어가 생겨날 정도로.

앤디 워홀 미술관의 토머스 소콜로프스키 관장의 말에서 그의 인기를 실감할 수 있다.

워홀만큼 이 시대에 커다란 영향을 끼친 사람도 없다. 지금 이 순간에도 어디에서 누군가 워홀을 이야기하고 있다.

* * *

신경 마케팅의 대가 한스 게오르크 박사에 따르면 마케팅에 성공하려면 두 가지 조건을 충족시켜야 한다. 소비자의 뇌 속을 들여다보고 (소비 심리 파악) 특정 이미지를 강하게 각인시키는 것. 실행 방법은 특정 브랜드를 반복적으로 노출시키는 것이다. 소비자가 브랜드를 반복적으로 접하게 되면 뇌의 깊숙한 곳에 이미지가 저장된다. 눈치 빠른 독자라면 감感을 잡았으리라. 특정 이미지를 반복해서 보여주는 그림을 맨 처음 발명한 예술가는 누구인지.

# 04

경험과 열정의 크로싱
## 체험형 예술가

아리스토텔레 다 상갈로
미켈란젤로
토머스 에이킨스
한기창
조지 스터브스
윌리엄 웨그만
마리아 지빌라 메리안
존 컨스터블
조지프 말로드 윌리엄 터너
클로드 모네
앙리 드 툴루즈 로트렉
오노레 도미에
트레이시 에민

논리적 방식을 통해서는
창조 행위의 기본 법칙을 알아낼 수 없다.
체험과의 긴밀한 접촉을 토대로 한 직관만이
우리를 그곳에 데려다줄 수 있다.
_알베르트 아인슈타인

# 체험은
# 혁신의 자양분

16세기 벨기에의 의사인 안드레아스 베살리우스는 근대 해부학의 창시자라는 평가를 받고 있다. 그러나 생전에는 이런 비난을 받았다.

> 시체애호증에 사로잡힌데다 말수가 적고 우울증을 앓는 정신적으로 불안정한 사람이다.

그에 대한 평판이 좋지 않았던 이유는 수많은 시체를 직접 해부했기 때문이다. 영국의 사회학자인 리처드 세넷의 주장에 따르면 베살리우스 이전에는 의사가 직접 손에 피를 묻히지 않았다. 해부용 시신을 절개하는 비천한 일은 대개 이발사나 조수의 몫이었다. 그들이 마치 푸주한처럼 시신을 거칠게 절개해 몸속을 보여주면 소위 '전문가'라는 사람은 이래라저래라 지시했다.

하지만 베살리우스는 18세 때부터 이발사의 손에서 메스를 뺏어 교수와 학생들이 보는 앞에서 직접 시신을 해부했다. 그렇게 해부실에서 살다시피 하는 것도 모자라 공동묘지에 가서 뼈를 모으러 돌아다니는 섬뜩한 일을 일삼았으니 주변 사람들의 눈에 정상인으로 비칠 리 없었다. 그가 수십 년 동안 해부학적 경험을 쌓지 않았다면 해부학의 고전으로 불리는《인체의 구조에 대하여》라는 책을 출간할 수 없었을 것이다.

### 미켈란젤로 코드

미술계에도 베살리우스가 있었다. 바로 조각가 미켈란젤로다. 미켈란젤로가 위대한 예술가가 될 수 있었던 것은 해부학적 경험이었다. 그의 그림은 그가 해부 경험을 통해 터득한 근육과 골격의 구조를 작품에 완벽하게 표현했다는 것을 증명한다.

다음 그림<sub>그림1</sub>은 미켈란젤로의 작품이 아닌 아리스토텔레 다 상갈로의 모사화다. 거장의 재능에 경의를 표하는 일종의 오마주(hommage, 존경 또는 존중을 뜻하는 프랑스어로 존경하는 작가와 작품에 영향을 받아 그와 비슷한 작품을 창작하는 것)다. 아쉽게도 원본은 사라졌지만 미켈란젤로의 해부 경험과 생리학적 지식을 추정하는 데는 전혀 부족함이 없다.

미켈란젤로는 1504년, 피렌체의 팔라초 베키오 궁전회의실을 장식할 대형 벽화를 의뢰받고 밑그림을 그렸다. 맞은 편 벽면에는 라이벌인 다 빈치가 앙기아리 전투를 주제로 그림을 주문받은 상태였다. 르네상스 시대를 대표하는 두 거장의 '미술 시합'이라는 빅 이벤트에 피렌체 시민들은 열광했지만 세기의 경합은 무산되었다. 미켈란젤로는 교황

**그림 1**
아리스토텔레 다 상갈로
미켈란젤로의 〈카시나 전투〉 모사화
1542년
캔버스에 글리세린

율리우스 2세의 부름을 받아 로마로, 다 빈치는 밀라노 주재 프랑스 총독의 일을 맡아 밀라노로 각각 떠났기 때문이다.

　미켈란젤로는 그림의 주제로 병사들이 목욕하는 도중에 적에게 기습 공격을 당하는 위기의 순간을 선택했다. 공공 기념벽화에 하필 목욕 장면을 선택한 의도는 무엇일까? 누드는 인체의 운동감이나 뒤틀림, 근육 묘사 등 해부학적 경험을 과시할 수 있는 좋은 소재이기 때문이다. 그림 속 병사들의 모습을 보라. 몸을 아래로 굽히거나, 용감하게 일어서서 갑옷을 입고, 앉은 채로 서둘러 옷을 입거나, 외치고, 달리는 등 다양한 동작을 보여주고 있다. 때문에 이 그림은 해부학적 지식과 미술이 융합된 자료로 평가받고 있다. 미술학교의 데생 교본으로 사용되기도 했다.

미술사학자인 하인리히 뵐플린은 미켈란젤로의 해부 경험이 그의 예술관에 결정적인 영향을 끼쳤다고 주장했다.

미켈란젤로는 해부학을 연구한 최초의 예술가는 아니지만 신체를 내부에서부터 연구해 풍부한 움직임의 근원을 탐구하고 인체의 에너지를 가장 잘 표현한 최초의 예술가다.

뵐플린이 언급했듯 인체 해부에 몰두한 예술가는 미켈란젤로뿐만이 아니었다. 다 빈치, 라파엘, 알브레히트 뒤러, 안토니오 델 폴라이우올로 등 르네상스 대가들도 인체를 해부한 경험을 미술에 융합했다. 해부 경험의 첫 장을 연 화가로 평가받는 다 빈치는 평생 동안 30구 이상의 인체를 해부한 기록을 남겼다.

여기서 흥미로운 사실은 화가들이 의사들보다 먼저 인체를 해부했다는 것이다. 예술가들이 인간의 몸을 절개했던 까닭은 무엇일까? 인간의 몸은 어떤 형태와 구조를 지녔고, 어떤 메커니즘에 의해 움직이는지 파악하지 않고는 인체를 정확하게 그릴 수 없었기 때문이다. 인물을 묘사하는 예술가들에게 해부학은 필수적인 지식이었다. 해부학을 알아야만 인체라는 집을 지을 수 있었다. 해부 경험을 통해 화가들은 인체의 골격을 입체적으로 이해하고 작품에 표현할 수 있게 되었다.

미술과 해부 경험의 융합은 '신의 언어' 혹은 '인류 최고의 미술 유산'으로 칭송받는 시스티나 예배당의 천장화인 〈천지 창조〉와 제단 벽화인 〈최후의 심판〉에서 절정에 달한다. 수백 명의 인물을 묘사한 두 벽화는 인체 해부 경험이 없었다면 그려질 수 없었다.

화학자 마르셀로 G. 지 올리베이라와 브라질의 외과 의사 질송 바헤토는 공동 저서인 《미켈란젤로 미술의 비밀》에서 "시스티나 성당 벽화는 해부학의 열린 교과서"라는 주장을 펼쳤다. 책에 의하면 38개 부분화를 분석한 결과 34개 그림에서 인체 기관의 골격과 장기 등 해부학적 구조가 드러났다고 한다.

예를 들면 '아담의 창조' 부분에서 하느님과 천사들은 인간 뇌와 닮은 형태로 그려졌고, '이브의 창조' 부분에 그려진 나무줄기는 기관지처럼 생겼으며, 하느님의 보라색 의상은 측면에서 본 폐 모양과 비슷하다. '쿠마에의 시빌' 부분에 나오는 시빌의 발 옆 푸른색 주머니는 인간의 심장, 주변의 붉은색 테두리와 흰색 두루마리는 횡격막과 대동맥, '술 취한 노아'에서는 흉곽의 단면이 발견된다.

벽화뿐 아니라 미켈란젤로의 조각 작품에서도 해부학적 형태를 찾을 수 있다. 그의 대표작인 〈피에타〉를 자세히 살피면 절개된 늑골을 감싼 흉곽의 심장부 중에서 가로막의 구조가 나타난다.

미켈란젤로가 그림과 조각에 인체 해부도를 숨긴 배경에 대해 다양한 가설이 제시되었다. 심리 치료사인 존 애커만은 《미켈란젤로의 건축》에서 미켈란젤로가 신경, 근육, 뼈, 장기와 인간의 심리를 결합했다고 주장한다. '아담의 창조'에 나오는 하느님을 뇌의 횡단면과 비슷하게 그린 의도는 신이 아담에게 준 선물이 지능이라는 것을 표현하기 위해서였다는 얘기다. 다 빈치 코드만큼 흥미로운 '미켈란젤로 코드'가 아닐 수 없다.

**그림 2**
미켈란젤로
〈천지 창조〉 중 '인간의 타락' 부분
1541년
프레스코

　또한 역사 소설가인 로스 킹은 미켈란젤로가 해부학사에 커다란 업적을 남겼다고 주장한다. 현대 해부학에서 뼈와 근육 등의 구조물을 설명하는 데 필요한 전문 용어는 대략 600개 정도인데, 미켈란젤로의 그림과 조각에는 800여 개나 되는 해부학적 구조가 등장한다. 새로운 형태의 해부학을 만들었다거나 해부학 자체를 왜곡했다는 비판을 받기도 하지만, 이는 그가 의사보다 더 열심히 해부학 연구에 몰두했다는 증거다.

　미켈란젤로가 해부 경험을 자신의 작품에 융합하지 않았다면, '인체 탐구 교재'로 불리는 그의 조각과 회화 작품은 태어날 수 없었을 것이다.

04. 체험형 예술가　151

## 임상학적 체험을 그리다

19세기 미국의 화가 토머스 에이킨스도 해부학적 경험을 미술에 융합한 작품들을 남겼다. 에이킨스는 자신이 화가가 되지 않았다면 의사가 되었을 것이라고 말할 만큼 어려서부터 의학에 관심이 많았다. 펜실베이니아 미술 아카데미에서 미술을 공부하고 화가로 데뷔한 후에도 의학이라는 흥미로운 주제를 놓지 않았다. 그는 자신이 좋아하는 두 분야를 동시에 공부할 수 있는 방법을 찾았는데 바로 '복수 전공'이다. 화가는 필라델피아 제퍼슨 의과대학에서 해부학 공부를 하고 해부 실습도 참관하면서 의학적 지식과 경험을 쌓았다. 다음 그림은 미술과 해부학을 다중 전공했던 융합의 산물이다.

그림 속의 장소는 제퍼슨 의과대학 원형극장의 임상 강의실. 제퍼슨 의과대학의 스타 교수 새뮤얼 D. 그로스가 학생들 앞에서 수술을 집도한다. 그로스 박사는 당시 가장 뛰어난 외과의 중 한 사람이며 미국의 외과 의학사와 의학 자전을 출간한 저명한 학자이기도 했다.

이 그림을 걸작의 반열에 올려놓은 것은 의학이 주제인 다른 그림에서는 찾아볼 수 없는 생생한 현장감이다. 에이킨스는 대다수의 화가들이 꺼려하는 수술실 내부와 수술 장면을 소름끼치도록 리얼하게 묘사했다. 검정색 정장 차림의 그로스 박사는 오른손에 피 묻은 외과용 메스를 쥐고 있다. 그는 골수염을 앓는 환자의 왼쪽 다리를 절개하고 뼛조각을 적출하는 방법을 제자들에게 설명하는 중이다. 마취 의사는 환자의 얼굴에 클로로포름을 적신 수건을 덮어 마취시키고, 다른 의사는 다리 환부를 봉합한다. 환자의 가족으로 보이는 여인은 끔찍한 수술 장면을 차마 지켜볼 수 없어 얼굴을 돌리고 손으로 눈을 가린다.

**그림 3**
토머스 에이킨스
〈그로스 박사의 병원〉
1875년
캔버스에 유채

이 그림은 미술과 의학을 융합한 걸작으로 평가받고 있지만 그 시절에는 기피 그림 1호로 손꼽힐 정도로 관객들에게 혐오감을 불러일으켰다. 피로 얼룩진 박사의 손과 절개된 환부를 사진처럼 상세하게 묘사하는가 하면 수술대에 벗어놓은 환자의 회색 양말까지도 디테일하게 표현했으니 사람들이 역겹다는 반응을 보일 수밖에. 작품은 전시회에서 거부당하고 낙선되는 등 수모를 받았지만, 1904년에 개최된 세인트루이스 아트 페어에서 최고상을 수상하면서 여론이 우호적으로 바뀌었다. 지금은 미국의 국민 화가라는 찬사를 받고 있다.

에이킨스는 복수 전공 경험을 토대로 사실주의 미술의 새로운 장을 열었다. 그의 그림은 화가의 임상 체험이 시대의 기록물이 될 수 있다는 점을 보여주었다.

## 경험은 상처의 치유제

앞서 소개한 두 예술가는 해부학자나 임상학자의 시각에서의 체험을 미술에 융합했다. 반면 한기창은 환자로서의 체험을 작품에 융합했다.

그가 사용하는 미술 재료도 의술과 관련이 깊다. 수술 환자의 상처 부위 봉합에 사용되는 스킨 스테이플이나 압박붕대를 활용해 산수화를 그리고, X-레이 필름에 찍힌 손상된 인간의 뼈 이미지를 조합해 생명체를 창조한다. 말 그대로 '메디컬 아트'요, 'X-레이 아트'다. 그가 미술에서는 거의 사용된 적이 없는 의료용 도구와 X-레이를 이용해 창작하는 의도는 무엇일까?

1993년 초, 예술가가 운전하던 차가 눈길에 미끄러지면서 대형 교통사고가 났다. 그는 중상을 입어 1년 반 동안 병원에 입원했고, 수차례에 걸쳐 온몸에 철심을 박는 수술을 받았다. 투병 생활을 하는 그에게 가장 친근한 이미지는 X-레이 필름과 의료용품이었다. 병원 중환자실에서 온몸에 깁스를 한 채 날마다 스킨 스테이플이나 압박 붕대, X-레이 필름에 나타난 자신의 다친 뼈를 보았다. 그러던 어느 날 화가의 눈에 X-레이 필름이 한 폭의 그림으로 비쳤다. 그는 뼈의 구조와 형태를 조형적으로 탐구하기 시작했다.

**그림 4**
한기창
〈혼성의 풍경〉
2008년
X-레이 필름·혼합 재료

퇴원하고 난 후 그는 병원에서의 시각적, 정서적 체험을 작품으로 옮겼다. 병원에서 폐기 처분된, 환자의 손상된 뼈가 찍힌 X-레이 필름들을 구해 가위로 오리고 편집해 생명을 상징하는 꽃과 풀, 동물들을 만들었다. 작품의 효과를 극대화시키려고 화면 뒤쪽에 빛을 발하는 라이트 박스와 발광 다이오드LED를 부착했다. 처음에는 X-레이 필름 속 뼈 이미지를 그대로 살렸지만 점차 업그레이드하며 창작했다. 요즘은 세제인 락스에 필름을 담가 형상을 뭉개고, 잘게 오려 붙여 지우는 등 조형적인 변화를 주기도 한다. 예술가의 말을 인용하자면 "뼈를 갈아 만든 작품"이다.

실제로 전시장에서 작품을 감상하면 도판으로 볼 때와는 상당히 다른 느낌을 받게 된다. 가장 먼저 드는 생각은 인체 내부를 찍은 X-레이 필름이 이토록 아름다울 수 있구나 하는 것. 한 걸음 다가서면 섬뜩한 뼈의 이미지가 나타나지만 한 걸음 물러서면 생명체로 변형된다.

예술가는 작품의 메시지를 이렇게 말한다.

내 작품을 메디컬 아트로 한정짓거나 아이디어의 비중이 큰 작업으로 보는 시각도 있지만 인간적인 고통과 상처, 갈등, 죽음을 치유하는 희망의 메시지로 이해했으면 싶다.

그에게 작품은 자신의 트라우마trauma를 극복하는 의미를 지녔다. 관람객은 작품을 감상하면서 삶과 죽음, 생성과 소멸, 기쁨과 고통이 하나임을 깨닫게 된다. 제아무리 견디기 힘든 경험도 그 자체에 아픔이나 상처를 봉합하고 치유하는 힘이 있음을 느끼게 된다.

* * *

〈우주 소년 아톰〉으로 유명한 만화가 데즈카 오사무는 의사 자격증까지 획득한 다중 전공자다. 그는 만화 속 등장인물을 그릴 때 인체의 골격까지 정확하게 그린다. 자신의 의학적 지식과 경험을 100퍼센트 활용한다. 해부학적 경험과 지식은 오사무표 애니메이션의 핵심이며 그가 일본 최고의 만화가가 되는 데 결정적인 영향을 끼쳤다. 데즈카처럼 자신의 다중 경력을 잘만 활용하면 다른 사람들과의 차별화에 성공할 수 있다. 과거의 경험은 혁신을 위한 소중한 자산이 될 수 있다는 점을 기억하자.

경험은 어리석은 사람들의 교사다.
경험은 과학의 어머니다.
경험은 어두운 길을 안내해주는 램프다.
_A. 카뮈

# 융합은
# 남과 다른 경험에서

중국의 사상가 한비자는 이렇게 말했다. "귀신은 그리기 쉽지만 말은 그리기 어렵다." 동물이 그리기 어려운 주제라는 것을 단적으로 말해준다. 그럴 만도 하다. 말은 오랫동안 관찰하고 실물과 똑같이 묘사해야 하는데 반해 귀신은 일정한 모습이 없기에 상상력만 발휘하면 얼마든지 그릴 수 있으니까.

회화 역사상 가장 오래된 그림은 동물화다. 구석기시대 그려진 동굴벽화에는 소, 말, 산양, 노루와 같은 야생 동물들이 보인다. 동물화는 인류 최초의 미술이지만 정작 동물을 독립적인 주제로 선택한 그림은 생각만큼 많지 않다. 화가들은 동물의 본성이나 생물학적 특성에 주목하기보다 풍경화를 장식하는 소재나 신화적인 요소로 활용했다.

### 최초의 말 전문 화가

하지만 18세기 영국의 화가 조지 스터브스는 말에 관한 해박한 지식과 해부학적 경험을 미술에 융합해 위대한 말 그림 전문 화가가 되었다.

이 그림은 스터브스가 말년인 75세에 완성시킨 작품이다. 최초이며 최고인 말 전문 화가답게 숙련된 묘사력을 보여주는 걸작이라는 평가를 받고 있다. 경기가 끝나고 조련사와 마부가 경주용 말을 씻기는 장면이다. 척 보기에도 말은 탈진한 상태다. 긴장된 옆구리 근육과 골격, 비틀거리며 서 있는 자세에서 말이 몸도 가누지 못할 정도로 지쳐 있음을 알 수 있다. 화가는 어떻게 말의 외피를 꿰뚫고 해부학적으로 정확한 그림을 그릴 수 있었을까, 심지어 말의 심리 상태도 표현할 수 있었을까? 비결은 수의학적인 경험에 있다.

**그림 5**
조지 스터브스
〈험블토니언 솔질하기〉
1800년
캔버스에 유채

스터브스는 미술을 전공하지 않고 독학으로 화가가 되었다. 그런 그가 흥미를 가진 분야는 해부학이었다. 젊은 시절, 요크 카운티 병원에서 인체 해부 실습에 참관하는 한편 조산술에 관한 의학 전문 서적의 삽화를 그리곤 했다. 그런 그의 관심사가 인간에게서 동물, 그중에서도 말로 옮겨가게 된 이유가 있다. 당시 영국에서는 사냥과 경마가 큰 인기를 끌었던 때라 말에 대한 대중들의 관심이 높았다. 스터브스는 평범한 동물화는 그리고 싶지 않았다. 인체 해부 경험을 동물화에 적용하면 최초의 말 전문 화가가 될 수 있겠다고 판단했다. 그는 다른 화가들은 엄두조차 내지 못할 일에 착수했다.

1756년, 스터브스는 링컨셔의 외딴 농가를 빌려 근처의 무두질 공장에서 말의 시체를 가져와 피를 모두 빼고 혈관에 밀랍을 채워 넣었다. 마치 살아 있는 말처럼 자연스러운 상태로 만든 다음 수의학자처럼 해부하면서 각 단계별로 상세하게 드로잉했다. 그런 과정을 거쳐 미술사에서는 이례적인 동물 에코르셰(écorché, 피부를 벗기고 근육 조직을 노출시킨 인체 표본)가 탄생했다. 그뿐만이 아니다. 스터브스는 18개월 동안 말을 직접 해부하고 몸의 구조를 완벽하게 터득한 생리학적 경험을 《말의 해부학》이라는 연구물로 출간했다. 말뿐만 아니라 호랑이, 개, 원숭이, 사슴, 새도 연구해 〈인체와 호랑이 및 일반 조류의 신체 구조에 관한 비교해부학적 논문〉에 녹여냈다.

18세기 인간 중심의 서양에서, 동물을 정확하게 묘사하기 위해 동물 해부에 몰두하고 산 경험을 책으로 펴낸 화가가 있다는 사실은 실로 경이롭다. 한 가지는 분명하다. 그가 수의학적 경험을 미술에 융합하지 않았다면 유럽 최고의 동물 전문 화가가 탄생하지 못했을 것이다.

## 애견 모델, 미술계를 접수하다

244편의 우화를 남긴 프랑스의 작가 장 드 라퐁텐은 "나는 동물로 인류를 교육한다"라는 말을 남겼다.

동물을 빌어 인간의 도덕성과 세태를 풍자하는 우화는 기원전 6세기의 그리스인으로 추정되는 이솝의 우화가 가장 유명하다. 우화는 일명 '지혜의 교과서'로도 불리는데, 인간이 살아가는 데 필요한 지혜와 교훈을 의인화된 동물을 통해 유머러스하게 전달하기 때문이다.

동물에게 인간의 감정을 부여하고 사람과 똑같이 행동하게 만드는 우화 형식을 미술에 융합한 예술가가 있다. 미국의 사진가 윌리엄 웨그만이다.

웨그만의 사진에 단골로 등장하는 모델은 재미있게도 사람이 아닌 독일산 사냥개 만 레이다. 그는 1970년, 롱비치 해변에서 우연히 발견한 바이마라너종種 떠돌이 개를 입양해 '만 레이'로 명명하고 다양한 연기 수업을 받게 한 후 전문 모델로 데뷔시켰다. 개의 이름인 만 레이는 초현실주의 스타 사진가 만 레이에게서 가져왔다.

다음 작품 그림6을 통해 알 수 있듯 만 레이는 영락없는 사람이다. 특히 표정 연기나 눈빛 연기가 일품이다. 독일 소설가 루이제 린저가 감탄했던 순진무구한 눈빛 언어를 감동적으로 연기한다.

> 개의 눈동자를 통해서 읽어낼 수 있는 의미는 '신적인 것'이라고 표현할 수 있는 어떤 것이다. 모든 피조물을 하나로 묶어주는 무한한 애정이 우리 집 개의 눈동자 속에 집약되어 있다. _루이제 린저

**그림 6**
윌리엄 웨그만
〈나뭇잎의 선〉
2005년
안료 날염

　웨그만은 사람들에게 자신을 '개 전문 사진가'로 소개한다. 30년 넘게 애견들과 동고동락하면서 의인화된 개를 작품의 주제로 삼고 있다. 원조 모델인 만 레이는 1982년 세상을 떠났고 지금은 후손들이 대를 이어 개 모델로 맹활약 중이다. 애견 3세대를 스튜디오에서 촬영한 사진과 비디오 연작 시리즈가 인기를 끌면서 웨그먼은 스타작가의 반열에 올라섰고, 그의 애견들도 세상에서 가장 유명한 바이마라너종이라는 명성을 얻게 되었다. 대중적인 인기에 힘입어 애견 모델들은 미국의 어린이 TV 프로그램인 〈세서미 스트리트〉를 비롯해 심야에 방송되는 〈새터데이 나이트 라이브〉 〈투나잇쇼〉 등에 잇따라 소개되었고 여러 예술 잡지의 표지 모델로도 발탁되었다.

사람들은 개 모델에 왜 그토록 열광할까? 개는 인간과의 유대 관계가 가장 끈끈한 동물이다. 헬무트 브라케르트는 저서 《개와 인간의 문화사》에서 선사시대 벽화를 비롯해 티치아노, 루벤스, 고야, 르누아르, 모네 등 미술사 대가들의 그림에 개가 등장한다는 사실을 알려준다. 세르반테스, 셰익스피어, 괴테, 모파상, 하이네, 바이런 등 문학사의 대가들도 개를 작품 속에 묘사했다.

웨그만은 인간과 가장 친근한 동물인 개를 우화와 초상 사진의 형식을 빌어 표현했다. 내용은 우화, 형식은 인물 사진을 찍을 때의 기법을 적용했다. 풍자와 위트, 촌철살인의 애견 초상화는 거저 주어지지 않았다. 독신인 예술가는 자신의 애견들을 인생의 동반자, 가족으로 여긴다. 그는 예술 활동을 하는 동시에 애견 전문 잡지와 애견 카페, 애견 사료 판매 등 다양한 애견 사업도 펼치고 있다. 만일 그에게 바이마라너 견종 3세대를 직접 키웠던 체험이 없었다면 인간보다 더 인간처럼 느껴지는 우화 사진이 태어날 수 있었을까?

## 예술이 된 관찰

2002년까지 독일에서 통용되던 500마르크짜리 고액권을 장식한 인물은 놀랍게도 여성 화가였다. 화제의 주인공은 17세기 독일 화가 마리아 지빌라 메리안. 메리안이 고액권에 10여 년간 얼굴이 실렸던 것은 곤충학의 창시자라는 업적 때문이다.

그녀의 대표 화집인 《수리남 곤충의 변태變態》는 300년의 세월 동안 사랑받아온 스테디셀러다. 전기 작가인 프리드리히 칼 고트롭 히르쉬는 메리안에게 극찬을 아끼지 않는다.

역사 속의 수많은 인물 중에서 지속적인 명성을 누리며 진심으로 가슴에서 우러나오는 존경을 한 몸에 받을 만한 자격이 있는 여성이 있다면 그건 바로 메리안이다.

메리안이 과학사에 빛나는 곤충학자가 된 비결은 현장 체험에 있다. 그녀는 17세기에 태어났던 여느 여성들과는 다른 삶을 살았다. 그녀의 최대 관심사는 또래 여성들이라면 기겁할 곤충 관찰이었다.

그녀는 관찰의 경험을 통해 곤충의 변태에 관한 새로운 사실들에 눈뜨게 되었다. 나비의 암컷과 수컷이 색깔로 구분되고, 번데기가 성체로 변하는 과정에서 빈 껍데기만 남기는 것, 색깔이 흉하고 무늬가 단조로운 나비들은 주로 밤에 활동하는 반면 화려한 색깔의 나비들은 낮에 날아다닌다는 사실도 깨닫게 되었다. 오늘날에는 상식이지만 당시에는 그런 사실을 누구도 알지 못했을 뿐더러 하찮은 곤충 따위에는 관심조차 두지 않았다. 여성이라면 더더욱.

메리안은 곤충의 변태 과정에 흥미를 느끼고 관찰하는 것에 그치지 않았다. 자신의 사적인 경험을 회화와 융합해 학문적 성과물로 남겼다. 1679년 곤충 도감의 원형으로 평가받는 《애벌레의 경이로운 변태와 그 특별한 식탁》이라는 화집을 출간했다. 과학과 예술을 완벽하게 융합할 수 있었던 배경은 그녀가 유명한 동판화가이며 지리학자였던 마테우스의 딸이자 화가 야콥 마렐의 의붓딸인 것에 있다.

독문학자인 나카노 교코에 따르면 메리안의 화집 발간은 "지식의 대혁명"이었다. 생물이 무기물에서 자연적으로 발생한다는 아리스토텔레스의 자연발생설을 일거에 무너뜨리는 쾌거였다.

그런 그녀가 또 다시 곤충학의 역사를 만드는 일에 도전했다. 1699년 6월 52세가 되던 해, 큰딸 헬레나와 함께 남미 북동 해안에 위치한 네덜란드의 식민지 수리남으로 곤충 탐사 여행을 떠났다. 열대림의 진귀한 곤충들을 관찰하는 즐거운 탐사 여행이라고 지레짐작한다면 오산이다. 당시 수리남을 가려면 몇 달 동안 배를 타고 항해해야 했고, 가는 동안 끔찍한 뱃멀미와 전염병으로 자칫 목숨을 잃을 수도 있었다. 그녀가 위험을 감수하면서까지 지옥 여행을 감행했던 목적은 단 하나, 원시림에서 살아가는 다양한 생물들의 생태를 눈으로 직접 관찰하고 경험하면서 곤충 표본을 제작하기 위해서였다. 메리안은 2년 동안 수리남에 머

**그림 7**
마리아 지빌라 메리안
《수리남 곤충의 변태》 중에서
1705년

물렸고 살인적인 무더위와 풍토병, 말라리아, 식민지 농장주들의 편견과 몰이해와 싸워가면서 곤충과 식물 연구에 몰두했다.

1701년, 그녀는 풍토병에 걸려 암스테르담으로 돌아왔는데, 열대림에서 채집한 동식물 표본들과 수백 점의 스케치를 정리하는 작업을 거쳐 1705년 《수리남 곤충의 변태》를 출간했다. 책에 실린 60점의 채색 동판화는 원시림에서의 체험이 일궈낸 기적을 보여준다. 새를 공격하는 거미 타란툴라, 제비 알을 노리는 보아뱀, 애벌레의 내부 구조를 X-레이 사진처럼 세밀하게 표현한 그림들은 곤충학이라는 단어조차 생소하던 시절의 유럽 과학계에 큰 충격을 주었다. 가부장적 사회에서 여성 예술가 혼자 힘으로 이뤄낸 경험의 산물이었기에 더욱 값진 것이었다.

* * *

세계적 명작 《파브르 곤충기》는 곤충학자 장 앙리 파브르가 쓴 책이다. 그는 과학자가 쓴 책은 난해하고 지루하다는 선입견을 불식시켰다. 얼마나 문학성이 뛰어났으면 '곤충의 시인'으로 불릴까.

그가 스테디셀러 작가가 될 수 있었던 비결은 곤충들의 본능이나 습성을 관찰한 30여 년간의 체험을 스토리텔링과 결합했기 때문이다. 예를 들면 벌의 집 찾기 본능을 추적하려고 몇 마리의 벌에 흰점을 찍어 멀리 떨어진 장소로 가서 날려 보내고 집으로 돌아와 그 결과를 실험했다. 이런 산 경험담을 이야기로 녹여냈기에 하찮은 곤충들의 삶에도 대자연의 심오한 진리가 숨어 있으며 인간 사회처럼 질서와 규율이 있다고 깨닫게 되는 것이다. 《파브르 곤충기》는 일상의 경험이 얼마나 중요한지를 증명하는 최고의 체험 교재다.

경험은 세상에서 가장 가치 있는 것이며,
타인에게 뺏길 수 없는 개인 재산이다.
_워렌 버핏

# 답은 현장에 있다

미국의 심리학자인 테레사 M. 아마빌레는 《창조의 조건》이라는 책에서 "창의적인 결과물을 만들어내는 특정한 작업 방식이 있다"라고 주장했다. 첫째, 오랜 시간 한 주제에 관심을 집중시키는 능력. 둘째, 어려움에 처하더라도 끈질기게 해결하려는 집념. 셋째, 필요할 때 생산적인 망각을 할 수 있는 능력. 풍경화의 3대 거장인 컨스터블, 터너, 모네의 작업 방식이 꼭 그랬다. 그리고 세 화가에게는 또 한 가지 공통점이 있다. 자연에서의 체험을 미술에 융합해 풍경화의 새로운 지평을 열었다는 것. 세 화가의 그림을 감상하면서 그들의 경험담에 귀 기울여보자.

## 기상학과 풍경화의 융합

존 컨스터블의 이름 뒤에는 이런 진기록들이 꼬리표처럼 따라다닌다.

'기상학적 관심사를 화폭에 기록한 최초의 화가' '자연주의 풍경화의 시조' '작업장을 실내에서 야외로 옮긴 이동 화실의 창시자' '프랑스 인상주의 원조'. 컨스터블은 어떻게 미술사의 기네스북에 연달아 등재되는 영광을 누리게 되었을까? 해답은 다음 그림에 있다.

컨스더블의 그림은 평범한 풍경화가 아니다. 그가 평생에 걸쳐 자연을 관찰하고 경험한 연구물이다.

놀랍게도 화가는 기상학자처럼 구름의 유형을 인식하고 풍경화에 표현했다. 당시에는 이런 방식으로 하늘의 구름을 풍경화에 표현한 화가가 없었다. 그런 일을 시도하기조차 불가능했다. 화가들은 야외에서 실제로 풍경을 관찰하고 그림을 그리지 않았다. 화실에서 기억 속의 풍경을 떠올리며 그림을 그렸다. 즉 살아 있는 풍경이 아닌 죽은 풍경을 그렸다는 뜻이다. 왜? 그림을 주문한 고객이나 관람객들은 자연을 정직하게 묘사하는 그림에는 관심이 없었다. 실제보다 근사하게 미화시킨 풍경화를 원했다. 미술 아카데미 교수들도 예비 화가들에게 극적이고 웅장하고 이상적인 풍경화를 그릴 것을 강요했다.

하지만 컨스터블의 생각은 달랐다. 대중적인 취향을 겨냥한 풍경화나 예술가의 상상력으로 그려진 인공적인 풍경화의 시대는 끝났다고 판단했다. 시대의 흐름은 자연을 솔직하게 묘사하는 자연주의 회화를 요구하고 있었다.

미술사에서 최초인 자연주의 화가가 되고 싶었던 컨스터블은 자신의 꿈을 실현하기 위해 작업 방식을 획기적으로 바꾸었다. 화실을 벗어나 야외로 나갔다. 자연을 직접 체험하면서 현장에서 직접 그림을 그렸다. 그리고 작업실로 돌아와 초벌 그림을 토대로 유화 작품을 완성했

**그림 8**
존 컨스터블
〈구름〉 연작
1821~1822년
캔버스에 유채

다. 그 결과 그의 화폭에서는 구름, 개울물에 비친 하늘, 빛과 바람까지도 생생하게 되살아났다. 그는 현장감을 되살리기 위해 심지어 기상 일지까지 썼다.

오늘날의 기상학자들은 컨스터블의 대표작인 〈건초 수레〉에 등장하는 구름을 적운(뭉게구름)이라고 판단한다. 마치 아이스크림을 쌓아놓은 듯 아래는 평평하고 위가 볼록한 그림 속 구름은 자외선이 강한 여름날, 풍경화의 배경인 영국 동부 스타우어 강 어귀에서 피어오른 수증기에 의해 생겨나곤 했다.

그가 하늘의 구름을 얼마나 실제처럼 정확하게 묘사했으면 화가인 헨리 퓨젤리가 "컨스터블의 풍경화는 내게 우산을 가져오게 만든다"라고 감탄했을까.

하지만 사람들은 현장감이 느껴지는 컨스터블의 풍경화를 천박하다고 비웃었다. 화가는 절망하는 대신 더욱 의지를 불태웠다. 기상학에 흥미를 갖는 수준을 뛰어넘어 본격적으로 파고들었다. 두 권의 전문 서적이 그의 기상학 교재가 되었다. 한 권은 루크 하워드의 저서 《런던의 기후》에서는 구름의 유형을 열 가지로 분류하고 있는데 이 중에서 층운, 적운, 권운, 권적운, 권층운 등 다섯 가지 용어는 현재까지도 사용되고 있다. 다른 한 권은 토머스 포스터가 발표한 《대기 현상 연구》다. 컨스터블은 이 책을 열심히 탐독했고 이런 글까지 적었다.

그림 그리기는 하나의 과학이며 자연법칙에 대한 탐구 활동으로 추구되어야 한다. 풍경화가 자연 철학의 한 갈래로 간주되지 않을 하등의 이유가 없다. 자연 철학에서 회화는 곧 실험이다.

화가인 컨스터블이 기상학에 관심을 갖게 된 배경에 대해 옥스퍼드 대학교 미술사 교수 마틴 캠프는 이렇게 주장한다. "컨스터블이 야외에서 구름 연작을 그리던 시절은 과학적인 기상학이 태동한 시기였다." 컨스터블이 시도했던 현장 중심의 제작 방식은 영국 미술계뿐만 아니라 프랑스 인상주의 화가들에게도 지대한 영향을 끼쳤다. 클로드 모네를 비롯한 프랑스의 풍경 화가들은 컨스터블을 본받아 야외에서 직접 그림을 그렸다. 컨스터블은 '프랑스 인상파의 원조'라는 평가도 받게 되었다. 또한 컨스터블표 풍경화를 탄생시킨 스타우어 강 주변은 전 세계 미술애호가들이 즐겨 찾는 명소가 되었다. 그의 풍경화는 이렇게 말한다.

'문제를 풀고 싶은가? 답은 현장에 있다!'

### 발로 뛰어라

19세기 영국의 화가인 조지프 말로드 윌리엄 터너도 현장 체험을 풍경화에 융합한 걸작들을 남겼다. 터너는 영국의 국민 화가다. 영국의 국민 작가인 셰익스피어에 견줄 만큼 명성이 높다. '풍경화의 셰익스피어'라는 별명까지 얻었다. 영국에서 최고의 권위를 자랑하는 현대 미술상인 터너 상도 그의 이름에서 따온 것이다.

터너는 스물네 살에 왕립 아카데미 회원이 되었을 정도로 천부적인 재능을 지녔지만 당시 유행하던 주류 화풍을 따를 생각이 없었다. 국화빵처럼 자연을 모방하는 그림을 그리는 대신 자신만의 스타일을 개발하겠다고 결심하고 혁신적인 화풍을 창안했다. 터너표 화풍은 이전에는 전혀 볼 수 없던 새로운 형식이었다. 그는 어떻게 차별화에 성공할

**그림 9**
조지프 말로드 윌리엄 터너
〈불타는 국회의사당〉
1834년
캔버스에 유채

수 있었을까? 화가에게는 인생의 좌우명이 있었으니 '발로 직접 뛰어라'였다.

영국 국회의사당의 화재 현장을 묘사한 그림이다. 화면 왼쪽은 불길에 휩싸인 국회의사당, 오른쪽은 템스 강을 가로지르는 다리, 화면 앞쪽 다리 위에는 화재를 구경하는 사람들이 보인다. 터너는 한밤중에 국회의사당에서 큰불이 나 불길이 웨스트민스터 궁으로 번진다는 소식을 접하고 재빠르게 화구를 챙겨들고 화재 현장으로 달려갔다.

불이 났다는데 웬 화구? 현장에서 그림을 그리기 위해서였다. 심지어 화재 현장에 최대한 가까이 다가가려고 배까지 빌렸다. 화가는 템스 강에 배를 띄우고 즉석에서 열 점의 수채화를 그렸다.

만일 그가 화재 현장에 가는 대신 화실에서 그림을 그렸다면 어떤 작품이 나왔을까? 한 가지 분명한 사실은 무섭게 치솟는 불기둥, 검은 연기가 대기로 번지는 현상, 강물에 반사된 불길을 저토록 실감나고 생생하게 표현할 수는 없었을 것이란 점이다.

터너는 현장 체험을 중시한 화가답게 미술사에 회자되는 흥미로운 일화들을 남겼다. 〈눈보라 속의 증기선〉을 그리던 때의 에피소드. 67세의 터너는 날씨가 궂은 날 선교 (배의 갑판 중앙 선장이 항해 지휘를 하는 곳)에 자신의 몸을 묶도록 선원에게 부탁했다. 그런 상태에서 네 시간 동안 항해했다. 사나운 폭풍우와 눈보라를 몸소 겪지 않고는 실감나는 그림을 그릴 수 없다고 생각한 것이다. 걸작을 완성한 터너는 이렇게 말했다.

나는 이해받기 위해서가 아니라 폭풍우가 몰아치는 장면이 어땠는지 보여주고 싶은 마음에서 이 그림을 그렸다. 나는 돛대에 몸이 묶여 네 시간 동안 움직일 수조차 없었다. 만일 고통을 참지 못하고 그곳을 떠났다면 폭풍우를 이토록 생생하게 표현할 수 없었을 것이다.

다음은 영국의 역사학자 폴 존슨이 소개하는 일화다.

터너가 타고 가던 마차가 알프스 산맥을 넘다가 눈에 미끄러졌다. 마차에 타고 있던 사람들은 어둠이 내려앉은 눈밭에 갇혀 추위와 두려움에 떨었다. 그러나 터너는 물감 상자를 꺼내 손이 어는 것도 아랑곳하지 않고 미친 듯이 그림을 그렸다.

터너는 발로 현장을 뛰기 위한 효과적인 방법도 개발했다. 노하우란 '걷기 여행'과 '수채화로 그리기'다.

화가는 매년 여름마다 여행 안내서를 펼쳐놓고 스케치하고 싶은 장소를 미리 연구했다. 그리고 영국과 스코틀랜드 지방을 도보로 여행하면서 즉석에서 그림을 그렸다. 해외로 여행갈 때도 틈만 나면 걸어 다니면서 현장에서 직접 자연을 묘사했다.

수시로 이동하면서 즉석에서 작업하는 화가에게 꼭 필요한 미술 도구는 스케치북과 휴대가 간편한 수채화구였다. 유화는 캔버스와 이젤을 들고 다녀야 하는 번거로움과 팔레트를 펼쳐 놓기 위한 공간 확보와 위치를 선정하는 데도 신경을 써야 하는 등 불편한 점이 많았다. 또한 수채화는 유화에는 없는 장점이 있다. 자유롭고 감각적인 표현에 좋다. 그의 수채화는 그림으로 쓴 여행기이며 빛과 지형적 특징을 기록한 연구물이었다.

터너가 미술사를 통틀어 가장 빼어난 수채화가 중 한 사람으로 평가받는 것도 발로 뛰는 작업 방식에 있다. 터너는 1851년 76세로 세상을 떠날 때까지 무려 2만여 점에 달하는 스케치와 수채화를 남겼다. 발로 직접 뛰었던 체험이 있었기에 그토록 많은 양의 작품을 창작할 수 있었으리라.

터너를 융합형 예술가라고 생각하는 근거는 터너가 광학과 색채학을 미술에 융합해 미술사의 거장이 되었기 때문이다. 그는 아리스토텔레스와 플리니우스의 색채론, 뉴튼의 광학 이론, 조지 필드의 색채론, 괴테의 《색채론》 등을 탐독했다. 특히 색채 심리학의 원조로 불리는 괴테의 색채 이론에서 결정적인 영향을 받았다.

그는 오랜 탐구 끝에 평생의 숙제인 빛의 실체를 그릴 수 있는 수준에 도달했다. 빛은 그 자체로는 볼 수 없지만 비와 눈, 폭풍우, 물의 반사 등을 통해 가시화된다. 즉 빛은 색채를 통해 나타난다. 이렇듯 빛에 '필feel'이 꽂힌 터너에게 단순히 자연을 모방하는 그림은 아무런 의미가 없었다.

앞서 감상한 그림은 대상의 윤곽이나 형태, 명암을 꼼꼼하게 묘사하지 않고 화면에 용해시키는 터너표 화풍의 특징을 선명하게 보여준다. 그의 풍경화는 어디가 시작이고 끝인지 알 수 없는데다 흐릿하고 모호하다. 당대 비평가들이 "아무것도 묘사하지 않은 것 같은 그림"이라고 혹평할 만도 하다. 그러나 미술사에서는 이렇게 평가한다. 대기의 물리적 특성을 파악하고, 빛과 색채를 통해 감정과 정서를 전달하는 새로운 풍경화의 장을 연 거장이라고.

그림 10
클로드 모네
〈노적가리〉 연작
1890~1891년
캔버스에 유채

그림 11
실제 노적가리를 찍은 사진

## 광학적 체험

현장을 중시하는, 발로 뛰는 예술가라면 인상주의 대가인 모네를 빼놓을 수 없다. 왼쪽 그림은 들판의 노적가리를 그린 연작이다. 모네는 동시대 화가들과는 다른 시각으로 대상을 바라보고 다른 방식으로 표현했다. 이 그림에서처럼 동일한 대상을 같은 장소와 각도에서 반복해서 그렸다. 단, 계절과 자연 광선은 달랐다. 포플러 나무는 20여 점, 루앙 대성당은 30여 점, 생 라자르 역은 여섯 점이나 그렸다. 현장에서 그린 즉석 그림이라는 사실을 강조하려고 특정 시간을 구체적으로 명기하기도 했다.

화가는 왜 동일한 대상을 여러 버전으로 그렸을까? 시간의 흐름에 따라 빛이 노적가리에 어떤 변화를 일으키는지 보여주기 위해서였다. 말하자면 그의 연작은 빛의 변화를 추적한 '그림 과학서'인 셈이다.

모네는 컨스터블의 충실한 후예였다. 화실을 벗어나 야외에서 작업하는 과정에서 똑같은 자연 풍경일지라도 빛의 변화에 의해 색채가 다양하게 변한다는 사실을 발견했다. 대상의 색채를 결정짓는 요소는 빛이라는 사실을 깨달은 것이다.

당시 대다수의 화가들은 사물은 고정된 색채를 갖고 있다고 믿었다. 그들은 현장에서 대상을 직접 관찰하지 않았다. 설령 관찰했더라도 그 경험을 그림에 표현할 시도는 하지 않았다.

모네는 현장 체험을 통해 사물의 기본 형태는 고유한 성질로 인해 거의 바뀌지 않지만, 색은 고유색이 없다는 점을 인식하게 되었다. 예를 들어 어두울 때, 햇빛이 비칠 때, 전등불 아래서 볼 때 장미의 형태는 바뀌지 않지만 색은 각각 다르게 나타난다. 실제로 같은 자리에서 오랜 시간을 사물을 관찰해보면, 모네의 주장에 동의하게 되리라.

모네의 생각은 이랬다. 사물에는 고유색이 있다는 기존의 사고 방식은 잘못된 것이다. 인간의 망막에 들어오는 빛에 따라 사물의 색채가 달라진다면 그림도 그렇게 표현해야 마땅하지 않겠는가. 하지만 시시각각 변하는 빛을 포착해 그림에 표현하는 일은 말처럼 쉽지 않았다. 화가는 해답을 찾았다. 연작이다. 연작으로 그리면 아침, 한낮, 저녁 등 시간대별로, 혹은 계절별로 동일한 대상을 관찰한 결과를 화폭에 묘사할 수 있다.

광학적 지식은 모네의 작업 방식도 바꾸었다. 그는 한 장소에서 여러 개의 캔버스를 죽 늘어놓고 분주하게 오가면서 신속하게 붓질했다. 모네에 따르면 "야외에서 햇살이 나뭇잎에 비쳤다가 사라지기까지는 7분밖에" 걸리지 않는다.

그는 현장에서 직접 그림을 그리기 위해 배도 구입했다. 선실에 이동 화실을 만들어 센 강을 떠다니면서 즉석에서 그림을 그렸다. 대상을 생각한 대로 그리지 않고, 자신이 체험한 대로 표현했다.

미술 평론가 조르주 클로망스는 집요하리만치 현장을 고집했던 모네의 작업 방식에 대해 다음과 같은 찬사를 바쳤다.

나는 양귀비꽃이 핀 들판에서 네 개의 캔버스를 앞에 놓고 마치 태양의 움직임을 따라잡으려는 듯 팔레트를 바꿔가며 작업에 몰두하는 모네를 보았다. 그가 빛을 탐구한다는 강렬한 인상을 받았다. (…) 그것은 미술의 진화이며 관찰과 느낌, 표현에서의 새로운 방식이었다. 한마디로 혁명이었다.

※ ※ ※

19세기 미국의 사상가 헨리 데이비드 소로는 1845년 월든 호숫가에 직접 오두막집을 짓고 1847년까지 2년 2개월 2일 동안 숲속에서 홀로 지냈다. 그곳에서의 체험담을 "세계 문학사상 그 유래를 찾아볼 수 없는 특이한 책"으로 불리는 《월든》에 기록했다. 책을 펼치면 다음과 같은 구절이 나온다.

"내가 월든 호숫가에 사는 것보다 신과 천국에 더 가까이 갈 수는 없다. 나는 호수의 돌이 깔린 기슭이며 그 위를 스쳐가는 바람이다."

소로는 자신의 사상과 철학을 살아 있는 경험담을 통해 보여주었다. 인도의 성자로 불리는 마하트마 간디, 아일랜드의 민족주의자 윌리엄 버틀러 예이츠, 무소유의 삶을 실천한 법정 스님을 비롯한 수많은 환경 보호 운동가, 사회 개혁가의 멘토가 되었다. 그는 우리에게 자신의 산 경험을 인생의 퇴비로 만들라고 자극한다.

나는 체험하지 않은 것은 단 한 줄도 쓰지 않았다.
그러나 한 줄의 문장도
체험한 것 그대로는 쓰지 않았다.
_요한 볼프강 폰 괴테

# 오디세이가 되어라

생텍쥐페리, 허먼 멜빌, 어니스트 헤밍웨이의 공통점은 자신의 체험을 소설에 담아 문학사의 별이 되었다는 것이다. 생텍쥐페리는 민간 항공 조종사 경험을 《야간 비행》《인간의 대지》《전투 조종사》라는 소설에, 멜빌은 상선과 포경선의 선원 생활과 군함 수병 체험을 《백경》《레드번》《하얀 재킷》에, 헤밍웨이는 제1차, 제2차 세계 대전의 종군 기자와 스페인 내전의 체험을 《무기여 잘 있거라》《누구를 위하여 종은 울리나》에 녹여냈다.

"1만 권의 책을 읽는 것보다 1만 리 길을 떠나는 게 낫다. 1만 리 길을 떠나는 것보다 1만 명의 사람들을 만나는 게 낫다"라는 격언이 있다. 경험이 소중한 이유는 경험 자체보다 인간에게 미치는 영향 때문이다. 이번에는 고통스런 인생 체험을 예술로 승화시킨 사람들을 만나보자.

## 예술, 광고를 허하다

인상주의 화가 앙리 드 툴루즈 로트렉은 화가로는 성공했지만 인생은 비참했다. 그는 프랑스 남부 알비의 유서 깊은 귀족 알퐁스 백작의 장남으로 태어났는데, 불행히도 유전적인 결함과 두 번에 걸친 사고로 인해 장애인이 되었다. 상체는 정상인데 하체가 성장을 멈추는 바람에 신체적 균형이 깨졌다. 키는 성인이 될 때까지 거의 자라지 않았다. 더군다나 하체로 갔어야 마땅할 성장 호르몬이 얼굴로 갔는지 코는 비정상적으로 크고 입술은 두툼해서 요즘말로 '비호감'이 되었다.

가문에 대한 자부심이 유독 강했던 알퐁스 백작에게 대를 이어줄 후계자가 장애인이라는 사실은 치명적인 약점이 됐다. 백작은 집안의 애물단지인 아들을 증오하기에 이르렀고, 아들에게 물려줘야 할 작위 상속권도 자신의 누이에게 넘겨버렸다.

로트렉은 지체 높은 집안의 자손이라는 자부심과 혐오스런 외모로 인한 열등감의 간극이 너무 커서 절망의 나락으로 빠져들었다. 그러던 그가 기적적으로 희망의 빛을 발견했다. 바로 예술이었다.

화가의 길로 들어선 그는 신흥 유흥가인 몽마르트에 작업실을 마련하고 그림에 몰두했다. 밤이면 카페나 카바레에서 예술가, 댄서, 배우, 매춘부, 광대 같은 다양한 사람들과 사귀면서 환락가를 체험했다. 몽마르트에서의 체험은 화가에게 새로운 미술의 영역을 개척할 수 있는 자극제가 되었다. 그는 순수 미술인 회화와 상업용 포스터를 결합한 아트 포스터를 창작하게 되었다.

로트렉이 제작한 프랑스의 유명 샹송 가수 아리스티드 브뤼앙의 〈앙바사되르〉 공연 홍보 포스터다. 브뤼앙의 캐릭터는 무척이나 독특했

**그림 12**
앙리 드 툴루즈 로트렉
〈앙바사되르〉 공연 포스터
1892년
다색 석판화

다. 몽마르트 최고의 샹소니에(여성은 샹소니엘)면서 정기간행물 〈르미르리통〉의 발행인, 몽마르트에 있는 '미를리통'이라는 카바레를 운영하는 경영자이기도 했다. 샹소니에란 샹송을 작사, 작곡, 노래하는 사람을 가리킨다. 노래만 잘 부른다고 샹소니에가 되는 것은 아니었다. 조건은 상당히 까다로웠다. 예를 들면 작곡은 다른 사람이 하더라도 가사만은 반드시 자작自作이고 풍자와 기지, 위트가 넘쳐야 했다.

라디오나 레코드판이 없던 시절, 샹소니에는 대중들로부터 많은 사랑을 받았다. 지식인, 예술가, 부르주아 가릴 것 없이 유명 클럽으로 몰려가 가수의 공연을 관람하고 술과 음식을 즐기면서 저녁 시간을 보내곤 했다.

브뤼앙은 다른 샹소니에들을 압도하는 밤무대의 스타였다. 목소리는 면도칼처럼 날카롭고 노래 가사는 외설적이었다. 행동과 말재간도 거침이 없었다. 테이블에 뛰어올라 노래를 부르는가 하면 클럽 안의 손님들을 수시로 놀림감으로 만들고 즐거워했다. "이번에는 절대로 물을 탄 포도주가 아닙니다. 이건 잘 고른 개구리에다가 별 세 개짜리 사치스런 계집이군요. 이 신사 분은 걸어서 여자 뒤를 따라가는데요. 아마도 뚜쟁이나 심부름꾼쯤 되나 봅니다. 이봐요, 좀 좁혀서 의자에 앉아요."

자신이 시를 읊을 때 관객이 나가면 남은 사람들과 함께 이런 후렴구를 반복하면서 조롱했다. "손님들은 전부 돼지야, 꿀꿀꿀. 아직 갈 때가 안 됐는데도 가는 사람은 더욱 더 그래, 꿀꿀꿀."

그는 직접 고안한 파격적인 패션을 인기 전략으로 활용했다. 검정 벨벳 양복과 검정 모자, 망토, 진홍색 스카프, 롱부츠를 신은 그의 모습을 포스터에서도 확인할 수 있다.

로트렉은 브뤼앙이 운영하는 미를리통의 단골손님이었다. 매일 저녁 카바레를 찾아가 브뤼앙의 공연을 감상하는 동안 그의 열혈 팬이 되었다. 브뤼앙의 독설과 신랄한 풍자는 아웃사이더인 로트렉의 욕구불만을 해소시켜 주었다. 보라, 육신이 멀쩡한 사람들도 제 발로 클럽에 들어와 비웃음과 모욕당하는 것을 즐기지 않는가. 그것도 돈을 내고서.

브뤼앙은 자신을 숭배하는 장애인 화가에게 포스터 제작을 의뢰했고 로트렉은 주문을 기쁘게 받아들였다. 당시 유명 화가들은 포스터 제작을 꺼려했다. '길거리 예술'로 불렸던 것에서 드러나듯 포스터는 저급한 삼류 미술이었다. 1866년 프랑스 화가인 쥘 셰레가 석판 인쇄 포스터를 선보이면서 몇몇 화가들이 아트 포스터 제작을 시도했지만 극히 일부에 그칠 뿐이었다.

그러나 로트렉의 생각은 달랐다. 포스터는 시각적으로 신속, 간결하며 직접적으로 주제를 전달하는 장점을 지녔다. 자신이 체험한 밤의 환락가를 표현하기에 순수 회화보다 포스터가 더 효과적이라고 판단했다. 게다가 포스터는 대중들을 위한 거리 미술관의 기능도 했다.

파리 시장이던 오스만이 주도한 대대적인 도시개발로 인해 파리에는 크고 넓은 길이 생겨났다. 포스터는 디자인 도시를 만드는 중요한 역할을 하게 되었다. 포스터는 예술의 문턱을 낮추고 대중들과 소통할 수 있게 하는 새로운 미술 언어였다.

로트렉은 브뤼앙을 비롯한 제인 아브릴, 라 굴뤼 등 몽마르트 스타들의 포스터를 제작하면서 아트 포스터의 시대를 열었다. 로트렉의 아트 포스터는 파리 시민들에게 화제의 대상이었다. 포스터는 거리에 붙기가 무섭게 사라졌다. 포스터를 붙이는 사람을 매수해 손에 넣거나, 시민들이 포스터를 부착한 선전 마차를 뒤쫓아 뛰어가는 진풍경이 연출됐다. 덕분에 로트렉은 유명세를 얻게 되었다.

시민들은 왜 로트렉의 포스터에 그토록 열광했을까? 상업 미술인 포스터를 순수 예술의 수준으로 격상시켰기 때문이다. 스케치 풍으로 묘사된 단순하면서도 강한 선, 대담하고도 참신한 구도, 화려한 색채와 글자의 환상적인 조화, 스냅 사진처럼 자유롭게 표현된 인물. 이렇게 풍자와 유머가 넘치는 포스터가 석판 인쇄 기법으로 제작되었다. 광고적 기능과 예술적 형식을 융합한 로트렉의 포스터는 광고 예술의 최고

걸작이라는 평가를 받고 있다. 미술사에서는 서른한 점의 포스터를 남긴 그에게 '아트 포스터의 시조'라는 이름을 선물했다.

## 시사만평의 아버지

시사만화, 일명 '만평'이라고 부르는 폴리티컬 캐리커처political cartoon는 단 한 컷의 작은 그림이지만 시사적인 이슈를 촌철살인의 풍자로 예리하게 비평하기에 독자들의 뜨거운 호응을 받는다. 때로 특정 화가의 만평을 보기 위해 신문을 구독하는 독자도 있을 만큼 인기가 높다.

시사만평의 묘미란 99퍼센트의 내용을 1퍼센트의 함축된 이미지로 전달하는 것. 정곡을 찌르는 초미니 만화를 창안한 사람은 누구일까? 현대 시사만화의 아버지로 불리는 19세기 프랑스 화가 오노레 도미에다.

도미에는 미술사에 다음과 같은 기록을 남겼다. '특권 계층의 부정과 위선을 고발한 사실주의 화가' '캐리커처와 미술을 결합한 융합형 예술가' '정치적 탄압으로 투옥되었던 최초의 반체제 화가'. 화가인 그가 감옥에 갇혔던 이유는 무엇이고 그 경험은 예술에 어떤 영향을 끼쳤는지 추적해보자.

1831년 12월 15일자 〈카리카튀르〉지에 실려 프랑스 사회를 발칵 뒤집었던 문제의 시사만화다. 화면 왼편에는 얼굴이 기형인 배불뚝이 남자가 의자에 앉아 있다. 남자의 혓바닥은 컨베이어 벨트처럼 길게 늘어져 땅에 걸쳐져 있다. 가파른 컨베이어 벨트 혓바닥 위를 사람들이 등짐을 진 채 힘겹게 기어 올라간다. 볼품없고 웃기게 생긴 이 남자는 당시 프랑스의 군주 루이 필립이다. 화가는 왕의 두상을 서양배(꼭지 부분은 가늘고 반대쪽은 넓은) 형상으로 묘사했다. 배는 프랑스 속어로 바보 또는 얼

**그림 13**
오노레 도미에
〈가르강튀아〉
1831년
석판화

간이를 뜻한다. 화면 오른쪽, 감독관으로 보이는 남자가 백성들이 돈을 통에 넣는지 감시한다. 감독관의 옷차림은 왕을 연상시키는데 얼굴은 영락없는 돼지다. 배경에는 프랑스 국기가 게양된 의사당 건물이 보인다. 의사당에 출입하는 의원들도 왕을 닮아 모두 비만이다.

화가는 왕과 감독관, 국회의원 등 이른바 특권층이 백성의 재산을 갈취해 돼지처럼 꿀꺽 삼키는 탐욕스런 인간들이라는 것을 그림을 빌어 신랄하게 풍자하고 있는 것이다. 더욱 가관인 것은 왕이 앉은 의자는 변기다. 민중의 피땀 어린 재산은 국왕의 뱃속으로 들어가 그를 살찌게 하고 배설된다. 배설물은 상장과 훈장이다. 변기 밑에서 왕의 배설물을 받는 의원을 보라. 그는 분명 매관매직으로 의원 배지를 달게 되었으리라.

도미에는 촌철살인의 만평으로 지배 계급의 부정부패를 적나라하게 까발렸다. 자신을 주제로 한 풍자화를 본 왕은 불같이 화를 냈고, 도미에는 1832년 국가 모독죄로 6월의 금고형와 500프랑의 벌금형을 선고받는다.

도미에가 권력의 정점인 왕에게 만평으로 반란을 도모했던 이유가 있다. 1830년 7월 혁명으로 샤를 10세는 왕좌에서 물러나고 오를레앙가의 루이 필립이 등극했다. 필립은 자유주의자들의 압도적인 지지를 받고 새로운 왕이 되었음에도 불구하고 함께 투쟁했던 동지들을 배신하고 봉건 세력을 편들었다. 게다가 부르주아와 노동자 계층, 보수파와 진보파의 갈등으로 경제 사정은 악화되고, 임금 인상과 선거권 확대를 요구하는 민중들의 시위로 사회 불안이 가중되었다. 나라는 혁명 이전보다 더 혼란에 빠졌다. 도미에는 7월 혁명의 이념을 저버리고 국가를 도탄에 빠뜨린 왕의 실정을 붓의 힘을 빌려 고발한 것이다.

화가는 옥고를 치룬 후에도 특권층을 신랄하게 풍자하는 체제 비판적인 그림을 그렸다. 1834년 리옹에서 일어난 노동자 폭동에 대한 정부의 무자비한 탄압으로 인해 많은 사람들이 목숨을 잃게 되자 도미에는 희생당한 민중을 추모하는 내용이 담긴 풍자화를 발표했다. 그의 그림은 사회적으로 커다란 반향을 일으켰다. 오죽하면 기겁한 정부가 정치적 만평을 규제하는 언론 탄압법인 이른바 '9월법'을 제정했을까.

도미에가 공권력에 저항하는 무기로 시사만화를 선택한 배경이 있다. 첫째는 가정 환경. 도미에는 어릴 적부터 지독한 가난을 경험했다. 화가의 아버지는 아마추어 시인이자 희곡 작가였지만 생계를 해결하기 위해 유리 세공인으로 일했다. 그마저도 일찍 실직하는 바람에 도미에는 열다섯 살 때부터 돈벌이에 나서야만 했다. 법률 사무소에서 사환으로 일하면서 사법계의 온갖 비리를 경험했다. 그곳에서의 체험은 법조인들과 법정이 주제인 풍자화에 고스란히 반영되었다. 도미에가 묘사한 법조인의 이미지는 교활하고, 저열하고, 음흉하고, 냉혹하고, 위선적이다. 그의 뇌리 속에서 지배 계층은 민중을 합법적으로 갈취하는 공공의 적이었다.

둘째는 시대 분위기다. 당시 프랑스는 7월 혁명과 2월 혁명을 겪고, 봉건 군주제에서 민주주의로 전환되는 정치적 격동기였다. 이런 시대 분위기를 반영하듯 정치 풍자만화는 대중들에게 큰 인기를 끌었다.

전문적인 풍자화를 게재하는 주간지 〈카리카튀르〉와 일간지 〈샤리바리〉가 창간되면서 신문 만평의 시대가 열렸다. 시사만화는 대중을 정치적으로 계몽시키는 역할을 맡는 한편 사회 부조리와 공권력에 저항하는 수단이 되었다.

그 시절 만평은 민중의 대변인이었다. 도미에의 예리한 눈빛은 순수 회화의 한계를 꿰뚫어 보았다. 그는 이렇게 판단했다. 격동하는 시대, 기득권층의 위선과 부정부패를 폭로하고 계층 간의 갈등을 봉합시키는 언어는 단연 시사만평이라고. 캐리커처는 막강한 권위를 조롱하고, 서슬 푸른 공권력을 무력하게 만드는 힘을 가졌다. 민중들을 웃게도 울게도 하는 만평을 활용한다면 정의로운 사회를 건설할 수 있다. 그의 신념은 어록에서도 드러난다.

만화는 단순히 웃음을 유발하는 장난질이 아니다. 오히려 행복을 추구하면서 고뇌에 허덕이는 인간의 억압된 정신에 별안간 나타나는 통풍구와 같다.

도미에는 만평의 시대적 상징성을 예견하고 이를 미술에 융합했다. 그의 작품은 예술가의 경험이 어떤 기록물보다 생생한 시대의 거울이라는 점을 증명한다.

## 고백도 예술이다

1991년, 프랑스에서 아니 에르노의 소설 《단순한 열정》이 폭발적인 판매량에 힘입어 단숨에 베스트셀러 1위에 오르는 기염을 토했다. 소설은 그해 출판계의 초특급 이슈가 되었는데, 저자가 책에서 외교관인 연하의 유부남과의 불륜 사실을 적나라하게 까발렸기 때문이다. 지극히 사적인 성 체험을 얼마나 사실적이고 구체적으로 묘사했는지 독자들이 오히려 민망해할 정도였다. 예를 들면 소설에는 이런 대목이 나온다.

동구 출신인 그는 이브 생 로랑 정장과 세루티 넥타이, 대형 승용차를 유난히 좋아했다. (…) 내가 없을 때 그의 전화가 걸려올까 봐 (…) 가능한 한 외출은 하지 않았다. 또 행여 전화벨 소리를 못 들을까 진공청소기나 드라이어를 사용하는 일조차 피했다. (…) 나는 그 사람이 나의 몸속에 남겨 놓은 정액을 하루라도 더 간직하기 위해 다음 날까지 샤워도 하지 않았다.

더욱 충격적인 사실은 그녀는 무명작가가 아니었다는 것. 에르노는 1984년 르노도 문학상을 수상한 유명 작가이며 대학교수였다. 선정적인 연애 경험담을 팔아 베스트셀러 작가가 되었다는 비난 여론이 들끓었지만 그녀는 당당하게 반론을 펼쳤다.

내가 직접 체험하지 않은 허구를 쓴 적은 한 번도 없었고 앞으로도 없을 것이다. 이것은 소설이 아닌 진실한 이야기다.

미술계에도 에르노처럼 픽션과 자전의 경계를 허무는 자기 고백적인 작품으로 세계적인 명성을 얻게 된 여성이 있다. 영국의 예술가 트레이시 에민이다. 에민의 설치 작품들을 한마디로 표현하자면 미술로 구현된 '막장 드라마'다.

아래 설치 작품은 자신이 사용하던 침대를 그대로 전시장으로 옮긴 것이다. 지저분한 속옷과 사용한 흔적이 보이는 콘돔, 빈 보드카 병, 담배꽁초, 슬리퍼, 얼룩이 묻은 시트와 베개가 어지럽게 널려 있다. 침실

그림 14
트레이시 에민
〈나의 침대〉
1998년
매트리스 · 리넨 · 베개

에서 술 마시고, 담배 피우고, 남자와 동침했던 사적인 물건들을 작품인 양 전시한 것이다. 그녀의 말을 인용하면 술에 만취해 며칠 동안 뻗어 있던 흔적들이다.

이보다 더 핵폭탄급 작품은 〈나와 잤던 모든 사람들〉이다. 난데없는 캠핑용 텐트가 전시장에 설치되었다. 관람객들이 작품의 의도를 이해하려면 작은 텐트 안으로 들어가야 한다. 텐트의 안쪽 천에 누군가의 이름들이 수놓아져 있다. 102개나 되는 이름들은 그녀가 함께 잤던 사람들의 이름이다. 관객들은 그녀가 자신과 성관계를 가진 애인, 하룻밤 즐긴 남자, 성폭행범의 실명을 폭로했다는 사실을 아는 순간 경악한다.

에민은 은밀한 사생활과 과거의 경험담을 공개적으로 노출하는 전략으로 1999년 터너 상 후보에 오르면서 일약 스타덤에 올랐다. 그녀는 사적인 고백도 예술이 될 수 있다는 것을 보여주었고, 상업적으로도 성공을 거두었다. 세계 미술 시장을 쥐락펴락하는 컬렉터 찰스 사치를 비롯한 대형 컬렉터들이 그녀의 작품을 경쟁적으로 사들이고, 세계적인 미술관과 화랑들이 초대전 의사를 밝혔다. 각 언론에서 인터뷰 요청

**그림 15**
〈나와 잤던 모든 사람들, 1963~1995〉
1995년
아플리케를 한 텐트 · 매트리스 · 조명

이 쇄도하고, TV쇼에 겹치기 출연하고, 출판업자들은 자서전 계약을 따내기 위해 거액의 선인세 지불을 제안했다. 이런 현상에 대해 영국의 미술 비평가인 존 A. 워커는 "에민은 가톨릭 신자들이 고해실을 이용하듯 자신의 죄를 고백하는 데 화랑을 이용했다"라고 비난했다.

그녀는 왜 자신의 파란만장하고 치욕스런 과거를 감추기는커녕 언론 매체와 자서전을 통해 고백이라는 형식을 빌려 대대적으로 홍보했을까? 에민에 따르면 고백은 스스로 상처를 치유하는 가장 효과적인 치료법이다. 그녀는 열세 살 때 성폭행을 당하고 거리의 여자로 전락했다. 두 번의 낙태 수술과 한 번의 유산을 경험했고, 우울증에 시달리다 자살을 시도한 경험도 있다. 또 주정뱅이에다가 골초였다. 망가진 인생인데도 신기하게 미술에 대한 열정만은 불꽃처럼 뜨겁게 타올랐다. 존 캐스 경 미술학교, 메이드스톤 미술대학, 왕립 미술학교에서 미술을 공부했다.

인생 체험과 성생활까지도 시시콜콜 까발리는 자기 고백적인 작품에 대해 미술계의 여론은 극명하게 엇갈린다. 찬미자들은 상처받은 감정을 드러내는 것에 대해 연민과 동정심을 느끼고 비참한 과거를 드러내는 용기와 솔직함, 재활 의지 등을 높이 산다. 안티들은 선정성과 성적 도발, 관음증을 자극하는 쓰레기 작품이고, 사생활 폭로로 돈벌이에 나선 양심 불량녀, 황색 저널리즘을 이용하는 언론의 창녀라고 비난한다. 예를 들면 미술 평론가 리처드 도먼트는 "에민은 교양 없는 사람들의 여왕이다"라고 성토한다. 호오好惡 세력이 분명한 그녀에게는 별명도 많다. '고백의 여왕' '드라마의 여왕' '영국 미술계의 불량소녀' '성난 음부' 등.

에민의 자기 고백적인 작품은 미술과 심리학, 페미니즘의 융합이다.

그녀에게 예술은 상처난 자아를 치료하고 새살을 돋게 하는 역할을 한다. 즉 트라우마를 극복하는 치유로서의 미술, 갱생으로서의 미술이다. 그런 의미에서 데이비드 리는 "에민은 예술가는 아니지만 그 자체가 놀라운 자연의 힘이다"라고 주장한다. 이는 에민의 어록에서도 확인된다.

> 나의 고백은 바로 나 자신을 위한 것이다. 내가 삶에서 찾고자 하는 것은 나 자신에 대해 아는 것이다. 나 아닌 타인에 대한 것일 수도 있겠지만 다른 사람에 대해서는 나만큼 알지 못하니까. (…) 나의 삶은 예술이고 예술은 나의 삶이다.

에민의 작품은 감상자에게 다음과 같은 질문을 던진다. '예술가의 사적인 경험도 과연 예술이 될 수 있을까?'

❋ ❋ ❋

17세기 중반에서 19세기 초, 유럽의 귀족 및 지식인들은 그랜드 투어 grand tour에 열광했다. 그랜드 투어란 유럽의 상류층 자녀들이 역사와 문명의 중심지를 방문하고 수개월에서 수년 동안 머물면서 인문학적 지식과 예술적 안목을 키우는 고품격 여행을 가리킨다. 명품 인생을 위한 인기 체험학습 장소는 고대 그리스와 로마의 유적지, 르네상스 문화를 꽃피운 이탈리아, 사교 예법의 도시인 파리였다. 그랜드 투어는 명문가의 자녀 교육 노하우가 체험학습에 있었다는 사실을 알려준다. 자신의 명품 인생을 위해 독자들은 어떤 경험을 준비하고 있는가?

# 05

### 재능과 지식의 크로싱
## 멀티플레이형 예술가

레오나르도 다 빈치
김미형
알브레히트 뒤러
파블로 피카소
라파엘로
윌리엄 블레이크
단테 가브리엘 로제티

아는 것으로는 충분하지 않다.
활용할 수 있어야 한다.
하려는 마음만으로는 충분하지 않다.
해야만 한다.
_레오나르도 다 빈치

# 차이에서
# 공통점을 발견하다

이번에 소개할 예술가들은 멀티플레이형이다. 말 그대로 '멀티 재능'을 지녔다. 흔히 르네상스형으로 불리는 다재다능한 천재들을 가리킨다. 멀티플레이형 중에서도 단연 첫 손가락에 꼽히는 예술가는 16세기 이탈리아 화가 레오나르도 다 빈치다.

   다 빈치는 상상을 초월한 다양한 분야에서 위대한 업적을 남긴 '멀티 인재'의 전형이다. 회화, 조각, 건축, 시, 해부학, 식물학, 지리학, 공학 분야에 정통했으며 비행기, 탱크, 수력발전기, 무기, 악기 등을 개발한 전천후 발명가였다. 르네상스 시대 화가이며 미술사학자인 바사리는 그를 신에 비유할 정도였다.

   때로 하늘은 인성人性뿐만 아니라 신성神性을 갖춘 인간을 우리에게 보낸다. 이를 본보기 삼아 우리의 정신과 재능이 가장 높은 천구天球에 닿을 수 있도록.

다 빈치의 제자이며 친구, 유산 관리자였던 프란체스코 멜치도 그가 인간을 초월하는 존재라고 주장한다.

자연이 두 번 다시 창조할 수 없는 뛰어난 인재. 전 세계가 스승의 죽음을 애도하는 것은 더 이상 이런 위대한 인물이 나올 수 없음을 안타까워하기 때문이다.

## 통합적으로 연결하고 사고하기

다 빈치가 창조자, 발명왕이 될 수 있었던 비결은 무엇일까? 미술사학자인 케네스 클라크는 호기심이라고 주장한다. 그는 다 빈치를 가리켜 "인류 역사상 가장 호기심이 많은 사람"이라고 말한다.

과연 호기심만으로 다재다능한 르네상스형 인간이 될 수 있을까? 그가 멀티플레이형의 전형이 된 것에는 그만의 노하우가 있었다. 바로 '연결 두뇌'다. 다 빈치는 겉으로 보기에 전혀 관련이 없는 것들의 연관성을 찾아내고 연결해 제3의 창조물을 만들어내는 천부적인 재능을 지녔다. 한 가지 아이디어가 그의 머릿속에 떠오르는 순간 동시에 다른 생각들을 자극한다. 그는 이 생각의 퍼즐 조각들을 씨줄 날줄 삼아 창조성이라는 피륙을 짰다. 미국의 심리학자인 미하이 칙센트미하이가 "창의적이라고 불릴 만한 아이디어나 업적은 여러 조건이 어우러져서 빚어내는 상승 작용의 결과"라는 주장을 뒷받침할 만한 사례다.

레오나르도 다 빈치의 그림을 감상하면 차이에서 공통점을 이끌어 낸다는 말의 의미가 무엇인지 깨닫게 된다. 이 그림은 성 안나(성모 마리아의 어머니)와 성모 마리아, 아기 예수를 묘사한 전형적인 기독교 성화다. 특별한 주제도 아니다. 다 빈치가 활동하던 시절 다른 화가들도 성가족 3대를 그리곤 했다. 그러나 다 빈치는 전통적인 성화와는 다른 방식으로 그림을 그렸다.

**그림 1**
레오나르도 다 빈치
〈성모자와 성 안나〉
1508년 경
목판에 유채

화면 속의 성 가족을 살펴보는 순간 이상하다는 느낌을 받게 된다. 성모 마리아는 마치 어린아이라도 되는 양 성 안나의 무릎에 앉아 아들을 끌어안으려고 두 손을 내민다. 더욱 이해하기 힘든 점은 성 안나와 성모 마리아는 비슷한 나이로 보인다는 것. 모녀지간이기보다 다정한 자매처럼 보인다. 성모 마리아는 왜 성 안나의 무릎에 앉아 있을까? 모녀의 연령대는 왜 같을까? 의문의 해답은 다음의 밑그림이 말해준다.

그림 한가운데 성가족이 있다. 생뚱맞게도 화면 가장자리에 톱니바퀴와 윈치(드럼에 로프를 감아서 중량물을 끌어올리거나 끌어당기는 데 사용되는 기계, 일명 권양기)가 그려져 있다. 성화를 그리면서 웬 기계 장치? 다 빈치가 인물을 그리면서 공구工具도 함께 그렸다는 증거다. 화가는 당시 인체의 동세와 회전하는 기계의 연관성에 대해 탐구하고 있었다. 그는 인체와 기계는 외양은 전혀 다르지만 동일한 힘의 원리에 의해 움직인다고 믿었

**그림 2**
레오나르도 다 빈치
〈성모자와 성 안나〉를 위한 습작
1499년 경

다. 다 빈치는 비밀 노트에 이렇게 적었다. "움직임은 모든 생명의 법칙이다. 움직임의 원인은 무엇이고 움직임 그 자체는 무엇인가."

다 빈치에 따르면 우주에는 삼라만상을 형성하고 지배하는 역학적인 힘이 존재한다. 그는 신비한 동력을 '포텐체potenze'라고 명명했다. 포텐체란 무게, 에너지, 충돌, 힘을 말하는데 우주를 작동시키는 모든 움직임과 자연 현상을 설명하는 키워드다. 특이한 점은 다 빈치가 에너지를 생명체로 여겼다는 것.

> 힘은 물질 운동의 딸, 정신 운동의 손자, 무게의 어머니다. 힘을 움직일 수 있는 기계를 제작할 수만 있다면 무한한 여러 세계에서도 움직임을 만들어낼 수 있게 되리라.

화가는 신의 창작물인 인체와 인간이 설계하고 만든 기계 장치는 근본 구조가 같으며 동일한 메커니즘에 의해 움직인다고 믿었다. 이런 정보를 바탕으로 그의 그림을 감상하면 인물을 그리면서 회전하는 기계를 동시에 그렸던 의도를 이해하게 된다. 인체의 에너지는 회전하는 기계처럼 할머니에게서 딸과 손자로, 손자에게서 어머니, 할머니에게로 순환된다는 뜻이다. 한편 모녀의 연령대를 비슷하게 설정한 것은 가족 간의 친밀함과 혈연의 유대감을 강조하기 위해서였다.

다 빈치는 이 작품을 10여 년에 걸쳐 그렸는데도 완성하지 못했다. 준비 단계에서 습작, 최종본에 이르기까지 그토록 많은 시간이 걸렸는데도 미완성작으로 남게 된 것은 자신이 관심을 갖고 관찰한 대상과 다른 분야와의 연결 고리를 찾으면서 그림을 그렸기 때문이다.

다음 그림도 각기 분리된 개별적인 지식들을 융합하는 '멀티 재능'을 보여준다. 위는 식물, 가운데는 물의 소용돌이와 물결, 아래는 여인의 머리카락을 드로잉한 것이다. 다 빈치는 식물의 줄기와 물살의 형태, 여인의 구불거리는 머리카락의 유사점을 발견하고 그것을 증명하기 위해 그림을 그렸다. 그림과 동시에 글로도 적었다.

〈베들레헴의 별〉

수면의 움직임이 머리카락의 움직임과 얼마나 비슷한지 관찰하라. 머리카락은 두 개의 움직임을 보인다. 하나는 머리카락의 무게로 인해 움직이는 것이고, 또 하나는 구불거리는 컬에서 나오는 움직임이다. 똑같은 방식으로 물은 회전하는 두 개의 소용돌이를 일으키는데, 하나는 큰 흐름의 기세에 따른 것이고 다른 하나는 부수적인 반동의 움직임을 따른 것이다.

〈파도와 소용돌이를 형성하는 물의 움직임 연구〉

〈레다 머리〉 습작

**그림 3**
레오나르도 다 빈치
1508~1510년 경

05. 멀티플레이형 예술가 201

다 빈치에게 인간은 소우주였다. 우주의 에너지는 그 자체로는 보이지 않지만 식물의 성장이나, 물살의 형성, 인체의 동세 등을 통해 나타난다고 믿었다.

우주의 역학 법칙은 인체에도 동일하게 적용되었다. 인간의 몸을 동식물이나 자연 현상에 비유하거나 인간의 머리는 집, 신체기관은 악기, 기관지는 나무, 인후는 목소리를 내는 수학적 기계에 비교하기도 했다. 또한 다 빈치에게 그림이란 단순한 손재주가 아닌 자연의 겉모습 아래 숨겨진 우주의 법칙과 질서를 이해하는 수단이며 도구였다.

자, 다 빈치가 만능인이 될 수 있었던 비결을 정리하자.

다 빈치는 수많은 관찰과 실험을 통해 다음과 같은 깨달음을 얻었다. 세상 만물은 서로에게 연결되며 일견 복잡해 보이는 이면에는 서로를 하나로 묶어주는 공통 원리가 있다고. 이런 통합 마인드는 한 가지 아이디어를 다양한 분야와 연결시키는 확산적 사고로 이어지는 동기가 되었다.

사람들은 종종 이런 질문을 던진다. 다 빈치의 엄청난 명성에 비해 왜 작품 숫자는 10여 점에 불과할까? 그마저도 몇 점은 미완성일까? 그가 그림을 그리는 방식이 남달랐기 때문이다. 인체의 동세를 그리다가 기계의 회전이 연상되면 기계의 작동 원리를 연구했다. 식물의 줄기를 그리다가 물의 흐름과의 유사점을 발견하면 물의 속성을 탐구했다. 자연 풍경을 그리다가 공기의 산란 효과를 발견하면 대기 현상을 연구했다. 생각을 확산시키고 통합하는 것만으로도 인생은 짧았다. 그림을 완성하기에는 시간이 너무 부족했다.

## 방사형 나뭇가지 사고법

그를 멀티플레이형 예술가로 만든 또 한 가지 비결은 '메모'다. 다 빈치는 늘 노트를 갖고 다니면서 아이디어가 떠오르면 즉석에서 메모했다. 메모하는 방식도 창의적이었다. 글과 이미지를 동시에 기록했다. 효율적으로 메모하기 위해 스스로 암호도 고안했다. 과학 저널리스트인 엘리안 스트로스 베르는 자연 현상의 연관성을 인식하고 글과 그림을 동시에 활용했던 다 빈치식 기록 방식의 의미를 이렇게 말한다.

> 다 빈치는 새로운 장르인 근대적 일러스트레이션을 발명했다. 그것은 빠르게 성장하는 정보 체계를 기록하고 구조화하는 데 결정적인 역할을 했다. 화가는 움직임을 분석해 영화적인 드로잉 스타일을 개발했다.

에디슨, 아인슈타인, 피카소는 아이디어를 글과 이미지로 동시에 표현하는 다 빈치 식 창의기법을 벤치마킹해 천재의 반열에 올랐다. 영국의 두뇌학자 토니 부잔이 개발한 시각적 사고 기법인 마인드 맵핑mind mapping도 다 빈치의 창의 기법을 벤치마킹한 것이다.

\* \* \*

평범한 사람들도 다 빈치처럼 사물을 유심히 관찰하면 차이에서 공통점을 발견하는 능력을 기를 수 있다. 예를 들면 파도의 소용돌이, 태풍의 눈, 사람의 지문, 조개껍데기, 솔방울, 해바라기, 데이지, 거미집, 나비의 입은 외양은 전혀 다르지만 공통점이 있다. 나선형 형태를 가졌

**그림 4**
김미형
〈무제〉
2004년
잠자리 날개

**왼쪽**
〈변해가는 K의 얼굴〉
2005년
구멍난 콩잎

**오른쪽**
〈무제〉
2004년

다. 피라미드, 파르테논 신전, 샤르트르 대성당, 명화 속 미녀들, 신용카드와 담뱃갑의 가로세로 비율 등도 언뜻 보면 전혀 다르지만 공통점이 있다. 그 속에 신의 비율인 황금비가 들어 있다.

  위 작품을 보라. 차이에서 유사점을 발견하고 연결한다. 예술가는 벌레 먹은 낙엽이나 죽은 잠자리, 파리, 매미, 벌 등 곤충의 날개를 활용해 다양한 형상들을 창조한다. 낙엽의 잎맥을 관찰하면서 사람의 손등에 비치는 핏줄을 연상한다. 그리고 서로 다른 둘을 연관시킨다. 잠자리 날개가 안경으로 깜짝 변신한다. 세상 만물 속에 깃든 공통분모를 찾아보고 통합적으로 사고하는 습관을 기르라. 그것이 곧 멀티 재능을 발휘할 수 있는 비결이다.

> 교육은 인생을 위한 준비가 아닌
> 인생 그 자체다.
> _존 듀이

# 기술과 이론을 융합하라

1520년 11월, 독일 화가인 뒤러가 네덜란드 젤란트 해안가에 모습을 드러냈다. 진귀한 고래가 밀물을 타고 해변에 나타났다는 소문을 듣고 한달음에 바다를 찾은 것이다. 안타깝게도 고래는 먼 대양으로 되돌아가버린 후였다. 화가는 고래는 구경도 하지 못하고 모기떼가 들끓는 해변에서 중병을 얻었다. 잠복성 말라리아에 감염되어 7년 동안 병석에 눕게 된다. 지푸라기처럼 쇠약해진 그는 결국 57세로 세상을 떠났다.

실로 허망한 종말이었지만 그다운 죽음이었다. 지적 호기심과 생명을 맞바꾼 뒤러는 다 빈치와 쌍벽을 이루는 멀티플레이형 예술가의 전형이다. '북유럽의 다 빈치'로 불리는가 하면 "이탈리아에 다 빈치가 있다면 독일에는 뒤러가 있다"라는 찬사를 받기도 한다. 독일인들에게 뒤러는 '독일 정신' 그 자체다.

## 장인이면서 이론가

괴테가 독일 문학을 대표한다면 뒤러는 독일 미술을 상징한다. 오죽하면 뒤러가 활동했던 시기인 14세기 말에서 15세기 초반을 가리켜 '뒤러의 시대'라고 부를까.

뒤러는 미술사상 '최초'라는 수식어를 가장 많이 선물 받은 '미술계의 금메달리스트'이기도 하다. 최연소(13세) 자화상을 그린 최초의 화가, 실제 누드를 사생한 최초의 독일 화가, 위조 방지를 위한 서명을 최초로 고안한 화가(이름의 이니셜을 조합해 디자인한 출판사 마크의 효시), 경선과 위선이 기입된 세계 지도와 천구도天球圖를 목판화로 제작한 최초의 화가, 자신의 생애를 일기에 기록한 최초의 독일 화가, 자연 과학과 공학과 기술

**그림 5**
알브레히트 뒤러
〈자화상〉
1498년
나무에 혼합 재료

**아래**
뒤러의 서명 부분 확대

안내서를 저술한 최초의 북유럽 화가, 자신의 얼굴이 새겨진 메달을 가진 북유럽 최초의 화가 등, 그가 이룩한 최초의 업적을 모두 소개하는 것만으로도 숨이 찰 정도다. 뒤러의 멀티 재능에 탄복한 학자들은 이렇게 말한다. "오직 다 빈치만이 뒤러와 비교될 수 있다."

뒤러의 추종자들은 "결과물을 보여주는 방법적인 면에서는 뒤러가 다 빈치보다 훨씬 체계적"이라고 주장한다. 또한 역사학자인 폴 존슨은 "몰입과 집요함에서 뒤러가 다 빈치보다 한 수 위"라고 평가한다.

뒤러가 만능인의 대명사인 다 빈치를 능가한다는 근거는 무엇인가? 그는 실기와 이론에 모두 능한 멀티플레이형 예술가였다. 다음 그림은 뒤러가 당대 최고의 장인이면서 전문적인 지식도 가졌다는 것을 말해 준다.

다음 두 점의 목판화<sub>그림6</sub>는 1525년에 출간된 뒤러의 저서 《측정술 교본》에 실렸다. 뒤러가 투시도법을 활용해 그리고자 하는 대상을 화폭에 옮기는 노하우를 직접 실연實演하고 있다. 첫 번째 그림에서 화가는 고정된 시점에서 검정색 실로 만든 격자망이 있는 유리판을 통해 모델을 관찰하고 모눈이 새겨진 제도판에 그대로 옮기는 방법을 보여준다. 설령 테크닉이 부족한 화가일지라도 격자 그물망을 활용하면 3차원 물체를 2차원 화폭에 정확하게 표현할 수 있다.

두 번째 그림은 벽에 꽂힌 커다란 핀과 핀에 묶인 실, 실에 매달린 막대기, 나무 액자 속의 두 개의 끈을 위아래, 좌우로 움직여 탁자 위에 놓인 류트를 화폭에 옮기는 방법을 묘사했다.

그림들은 감상자를 두 번 놀라게 한다. 먼저 화가는 인체나 물체를 눈짐작으로 관찰하고 묘사하는 대신 마치 수학자처럼 측량한다. 다음

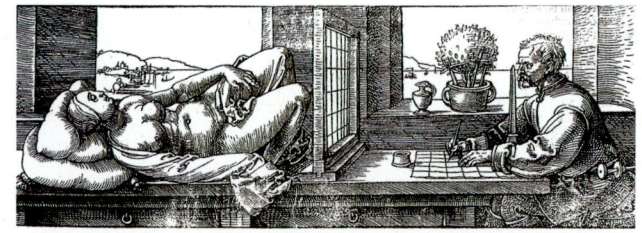

**그림 6**
알브레히트 뒤러
〈누워 있는 누드를 그리는 장인〉
1525년
목판화

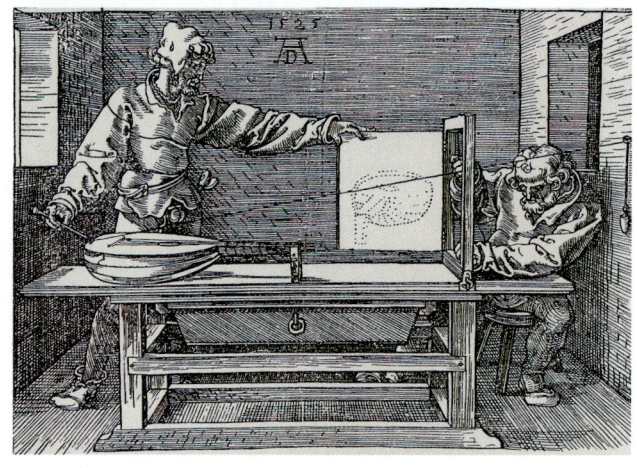

**아래**
〈류트를 그리는 장인〉
1525년

은 다른 화가들이라면 비밀로 간직할 자신만의 노하우를 책을 통해 공개한다는 점이다.

### 노하우를 나누다

자신이 개발한 투시기법과 보조 장치를 책을 통해 만천하에 공개한다는 바로 이 점이 뒤러가 다 빈치와 결정적으로 다른 부분이다. 다 빈치는 거울을 통해서만 읽을 수 있는 비밀스런 방식으로 글을 썼고, 남들이 쉽게 해독하지 못하도록 암호도 많이 사용했다. 즉 노트에 담긴 내용을 공개하고 싶지 않다는 뜻이다.

그러나 뒤러는 화가와 장인, 기술자들에게 그림을 그리는 기법과 이론을 가르치기 위한 의도에서 책을 출간했다. 그는 책의 집필 동기가 교육적 목적에 있다는 점을 분명히 밝혔다. 독일의 장인과 기술자들의 학문적 기초를 연마할 수 있도록 하기 위해서라고.

나는 예술을 열정적으로 갈구하는 젊은이들에게 기하학의 기초와 기본 원리를 가르치기로 결심했다. 이 책《측정술 교본》은 화가를 비롯한 금속 세공사, 조각가, 석공, 목수, 기술을 배우려는 모든 사람들에게 도움이 되기 위해 집필한 것이다.

실용적이고 교육적인 용도의 책이기에 가방끈이 짧은 장인들도 글을 쉽게 읽고 이해할 수 있도록 지식인의 언어인 라틴어가 아니라 속어俗語인 독일어를 선택했다. 당시 보통의 출간물은 지식인들이나 엘리트 계층을 위한 것이었다. 그뿐만이 아니다. 그는 실기 노하우를 목판화로 재현했다. 글로 설명하는 것보다 그림으로 보여주면 교육적 효과가 더 크다고 판단했기 때문이다. 정교하고 상세하게 제작된 도판을 책에 최대한 수록했다. 그림이 텍스트를 보조하는 도구에 불과하던 관행을 깨고 이미지가 텍스트보다 더 중요하다는 것을 보여주었다. 즉 그는 21세기형 출판물의 선구자였다. 이처럼 독자층을 정확히 겨냥하고 그들의 눈높이를 최대한 배려했기에 장인들은 복잡하고 어려운 기하학을 쉽게 공부할 수 있었다.

더욱 놀라운 점은 뒤러가 대학에서 전문 교육을 받지 않았다는 것. 일개 화가인 그가 기하학자보다 더 간단명료하고 한눈에 이해할 수 있는 실용서를 최초로 출간했다는 사실이 경이롭기만 하다. 뒤러의 책을 '무식한 기능공들을 겨냥한 실용서쯤이야' 하고 깎아내리면 곤란하다. 르네상스 최고의 학자인 갈릴레이와 케플러도 뒤러의 책을 인용할 정도로 학술적 가치 또한 높았으니 말이다.

기술과 이론을 융합하려는 뒤러의 열망은 또 다른 출간물로 이어진다. 1527년 실용과학과 이론을 결합한 《요새론(축성술)》, 1528년 예술 미학의 대백과사전으로 불리는 《인체 비례론》이 출간되었다. 책을 펼치면 절로 탄성이 터져 나온다.

### 아름다움의 비밀을 풀다

뒤러는 이상적인 인체의 아름다움은 수학적 비례에 있다고 믿었다. 미의 비례를 찾기 위해 상상을 초월한 노력을 기울였다. 인체의 구조와 관련된 각종 자료들을 탐독하는 한편 여러 유형의 신체를 직접 관찰하고 측정하면서 이론과 경험을 통합했다.

미국의 미술사학자인 마틴 캠프에 따르면 뒤러는 인체의 정량화를 위해 300여 명에 달하는 사람들을 실제로 측정했다. 그 결과 남성과 여성의 용모를 각각 열세 가지 유형의 비례 체계로 정리하고, 26개의 인체 표본 유형으로 분류할 수 있었다. 일본의 물리학자인 야마모토 요시타카는 뒤러가 남녀 전신상 141개, 두부상 68개 등 남녀노소 체형의 각 부위를 철저하게 수량화했다고 주장한다.

뒤러는 비례 체계를 변환시킬 수 있는 기하학적 방법도 고안했다. 그림에서 드러나듯 자신이 원하는 어떤 유형으로 변환할 수 있을뿐더러 수정도 가능하다. 미술 전문가들은 뒤러를 가리켜 "현대 디지털 시뮬

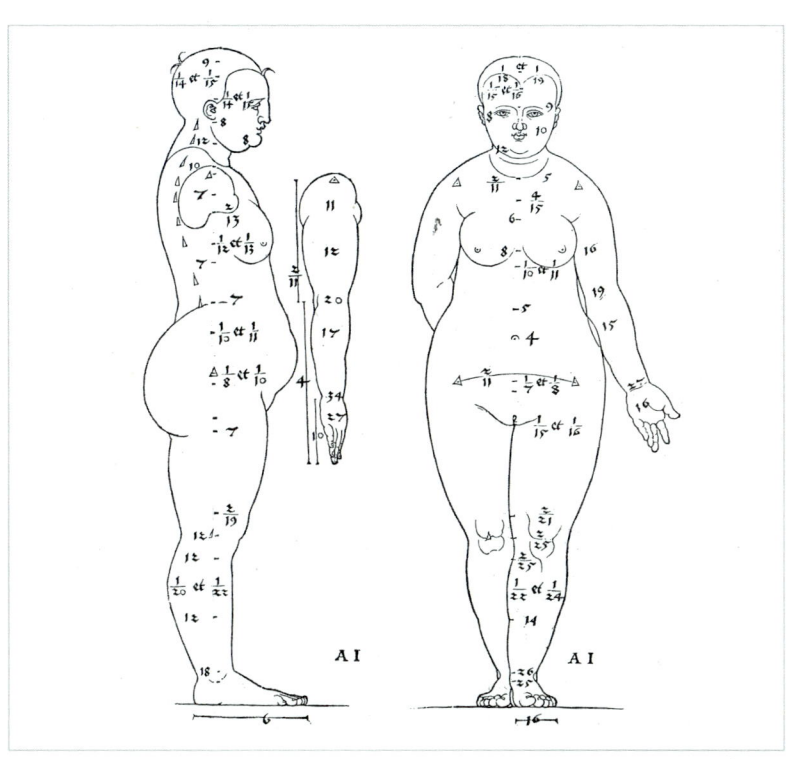

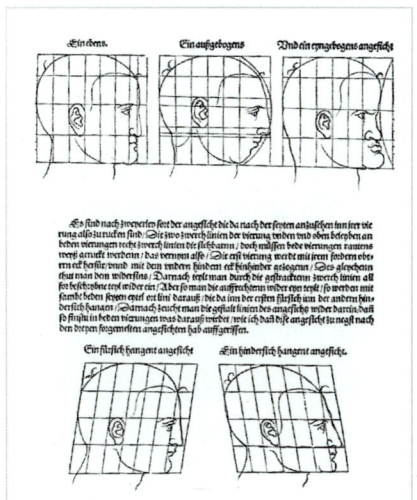

**그림 7**
알브레히트 뒤러
〈여성 상〉
1528년

**아래**
〈머리의 변환〉
1528년

레이션 기법과 컴퓨터 그래픽스 기법을 제시한 선구자"라고 주장한다. 수학자들은 "뒤러는 가장 독창적인 기하학의 업적을 남겼다"라고 극찬한다. 16세기를 살다 간 뒤러는 500년 후에 도래할 디지털 시대를 예견한 불후의 천재였다.

## 장인, 예술가가 되다

지금부터 뒤러가 실기와 이론에 능통한 멀티 예술가가 된 배경에 대해 살펴보자. 크게 두 가지를 들 수 있다.

첫째, 지리적 환경. 뒤러의 고향인 뉘른베르크는 인쇄 출판 산업 도시이며 고전학 연구의 중심지였다. 구텐베르크의 인쇄술 발명을 계기로 뉘른베르크는 각종 인쇄물과 항해 지도를 생산하고 전 유럽으로 수출하는 국제도시로 급부상했다. 당시 뉘른베르크의 인쇄 공방에 소속된 인쇄공, 식자공, 제본공, 채색공 등 직인들의 기술력은 유럽 최고 수준이었다. 목판화는 저렴하고 복수 제작이 가능한 실용성에 힘입어 종교적 주제의 서적이나 연애 소설, 우화, 학술서, 의학 서적의 삽화로 활용되면서 대중적인 인기를 끌었다.

뒤러는 독일 출판 혁명의 중심지에서 태어나고 자랐다. 미카엘 볼제무트 인쇄 공방에서 판화 수업을 받으면서 삽화의 중요성을 인식하게 되었다. 그가 책을 집필할 때 목판화를 적극적으로 활용한 것도 이미지의 힘을 절감했기 때문이다. 그 시절 화가들은 목판화를 싸구려 그림이라 얕보았지만 뒤러는 유화 그림을 그릴 때와 똑같은 자세로 구도, 선, 명암 등을 세심하게 고려해 판화를 제작했다.

그런 이유에서 미술사학자인 바사리는 "진실로 위대한 화가이자 가

**그림 8**
알브레히트 뒤러
〈묵시록의 네 기사〉
1498년
목판화

장 아름다운 동판화를 창작한 예술가", 미술사학자인 에르빈 파노프스키는 "15세기 독일에서 꽃피운 인쇄술과 판화는 뒤러에 의해 예술로 승격되었고, 전 세계에 보급되면서 독일은 미술 대국이 될 수 있었다"라고 극찬한 것이다.

뒤러는 지식 혁명의 직접적인 세례도 받았다. 화가인데도 책벌레였고 학구열에 불탔으며 외국어 실력도 수준급이었다. 뉘른베르크의 지성으로 불리던 빌리발트 피르크하이머는 뒤러의 절친한 친구였다. 뒤러는 빌리발트 피르크하이머와 함께 이집트 상형문자에서부터 데시데리우스 에라스무스의 인문주의 신학에 이르기까지 다양한 분야를 공부했다고 전해진다.

둘째, 이탈리아 르네상스의 세례. 뒤러는 이탈리아로 유학을 갔던 최초의 북유럽 화가였다. 1494년과 1506년 두 차례에 걸쳐 파도바, 만토바, 베네치아 등을 방문하고 르네상스 시대 걸작들을 감상하는 기회를 가졌다. 뒤러는 대가들의 작업 방식을 눈으로 직접 확인하고 큰 충격을 받았다.

그 시절 북유럽의 화가들은 한낱 기능공 신분이었는데 비해 이탈리아 거장들은 당당히 예술가로 대접받고 있었다. 그럴 만한 충분한 자격이 있었다. 이탈리아 거장들은 기하학, 해부학적 지식을 가졌고 고전, 신화, 역사에도 해박한 인문학적 소양을 갖춘 지식인들이었다.

뒤러는 독일의 장인들은 재능이 뛰어나고 기술력도 탁월하지만 학식이 부족해 예술가로 인정받지 못한다는 사실을 뼈저리게 인식했다. 손재주만으로는 창조적인 작업을 하는 예술가가 될 수 없다는 점을 깨달은 그는 독일의 장인들을 예술가로 승격시키기 위한 위대한 프로젝트를 가동시킨다. 그가 20년의 긴 세월을 바쳐 예술적 이론을 집대성한 최초의 실용 교재를 출간한 것도 기술과 이론을 겸비한 예술가를 만들기 위해서였다.

* * *

뒤러는 훌륭한 화가란 이론적인 전문 지식과 실천상의 기술 두 가지를 모두 갖추어야 한다고 생각했다. 자신에게 부족한 전문 지식을 터득하기 위해 평생토록 노력했다. 그리고 스스로 깨우친 이론과 비법을 혼자만의 비밀로 독점하지 않았다. 명장의 비법은 구전으로 전수되거나 죽음과 함께 영원히 묻혀버리던 시절, 노하우를 공개하고 후배들에게 전수했다. 일부 엘리트 계층이 독점한 전문 지식을 민중들도 배울 수 있도록 배려했다. 뒤러를 독일 미술의 아버지, 위대한 인문주의자로 찬미하는 이유가 여기에 있다.

 뒤러의 삶에서 후세인들이 배울 점은 무엇일까? 자신에게 부족한 점을 스스로 깨닫고 결핍된 부분을 배움으로 채우는 것, 스스로 터득한 지식과 경험을 함께 나누는 삶을 사는 것, 그것이 곧 전인적全人的 인간이 되는 길이다.

변화는 준비된 사람을 좋아한다.
나는 준비되어 있다.
_루이 파스퇴르

# '성우聖牛'를
# 내쫓아라

미국의 추상 표현주의 화가 잭슨 폴록의 아내 리 크래스너가 전하는 일화다. 어느 날 폴록은 피카소 화집을 바닥에 내던지며 이렇게 소리쳤다. "나쁜 놈, 단 한 가지도 건드리지 않은 게 없어."

잭슨 폴록이 피카소에게 거친 말을 한 것은 질투심 때문이다. 피카소는 현대 미술의 신종 기법들을 개발하고 유행시킨 시조始祖다. 그가 새로운 미술의 영역을 독점하는 바람에 동료 화가와 후배들은 피카소의 추종자가 될 수밖에 없다는 뜻으로 한 말이다.

미술 전문가들은 피카소를 1910~1960년대 세계 미술계를 장악한 황제라고 부른다. 심지어 서양 미술사는 피카소 이전과 이후로 구별된다고 주장하기도 한다. 생전에도 피카소는 이미 전설이었다. 170편이 넘는 영화가 그에게 바쳐졌을 정도로. 화가의 친구인 조지 베송에 말에 따르면 "피카소는 부처나 성모 마리아보다 더 유명했다".

그럴 만도 하다. 피카소는 92세로 세상을 떠날 때까지 회화, 조각, 판화, 무대 미술, 도자기, 삽화, 무대 장식, 그래픽 아트에서 탁월한 업적을 남긴 멀티아티스트였다. 1만 6000여 점의 회화와 소묘, 650여 점의 조각, 2000여 점의 판화 등 총 2만 2000여 점에 달하는 창작품을 남겼다. 경이로운 것은 작품의 양이 아니라 질이며 스타일이다. 그는 마치 카멜레온처럼 새로운 미술 재료와 도구를 개발했고 다양한 미술 양식을 고안했다. 스스로 마음만 먹으면 거의 모든 표현 양식으로 창작할 수 있는 수준에 도달했다.

## 천재는 만들어진다

피카소가 멀티 아티스트가 된 비결에 대해 사람들은 다양한 주장을 펼쳤다. 공예가인 조르주와 수잔 라미에 부부는 "천재적 발명 능력과 끊임없이 솟아나는 창조 욕구, 신속하고 유연한 적응력", 피카소의 화상이었던 다니엘 앙리 칸 바일러는 "영웅주의", 시인 폴 엘뤼아르는 "세계를 정복하고 난 후에도 그 세계를 향해 'NO'라고 할 수 있는 용기"라고 말했다. 한편 시대의 변화를 간파하고 철저한 성공 전략을 짰기 때문이라는 주장도 제기되었다. 영국의 역사학자인 폴 존슨은 이렇게 말한다. "피카소가 현대 미술의 대가로 성장한 원동력은 순수한 창작물의 가치에서 비롯되었다기보다 트렌드를 예측하고, 그것에 맞추어 자신의 스타일을 끊임없이 바꿔나간 탁월한 전략적 선택에 있다."

예술가와 전략이라는 단어의 조합은 전혀 어울리지 않지만 피카소가 미술계의 주도권을 잡기 위해 새로운 스타일을 끊임없이 개발했다는 주장은 설득력을 갖는다. 왜냐하면 20세기 현대 미술은 전통 미술에 도전하는 개혁적인 성향을 지닌 예술가들이 주도했기 때문이다. 작품을 감상하면 그가 어떤 전략을 구사했는지 이해하게 된다.

피카소가 전위적인 예술가들의 우상으로 등극하는 데 결정적인 영향을 끼쳤던 입체주의 양식의 그림이다. 입체주의란 큐브cube, 즉 입방체로 표현된 그림을 가리키는 미술 용어다. 3차원의 물체를 2차원의 캔버스에 입체 형태로 묘사한다는 뜻이다. 아래 그림은 여성 모델을 수많

**그림 9**
파블로 피카소
〈만돌린을 든 소녀〉
1910년
캔버스에 유채

은 단면으로 해체한 다음 기하학적 형태로 재구성한 것이다. 서양 미술사에서는 전혀 찾아볼 수 없던 낯선 형식의 초상화다. 이때껏 인물을 이토록 이상한 방식으로 표현한 그림은 없었다. 피카소는 왜 미술의 전통을 깨고 아무도 이해하지 못하는 그림을 그린 것일까?

3차원의 형상(입체)을 2차원의 화폭(평면)에 표현하기 위해서였다. 회화의 본질적인 어려움 중 하나는 그리고자 하는 대상은 3차원 공간에 존재하는데 반해 화폭은 2차원이라는 것. 르네상스 시대부터 화가들은 2D 화폭에서 3D가 느껴지도록 다양한 노력을 기울였다. 명암법을 개발하거나 해부학을 공부하고 여러 가지 시각적 장치를 적용해 3차원적 환영을 만들려고 시도했다. 대표적인 사례가 뒤의 편에서 소개되었던 일점원근법(투시도법)이다.

일점원근법은 르네상스 시대 건축가인 필리포 브루넬레스키가 개발했는데 화가들은 이 기법을 응용해 2차원 화면이 입체로 지각되도록 연출했다. 고정된 시점에서 대상을 관찰하고 소실점 하나를 정해 일정한 간격으로 선이 모이도록 미리 그어놓은 다음 그 선을 기준으로 대상물들을 배치했다. 멀리 있는 물체는 작게, 가까이 있는 물체는 크게 묘사하면 화면에 원근감이 생겨난다. 마치 실제로 존재하는 세상을 보는 듯한 착각을 불러일으키게 되는 것이다.

라파엘로의 다음 그림 그림10을 보는 감상자는 화면이 2D라는 사실을 깜박 잊게 된다. 화면에 깊이감이 생겼기 때문이다. 500년 동안 화가들은 일점원근법을 미술의 경전으로 떠받들었다. 그런데 마법의 기법에서 문제점이 발견되었다. 일점원근법을 적용하려면 화가는 지정된 시점에서 한 눈으로 대상을 관찰하고 화폭에 묘사해야 한다. 카메라로 사

**그림 10**
라파엘로
〈성모의 결혼〉
1504년
패널에 유채

진을 찍는 것과 같은 원리이다. 그러나 인간의 눈은 기계의 눈과 다르다. 인간은 두 눈으로 사물을 보는데다 움직인다. 더욱 치명적인 결점은 원근법을 적용하면 대상의 한 면밖에 표현하지 못한다는 것.

세잔을 비롯한 혁신적인 화가들이 원근법의 한계를 뛰어넘으려고 도전했지만 감히 회화의 전통을 깰 엄두는 내지 못했다. 그런데 피카소는 미술의 성역을 침범했다. 그는 〈만돌린을 든 소녀〉에서 표현한 인물처럼 산산조각냈다. 다음 사진을 보면 피카소의 의도를 알게 된다.

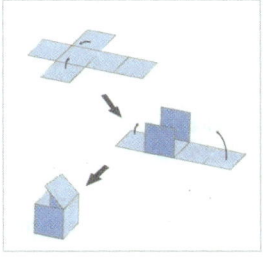

**그림 11**
옆에서 본 자동차와
입방체 펼친 것

피카소는 대상을 눈에 보이는 그대로가 아닌 머릿속에 인식한 형태로 그렸다. 예를 들면 사람들은 경험을 통해 꽃병의 입구가 둥글다는 사실을 알고 있다. 그러나 측면에서 꽃병을 관찰하면 병의 입구는 둥글지 않다. 타원형으로 보인다. 자동차도 옆에서 보면 타이어는 두 개만 보이지만 실제로는 네 개다. 물체를 한 면에서 관찰할 때에 따르는 치명적인 오류다. 일점원근법을 적용해 그린 전통 회화에서도 똑같은 오류가 발견되었다. 하나의 시점에서 묘사한 물체는 비록 입체처럼 느껴지더라도 대상의 한쪽 면만을 표현한 것에 불과하다.

피카소는 해결 방법을 모색했다. 스스로 카메라가 되기를 포기하고 몸을 자유자재로 움직이면서 대상을 여러 각도에서 관찰했다. 다시점에서 관찰한 물체의 조각들을 하나의 화면에 종합했다. 그 결과 입방체를 펼친 평면도 같은 그림이 탄생한 것이다. 이는 3차원의 입체를 2차원의 화면에 똑같이 재현하기 위한 가장 효과적인 방법이었다.

그런 의미에서 조각가 안소니 카로는 "피카소는 오렌지를 집어 들고 껍질을 벗긴 다음, 그 내부를 잘라서 안에 있는 것을 보여주었다"라고 말한 것이다.

피카소는 다른 화가들이 간과했던 미술의 문제점을 인식했고 어려운 숙제를 그만의 방식으로 해결했다. 다른 화가들은 엄두조차 내지 못한 파격적인 화풍으로 단숨에 예술계의 이목을 집중시키는 데 성공했다. 미술의 금기를 깨고 혁명적인 양식을 창안한 그에게 누가 감히 도전장을 던질 수 있을까?

## 성공 전략의 핵심 가치는 도전과 혁신

예술계의 뉴 리더로 급부상한 피카소는 새로운 시각과 신감각으로 무장하지 않으면 예술계를 장악할 수 없다는 것을 절감하고 차별화 전략을 구사했다. 그중 하나가 멀티 아티스트가 되는 것. 그는 회화의 영역을 뛰어넘어 조각에 도전했다. 전통 조각에서는 찾아볼 수 없었던 신개념의 작품을 창안했다.

　줄넘기하는 소녀의 모습을 표현한 조각이다. 그림12 아이디어는 기발하고 재료도 참신하다. 조각에서 흔히 사용되는 대리석, 나무, 청동으로 작품을 창작하지 않았다. 바구니와 과자의 형태를 만들 때 쓰는 틀, 초콜릿 상자, 신발, 철사, 도자기, 석고 등 폐품을 이용했다. 기법도 기발하다. 미술 용어로 아상블라주(assemblage, 이질적인 재료들을 결합하거나 복합적으로 사용해 만든 작품)로 불리는 신종 기법인데 피카소가 창안했다.

　피카소는 다른 조각가들은 관심조차 두지 않았던 폐품들을 재료로 삼아 미술사에서 최초인 재활용 조각품을 창작했다. 그뿐만이 아니다. 전통 조각에서는 불가능하다고 여겼던 중력의 문제를 감쪽같이 해결했다. 보라, 소녀는 바닥에서 팔짝 뛰어오른 상태에서 자연스럽게 공중에 떠 있다. 비결은? 줄이다. 소녀가 양손에 쥐고 있는 줄이 아이의 몸무게를 받치고 있다.

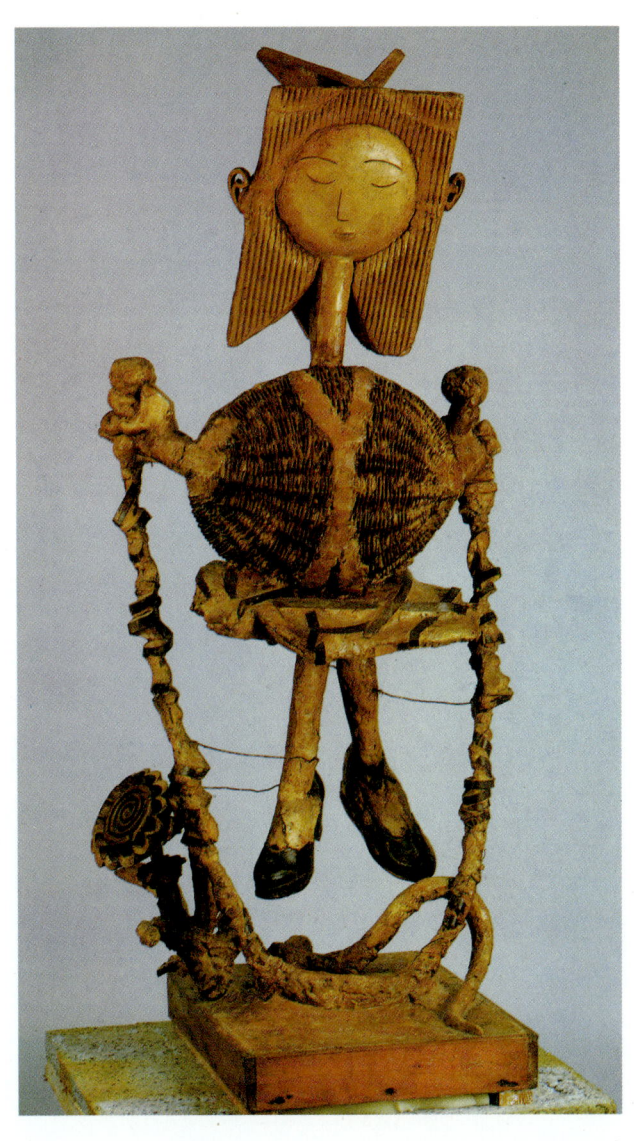

**그림 12**
파블로 피카소
〈줄넘기하는 소녀〉
1950년
바구니·구두·나무·쇠·석고

나의 어린 소녀가 공중에 떠 있을 때, 어디에 몸을 지탱시켜야 하는지 드디어 알아냈다. 당연하게도 줄이다. 여태까지 왜 그 생각을 못 했지? 그저 현실을 한 번 바라보는 것만으로도 충분한데 말이다.

피카소는 열네 살 때, 바르셀로나 미술학교입학시험으로 한 달 안에 제출해야 하는 과제를 불과 하루 만에 해치웠던 신동이었다. 그런 그가 경쟁에서 유리한 천부적인 묘사 능력을 포기하고 파격적인 화풍으로 승부수를 던진 것에는 그럴 만한 까닭이 있었다.

당시 프랑스 파리는 개혁과 변화를 주도하는 실험 예술의 메카였다. 미술, 문학, 음악, 무용 등 예술의 전 장르에서 전통적인 개념이 무너지고 다양한 문화적 실험이 시도되고 있었다. 새로운 예술을 추구하는 예술가에게 파리는 반드시 거쳐야 하는 관문이었다. 피카소도 야망을 품고 조국 스페인을 떠나 파리에 정착했다.

그곳에서 기욤 아폴리네르, 막스 자코브, 장 콕토, 폴 엘뤼아르, 앙드레 브르통, 루이 아라공, 거트루드 슈타인과 같은 문인들, 음악가 에릭 사티, 러시아 뤼스 발레단장인 세르게이 디아길레프 등 동시대를 대표하는 아방가르드(전위) 예술가들과 폭넓게 교류하면서 그들의 보스가 되겠다는 야망을 품었다.

피카소에게는 미술계를 정복하기 위한 성공 전략이 필요했다. 창의적이면서 미술의 전통과 관습을 전복하는, 실험적이고 혁신적인 양식을 창안해야만 했다. 그가 도전과 혁신을 성공 전략의 핵심 가치로 설정했다는 증거는 어록에서도 드러난다.

- 매일매일 싸움을 벌이고 이기는 사람만이 삶의 자유를 누릴 자격이 있다.
- 나는 대중에게 영합하지 않고 모든 사람들에게 반대하면서도 성공을 거둘 수 있다는 사실을 증명하려고 갖은 애를 썼다.
- 내 그림의 표면이 면도날처럼 돋아 있어 자신을 방어할 수 있기를 바란다.
- 누군가 손을 댔을 때 다치게 할 수 있는 힘이 있어 침략자를 물리칠 수 있기를 바란다. 그림은 저택이나 아파트를 치장하려고 그리는 것이 아니다. 적에게 맞서 싸우는 공격과 방어의 무기로 사용하기 위해서다.
- 나는 그림을 그릴 때 가능하면 사람들이 기대하지 못했던 방식으로 그리고 쉽게 받아들이지 못할 정도로 유별나게 그리려고 애쓴다.

이쯤 되면 피카소가 탁월한 전략가였다는 근거는 충분하지 않을까? 피카소는 현대 미술의 황제가 되겠다는 선명한 비전, 강력한 목표 의식, 명확한 핵심 가치를 인식하고 있었기에 멀티 아티스트의 모델이 되었다.

※ ※ ※

피카소의 성공 전략을 한마디로 정리하자면 '성우聖牛를 내쫓아라'다. 힌두교에서의 성우란 신성한 소를 가리키는데, 누구도 반대할 수 없는 관행, 통념을 의미하는 단어로 사용된다.

피카소의 어록에 이런 구절이 있다. "새롭거나 시도해볼 만한 가치가 있는 것은 사람들의 인정을 받을 수 없다. 사람들은 앞을 내다보지 못하기 때문이다."

　흥미롭게도 프랑스 최대 이동 통신 회사인 프랑스 텔레콤의 CEO 디디에 롱바르와 세계적인 경영학자 번트 H. 슈미트도 이와 유사한 주장을 펼쳤다. 롱바르는 "우리의 환경은 계속 변하고 있기 때문에 우리는 그보다 훨씬 더 빠르게 변화해야 한다"라고, 슈미트는 "관행을 답습하고 위험을 피하고 안전한 길만 찾고 현상 유지에 급급한 작은 생각에서 벗어나 큰 생각big think을 통한 대변혁을 시도하라"고 말했다.

　여러분의 마음속 성우는 무엇인가. 그것을 내쫓을 용기가 있는가?

> 사람들을 매혹하는 것은
> 상품의 사용 가치나 교환 가치가 아니다.
> 상품에 깃들어 있는 이야기다.
> _롤프 옌센

# 스토리텔링하라

2010년 재미있게 본 영화가 있다. 고전 설화인 춘향전을 현대적 감각으로 패러디한 〈방자전〉이다. 영화가 끝나자 "스토리텔링이 문화 산업의 성패를 좌우한다"라는 말의 의미를 실감할 수 있었다. 스토리텔링의 시대를 말해주듯 영화, 게임, 만화, 드라마, 연극, 뮤지컬에서뿐 아니라 기업들도 이야기를 활용한 감성 마케팅을 구사하고 있다.

'스토리텔링'하면 왠지 어렵게 느껴지지만 우리가 이미 알고 있는 이야기들이 스토리텔링의 보고寶庫다. 문학 작품 속의 이야기들, 예를 들면 호메로스의 《일리아드》, 미겔 데 세르반테스의 《돈키호테》, 지오바니 보카치오의 《데카메론》, 메리 W. 셸리의 《프랑켄슈타인》, 브램 스토커의 《드라큘라》, 로버트 루이스 스티븐슨의 《지킬 박사와 하이드》, 루이스 캐럴의 《이상한 나라의 엘리스》, 조나단 스위프트의 《걸리버 여행기〉. 구전설화 속의 이야기들 〈트리스탄과 이졸데〉, 〈아서 왕과 원탁의 기사〉, 〈아라비안 나이트〉, 〈신데렐라〉, 〈인어 공주〉, 〈백설 공주〉, 〈콩쥐 팥쥐〉. 신화 속 영웅들의 모험담 아마존의 여전사, 니벨룽겐의 지그프리트, 트로이의 헥토르, 그리스의 아킬레우스 등도 있다.

### 그림과 글은 하나다

미술사에서도 뛰어난 스토리텔러들을 찾아볼 수 있는데, 대표적으로 18세기 영국 화가인 블레이크와 19세기 영국의 화가인 단테 가브리엘 로제티다. 두 화가의 그림은 '보는 문학'이라고 말해도 지나치지 않을 만큼 문학성이 짙다. 그리스 시인 지모니데스가 "회화는 말 없는 시이며 시는 말하는 회화", 고대 로마의 시인 호라티우스가 "시는 그림과 같이"라고 노래했던 것처럼.

한 가지 더 추가한다면 두 화가는 멀티플레이형 예술가 그룹에 포함된다. 둘 다 당대 유명 화가이자 명성이 자자한 시인이며 또한 삽화가였다. 화가이면서 시인이 그린 그림은 일반 화가들이 제작한 그림과 어떻게 다를까?

먼저 블레이크. 다음 그림은 블레이크가 타고난 이야기꾼이라는 증거다. 벌거벗은 남자가 짐승처럼 네 발로 축축한 동굴 속을 기어 다닌다. 남자의 눈빛에는 두려움이 가득하다. 마치 자신의 내면에 있는 악마를 보기라도 하듯. 남자는 기원전 6세기 바빌론의 통치자로 군림했던 네부카드네자르(느부갓네살)다. 신新 바빌로니아 제국의 가장 위대한 왕으로 역사에 이름을 남겼다. 블레이크는 절대 권력자이며 바빌로니아 제국의 영웅인 그를 두려움에 벌벌 떠는 미치광이로 묘사했다. 왜?

**그림 13**
윌리엄 블레이크
〈네부카드네자르〉
1795년
판화

유대인들의 입장에서 네부카드네자르는 역사의 원흉이기 때문이다.

네부카드네자르 왕은 기원전 589년, 유대 왕국을 침공해 예루살렘을 파괴하고 수많은 유대인들을 바빌론으로 잡아가 노예로 만들었다. 그가 존재하지 않았다면 유대인들은 2000년 동안 나라를 잃고 유랑하는 신세가 되지 않았으리라. 그 유명한 주세페 베르디의 오페라 〈나부코〉에 나오는 〈히브리 노예들의 합창(유대인 노예들이 유프라테스 강가에서 고향을 그리며 부르는 노래)〉도 창작되지 않았으리라.

판타지의 대가인 블레이크는 예루살렘을 침공해 유대인들을 난민으로 만든 네부카드네자르 전설에 상상력의 살을 붙였다. 왕은 죄를 지은 대가로 광기의 제물이 되었다고 각색했다. 구전으로 전해져 내려오는 왕의 전설에 인과응보와 권선징악을 섞어 흥미진진한 그림 이야기를 만들어낸 것이다.

흔히 블레이크에게는 '기인' '광인' '예언자' '신비주의자'라는 별명이 꼬리표처럼 따라다닌다. 블레이크 예술의 모태는 영감, 환상, 전설, 성서, 초자연적 심령 체험이다. 한마디로 5차원적 인물이다. 예술은 인간의 영혼을 구원한다는 신념을 가졌고 심지어 "예수의 제자인 12사도는 모두 예술가였다"라는 황당한 주장을 펼치기도 했다. 몽상가인 그가 판타지 미술의 대가이며 시인이 된 것은 당연한 결과였다.

블레이크는 산업 혁명의 세례를 받은 18세기인이었지만 이성이나 기술 문명, 물질주의를 혐오했다. 합리주의적인 사고방식이 영혼의 세계에서 멀어지게 만든 주범이라고 믿었다. 그는 산업화에 저항하면서 순수의 시대인 중세로 되돌아가기 위한 방법을 찾게 되는데 바로 회화와 문학의 융합이다. 이 작품은 그림과 글을 하나로 통합하고 싶었던 한 예술가의 꿈의 결과물이다.

화가는 그림책을 손수 제작했다. 이미지와 텍스트를 융합한 수제 책을 만들기 위해 글과 그림을 한꺼번에 인쇄할 수 있는 볼록 에칭(요철 부식 동판화) 기법을 개발했다. 그림과 글을 새긴 활자판에 자신이 직접 빻

**그림 14**
윌리엄 블레이크
《결백의 노래》 삽화
1735년
양각 에칭 인쇄본에 수채

아 만든 수채화 물감으로 채색하고 제본도 직접 했다. 18세기 버전의 '중세 필사본'을 만든 것이다. 수제 책을 제작하는 노하우를 예술가가 직접 개발했다는 자부심에 기존의 책들과 다르다는 점을 적극적으로 홍보했다. "화가와 시인을 하나로 묶어줄 수 있는 인쇄 방법이다. 대중의 관심을 끌 가치가 있는 책이다. 이전의 기계적인 방식의 인쇄본에서는 찾을 수 없는 우아함을 지녔다."

블레이크는 위대한 낭만주의 화가로 알려져 있지만 미술사보다 문학사에서 더 높은 평가를 받고 있다. 실제로 화가보다 시인으로 더 명성을 떨치고 있다. 이는 영국의 사상가이자 철학자인 존 러스킨이 "블레이크의 시는 매우 뛰어나지만 화가로서도 렘브란트에 비유될 만하다"라면서 화가보다 시인을 먼저 강조한 것에서도 드러난다.

그의 대표작인 〈순수의 전조〉는 독자도 한번쯤 들어보았을 것이다.

한 알의 모래에서 세계를 / 한 송이 들꽃에서 천국을 보고 / 그대 손바닥 안에 무한을 쥐고 / 한 순간 속에서 영원을 보네. / (…) / 기쁨과 비탄은 훌륭하게 직조되어 / 신성한 영혼에는 안성맞춤의 옷 / 모든 슬픔과 기쁨 밑으로는 / 비단으로 엮인 기쁨이 흐른다.

이 유명한 시를 쓴 시인이 바로 화가 블레이크다. 블레이크는 열혈 팬이 많은데, 특히 명사들이 좋아한다.

《멋진 신세계》의 저자인 올더스 헉슬리는 블레이크의 시집 《천국과 지옥의 결혼》을 읽고 감명 받아 히피의 경전으로 알려진 《인식의 문》과 《천국과 지옥》을 집필했다. 헉슬리의 에세이 《인식의 문》은 짐 모리슨에게 영감을 주었고 '도어The Doors'라는 독특한 이름의 세계적인 록 밴드의 탄생에 기여했다. 또한 판타지 문학의 거장 《나니아 연대기》의 저자인 C. S. 루이스도 블레이크의 시에서 영감을 받아 《위대한 이혼》을 집필했다. 한편 경제 인류학자인 칼 폴라니는 블레이크의 시 〈밀턴〉을 읽고 '악마의 맷돌satanic mill'이라는 경제 용어를 만들어냈다. 블레이크의 시들은 〈웬 유어 스트레인지〉 〈데드 맨〉 〈불의 전차〉 〈브이 포 벤데타〉 〈툼 레이더〉 등을 만든 영화 감독들에게도 커다란 영향을 끼쳤다. 최근에는 애플의 CEO 스티브 잡스가 가장 좋아하는 시인으로 블레이크를 추천해 세계적인 화제가 되기도 했다.

이처럼 뛰어난 화가이면서 위대한 시인이었던 블레이크의 창조적 DNA를 이어받은 후계자는 19세기 영국 화가 단테 가브리엘 로제티다.

### '그림 시'의 모태는 사랑

로제티도 블레이크에 버금가는 시적 재능을 지녔다. 그는 시인이 될 수밖에 없는 운명을 타고났다. 그의 아버지 가브리엘 로제티는 시인이며 학자였다. 네 명의 자식은 모두 아버지의 시적 재능을 이어받게 되는데 그중 세 명은 세계적인 명성을 자랑하는 시인이 되었다.

영국의 작곡가 본 윌리엄스가 곡을 붙인 〈고요한 정오〉는 로제티의 시다.

그대의 두 손은 파릇파릇한 긴 풀 속에 벌린 채 놓여 있고,
손가락 끝들은 활짝 핀 장미꽃처럼 그 사이를 내다보고,
그대의 눈은 평화의 미소를 짓고 있네.

한편 "내 죽거든, 내 그리운 이여 / 날 위해 슬픈 노래를 부르지 마세요 / 내 머리맡에는 장미꽃도 / 그늘지는 삼나무도 심지 마세요"라는 구절이 유명한 세계인의 애송시 〈사랑하는 이여 내가 죽거든〉을 쓴 시인 크리스티나 로제티는 단테 가브리엘 로제티의 친누이다. 마리아 프란체스카 로제티까지 3남매 시인으로 화제를 낳았다.

로제티는 로열 아카데미 견습생이던 시절 대영 박물관에서 블레이크의 육필 원고를 보았다. 그림과 문학이 이렇게 융합될 수도 있구나 하고 깨닫는 계기가 되었다. 그날 이후 블레이크는 로제티의 멘토가 되었다.

로제티와 블레이크는 화가이며 시인, 스토리텔링 그림을 그렸다는 공통점에도 불구하고 다른 점이 있었다. 미술과 문학을 융합하는 목적

이 달랐다. 블레이크는 물질문명에 저항하고 정신세계를 추구했던 혁명가였다. 그에게 예술은 인간의 내면에 잠재된 원초적 에너지를 복원시키는 도구였다.

반면 로제티는 연인과의 연애 감정이 삶의 전부인 로맨티스트였다. 로제티에게 그림은 사랑의 고백, 시는 연인을 소유하기 위한 도구였다. 그의 로맨티스트적 기질을 자극했던 예술가가 있었으니 시성詩聖 알리기에리 단테다.

로제티의 본명은 '가브리엘 찰스 로제티'인데 찰스를 단테로 바꾼다. 그만큼 단테를 열광적으로 숭배했다. 로제티가 단테 마니아가 된 데는 문학사에 회자되는 단테의 러브 스토리가 큰 영향을 끼쳤다. '중세의 정신'이라는 극찬을 받는 위대한 단테도 오직 사랑하는 연인을 위해 글을 쓰지 않았던가. 단테에게 구원의 여인 베아트리체가 존재하지 않았다면 '서양 문학사의 금자탑'으로 칭송받는 《신곡》은 태어날 수 없었을 테니까.

로제티는 단테처럼 사랑의 위대함을 증명하는 예술 작품을 창작하고 싶었다. 다음 그림은 로제티가 자신을 단테의 분신으로 여겼으며 그의 문학에 깊이 매혹 당했다는 사실을 말해준다.

그림 속 여인은 단테의 신곡 연옥편에 나오는 톨로메이의 피아다. 피아는 영주인 구엘프의 아내다. 남편은 잔인하게도 그녀를 말라리아가 창궐하는 마렘마 언덕의 한 성에 유폐시켰다. 피아는 그곳에서 비참하게 생을 마감한다.

신곡을 펼치면 불행한 여인 피아가 단테에게 억울한 사연을 털어놓는 장면이 나온다.

**그림 15**
단테 가브리엘 로제티
〈톨레메이의 피아〉
1868~1881년
캔버스에 유채

제발 나를 기억해주세요. 나는 피아입니다. 시엔나가 나를 만들고 마렘마가 나를 망쳤어요. 그는 이런 사실을 알아요. 마음속 몰래 그이도 알아요. 내가 누구의 보석으로 장식한 반지를 끼고 정정당당히 결혼했는지.

로제티는 신곡에 나오는 비극에 자신의 연애 감정을 투영했다. 이 그림을 그리던 시절 로제티는 그림의 모델인 제인 모리스와 불륜 관계였다. 제인은 당대 최고의 디자이너, 시인, 공예가로 명성을 떨쳤던 윌리엄 모리스의 아내였다.

로제티는 가난한 마부의 딸인 제인의 미모에 반해 그녀를 길거리 캐스팅을 통해 전격적으로 발탁해 예술의 뮤즈로 만들었다. 화가는 제인에게 편집광적으로 집착했다. 그녀가 친구의 아내가 된 이후에도 내연의 관계를 유지했고 그녀가 모델인 수많은 초상화를 그렸다. 두 사람의 금지된 사랑은 도덕의식이 엄격했던 영국 사회에 최악의 추문으로 기록되었다.

화가는 피아로 분한 제인이 죽어가는 장면을 연출했다. 친구의 아내와 불륜에 빠진 자신의 처지를 문학 작품을 빌어 변명하고 있다. 사랑이 없는 남편과의 불행한 결혼 생활이 연인의 생명을 갉아먹는다고 그림으로 토로한 것이다.

'사랑의 화가'인 로제티는 사별한 아내 엘리자베스 시달과도 낭만적인 사랑을 했다. 시달이 약물 과다 복용으로 세상을 떠나자 비통한 마음에 자신의 초기 시 원고들을 시신과 함께 관 속에 묻었다. 7년 후 그는 아내의 무덤을 열고 초고를 꺼내 '시'라는 제목의 시집을 출간했다. 무덤까지 따라간 세기의 러브 스토리로 많은 화제를 낳았다.

\* \* \*

21세기에 접어들면서 스토리텔링이 왜 인기를 끌고 있을까? 미래학자인 다니엘 핑크의 대답은 다음과 같다.

"우리에게는 팩트(사실)가 홍수처럼 넘쳐난다. 증발되거나 사라지는 팩트들을 스토리로 엮으면 사람들에게 강한 감성적 충격을 줄 수 있다."

그의 주장은 이렇게 풀이할 수도 있겠다. 현대인들은 수많은 정보를 접하지만 이야기가 아닌 데이터data에 불과하기에 흥미를 갖지 못한다. 하지만 축적된 정보를 재미있는 이야기나 모험담, 감동 스토리로 가공하면 호기심을 유발한다. 즉 사실이라는 내용물을 감성이라는 포장지로 장식하면 '이야기'가 된다는 뜻이다.

특별한 재능을 가진 사람만이 이야기꾼이 될 수 있을까? 과학자들에 따르면 NO. 모든 인간은 타고난 이야기꾼이다. 인지 심리학자인 제롬 브루너의 유아 행동 연구 결과에 따르면 아이들은 미처 말을 배우기도 전에 간단한 이야기를 만드는 능력을 가진다. 아이들의 마음속에는 본능적으로 다른 사람들과 이야기를 나누고 싶은 욕구가 숨어 있기 때문이다. 이야기꾼이 되고 싶다면 아이였을 때의 열린 마음을 되살리자. 당신 마음속의 이야기를 다른 사람들과 나누고픈 본능만 끄집어내면 된다.

# 06

시간과 몰입의 크로싱

## 연구자형 예술가

피에로 델라 프란체스카
폴 세잔
권정준
조르주 피에르 쇠라
척 클로스
피에트 몬드리안
카지미르 세베리노비치 말레비치

모든 것에 다가가고자 했던 열망은
나를 끊임없이 전율시켰다.
_프란츠 그릴파르처

# 수학을 사랑한 예술가

독일의 철학자 프리드리히 니체는 저서 《인간적인 너무나 인간적인》에서 독특한 예술가상을 창조했다. 흔히 예술가 하면 연상되는 천재성, 영감, 광기, 멜랑콜리 등의 특성은 찾기 힘들다. 예술가는 학자에 가깝다. 니체의 주장을 옮긴다.

> 천재의 활동은 기계 발명가, 천문학자, 역사학자, 전략가의 활동과 근본적으로 다를 것이 없다. (…) 천재도 땅 위에 먼저 주춧돌을 놓은 다음 기둥을 세우는 일을 배운다. 부단히 소재를 구하고 그것을 이리저리 만드는 일을 한다. 단지 천재의 활동만이 그런 것이 아니라 인간의 모든 활동은 놀랄 만큼 복잡하다. 어느 것도 기적은 아니다.

실제로 미술사의 대가들 중에는 집요하게 특정 주제를 탐구하거나 예술 작품이 한 편의 논문으로 받아들여질 만큼 학문적인 성과를 인정받기도 한다. 이번 장에서는 학구열에 불타는 연구자형 예술가들을 만나보자.

## 미술, 수학을 탐하다

15세기 이탈리아 화가 피에로 델라 프란체스카는 위대한 화가이며 뛰어난 수학자였다. 프란체스카는 어려서부터 수학을 무척이나 좋아했다. 열다섯 살에 그림 공방의 도제로 들어가 화가 수업을 받으면서도 독학으로 수학을 공부했다. '회화의 군주'라는 명성을 얻은 후에도 수학 공부는 게을리하지 않았다. 심지어 1470년 이후에는 그림을 그리는 일보다 기하학에 더 몰두했다.

화가라고 해서 그의 수학적인 성과를 얕보면 곤란하다. 그는 기하학에 관련된 논문을 세 편이나 발표한 어엿한 수학자다.

〈회화에서 원근법에 관하여〉라는 논문은 3차원의 공간에 있는 사물을 2차원 화폭에 재현하는 일련의 규칙들을 공식화한 연구물이고, 〈정다면체론〉은 스무 개의 면으로 이루어진 정다면체인 정이십면체를 연구한 논문이며, 〈주판에 관하여〉는 실용적인 수학 지식을 널리 보급시키는 데 기여했다는 평가를 받고 있다.

다음 그림(그림1)으로 미술과 기하학을 완벽하게 융합한 최초의 화가라는 그의 실력을 검증해보자. 그림의 주제는 성서에서 가져왔다. 예수 그리스도가 유대 총독인 본티오 빌라도의 궁정에서 채찍질형을 받고 있는 장면이다. 특이하게도 화면은 두 공간으로 나뉘어 있다. 왼쪽 공

**그림 1**
피에로 델라 프란체스카
〈채찍질 당하는 그리스도〉
1444년 경
패널에 템페라

간에서는 두 명의 형리가 기둥에 묶인 예수를 채찍질하고 터번을 쓴 남자는 이 장면을 지켜본다. 의자에 앉아 있는 빨간색 장식 모자에 빨간색 신발을 신은 남자는 빌라도로 추정된다. 성서에 의하면 빌라도는 예수 그리스도에게 태형과 십자가형을 지시했다.

오른쪽 공간에서는 왼쪽과는 전혀 다른 장면이 펼쳐진다. 세 남자는 언뜻 보아도 채찍질을 당하는 예수와 아무런 관련이 없다. 한 그림 안에 시간과 공간, 등장인물도 각각 다른 두 공간이 공존한다. 왼쪽 건물은 고대 그리스, 로마 양식의 궁정이고 실내인데 반해 오른쪽 건물은 르네상스 시대 건축물이고 실외다. 크기와 시점도 각각 다른데 왼쪽의 인물들은 작고 멀게, 오른쪽의 인물들은 크고 가깝게 표현되었다. 시공간과 내용도 다른 이질적인 그림을 한 화면에 동시에 표현한 화가의 의도는 무엇일까? 오른쪽 공간의 세 남자는 누구이며 또 무엇을 하고 있는 것일까?

수수께끼 그림에 대한 다양한 주장들이 제기되었다. 대표적인 예로 미술 저널리트인 장 루이 페리에는 이렇게 해석한다. "1453년 동로마 제국의 수도였던 콘스탄티노플이 오스만 제국에 함락당한 후 기독교인들이 겪었던 고통을 은유한 것이다." 한국의 미술사학자인 홍진경은 "이슬람교에 대한 기독교의 대항"이라고 주장한다. 그 증거로 "빌라도로 추정되는 남자는 실은 비잔틴 제국 황제인 요한네스 8세이며 예수를 고문하는 회교도들을 속수무책 지켜보면서 원군이 오기만을 간절히 기다린다는 것이다. 오른쪽의 세 남자는 이탈리아 대공들이며 침략자들에게 맞서려고 연대한다."

전문가들이 여러 각도에서 내용을 다양하게 해석하면서 그림은 더욱 유명세를 떨치게 되었다. 하지만 이 그림을 세계적인 명화의 반열에 오르게 만든 결정적인 요소는 원근법을 엄격하게 적용한 탁월한 공간 구성 능력과 수학적 지식이다. 페리에에 따르면 화가는 화면 속 공간의 깊이를 14미터로 설정했다.

위트코어와 카터는 공동 연구를 통해 보다 정확한 근거를 제시했다. 두 학자는 그림 속 가상의 공간으로 걸어 들어가 건축물 바닥의 타일을 측정했다. 프란체스카가 한쪽 눈으로 공간의 깊이를 측정하던 눈의 위

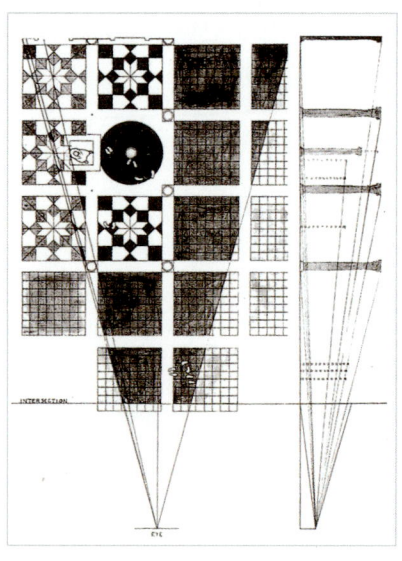

**그림 2**
위트코워·카터
〈채찍질 당하는그리스도〉 바닥 평면과 입면도의 재구성
1953년

치, 채찍질 당하는 예수, 세 남자의 거리와 위치까지도 산출했다. 학자들이 그림에 적용된 원근법을 역추적한 덕분에 프란체스카가 뛰어난 수학자였다는 사실을 인정받게 되었다. 미술사학자 로버트 롱기는 "나는 이 그림에서 수학을 향한 꿈을 보았다"라고 말했다.

프란체스카가 수학사에 업적을 남긴 융합형 예술가라는 또 다른 증거가 있다. 《신성 비례》의 저자로 유명한 수학자 루카 파치올리는 프란체스카의 제자였다. 파치올리는 스승의 논문 〈정다면체론〉을 토대로 《신성 비례》를 완성했다. 《미술가 열전》의 저자인 조르조 바사리는 파치올리가 프란체스카의 논문을 그대로 베꼈다고 증언한다.

프란체스카는 죽기 전에 많은 책을 저술했다. 루카 수사(파치올리)는 스승이 죽은 후 그의 저서들을 손에 넣은 다음 책을 표절했다. 루카

**그림 3**
레오나르도 다 빈치
《신성 비례》 삽화

는 얇은 헝겊을 접어 책 표지로 씌운 다음 그 안의 내용들을 사생하고 학습의 자료로 삼았다.

믿거나 말거나 식의 폭로일까? 판단은 독자들의 몫이다.

어쨌든 《신성 비례》는 미술과 연관이 깊다. 미국의 물리학자인 빌렌트 아탈레이의 주장을 인용하면 《신성 비례》에 실린 예순 점의 삽화 중에 다 빈치의 그림이 들어 있다.

인간의 두개골을 이등변 삼각형으로 작도하고 펜으로 정교하게 묘사한 이 삽화는 다 빈치가 그린 것이다. 일본의 물리학자인 야마모토 요시타카는 다 빈치의 삽화를 가리켜 화가가 과학서에 그림을 그린 최초의 사례라고 주장한다.

### 공부하는 예술가

화가인 프란체스카가 수학자가 된 비결은 무엇일까? 현대인들에게 예술가는 미를 창조하는 특별한 존재지만 르네상스 시대 이전에는 '예술가'라는 단어조차 없었다. 예술가는 노동자, 기술자, 장인을 의미했다. 인문학과 과학 기술이 꽃피운 르네상스 시대에 접어들면서 예술가는 자신의 정체성에 대해 의문을 갖기 시작한다. 명색이 창작자인데 사회적으로 저평가를 받고 있는 현실을 그대로 받아들여야 하나? 예술가들은 부당한 대접을 받았다고 느끼게 된다. 수공업자에서 창조자로 위상을 높이려는 다양한 시도를 한다. 가장 먼저 시도한 일은 창작 활동을 육체적인 노동에서 지적인 활동으로 전환시키는 것. 손재주에는 능하지만 무식한 화가, 조각가라는 편견을 깨기 위해 인문학, 기하학, 과학을 공부한다.

미술이론가인 레온 바티스타 알베르티가 쓴 《회화론》에 예술가들이 자신을 바라보는 인식에 큰 변화가 생겼다는 증거가 들어 있다. 알베르티는 예술가가 되기 위한 조건을 이렇게 말한다. "도덕적으로 완벽하고, 폭넓은 교양을 쌓고, 기하학과 인문학에 대한 지식을 습득하고, 자연에 대한 관찰력을 길러야 한다."

지식과 감성을 겸비한 새로운 예술가상이 형성된 것이다. 이런 정보를 접하면 화가인 프란체스카가 왜 기하학을 그토록 열정적으로 공부했는지에 대한 의문이 풀린다. 프란체스카는 지식 혁명의 대전환기인 르네상스 시대에 예술가로 활동했다. 그는 창조 행위란 장인의 솜씨를 뛰어넘는 다원적 능력이 요구된다는 점을 인식하고 있었다. 즉 예술가로서의 자각이 예술과 수학을 융합한 동기가 된 것이다.

✻ ✻ ✻

미술사에 회자되는 에피소드 한 가지. 15세기 이탈리아의 화가인 파올로 우첼로는 선원근법 연구에 몰두한 나머지 아내가 침실로 가자고 유혹해도 별다른 반응을 보이지 않았다. 우첼로가 "원근법아, 너 참 아름답구나"라고 중얼거리자 그의 아내가 불같이 화를 냈다. 원근법을 여자로 오해했던 것.

아름다운 아내와의 잠자리보다 공부가 더 즐거웠던 화가의 일화는 과장이 아니다. 칙센트미하이는 《몰입의 즐거움》에서 몰입에 따른 행복감이 그 어떤 것보다 크다고 주장한다. 스스로의 힘으로 성취한 기쁨이기에 만족의 강도가 몇 배나 커진다는 것. 몰입은 자발적인 동기 부여, 명확한 목표와 규칙, 보상이 주어질 때 효과를 발휘한다. 몰입의 기쁨을 맛보기 위해 생각 모드mode를 의무감이 아닌 즐거움으로 전환하자. 마감 시간을 엄수하고, 성공적으로 끝냈을 때 자신에게 상을 주자. 그렇다면 어떤 상을? "나는 대단한 사람이야"라고 스스로 칭찬한다. 자신감이나 자부심보다 더 큰 상은 없을 테니까.

천재들은 손가락이 장갑을 파고들 듯
문제를 파고든다.
_제럴드 홀턴

# 나사못처럼 파고들다

《올리버 트위스트》《위대한 유산》으로 유명한 소설가 찰스 디킨스는 친구에게 이런 편지를 보낸다.

한 시간 반 정도만 시간을 내주게, 딱 반나절인데 어떤가, 오후 잠깐만인데 뭘 그러나. 사람들은 반복적으로 내게 이런 말을 하네. 하지만 내 자아라는 것이 딱 5분만 잘라내 필요에 따라 마음대로 사용할 수 있는 그런 것이 아님을 그들은 모르네. (…) 찰나의 의식을 깨우기 위해 온종일을 허비해야 할 때가 있다는 사실도 모르네. 예술에 헌신하는 사람들은 자기 자신을 온통 작업에 쏟아붓지 않으면 그에 관한 보답을 받을 수 없네. 자네의 초대에 기꺼이 응하고 싶지만 나도 어쩔 수가 없네.

미술계에도 디킨스와 똑같이 생각하고 행동했던 화가가 있다. 바로 현대 미술의 아버지로 불리는 폴 세잔이다.

## 오로지 작업만, 작업만

세잔은 40대 중반부터 67세로 세상을 떠날 때까지 외부와의 접촉을 끊은 채 은둔했다. 4년 동안 그의 작업실을 방문한 사람의 숫자를 헤아렸더니 열여섯 명에 불과했다는 증언이 나올 정도였다.

화가의 일정은 철저하게 작업에 몰두하도록 짜여 있었다. 매일 아침 6시에 일어나서 화실로 출근했다. 오후가 되면 말년의 과제인 생트 빅투아르 산을 탐구하기 위해 이젤을 메고 산으로 올라갔다. 저녁이 되어 집으로 돌아올 때면 숙제를 풀지 못한 자신을 꾸짖으면서 이렇게 마음을 다지곤 했다.

"집에만 틀어박혀 있어야 해. 다른 것은 전혀 안하고 오로지 작업만, 작업만 해야지."

세잔의 열혈 팬인 시인 라이너 마리아 릴케가 아내 클라라에게 보낸 편지를 보면 세잔이 연구자형 예술가였다는 점이 확연하게 드러난다.

30여 년 동안 세잔은 창작 이외에는 아무것도 하지 않았소. 끊임없이 화를 내고 자신의 모든 작품과 갈등을 빚었던 것도 미술에서 가장 중요한 목표를 그림을 통해 달성하지 못했다고 생각했기 때문이오. (…) 대상에 대한 자신의 경험을 파괴할 수 없는 단계에 이르도록 강화하고 실재에 도달하는 것, 이것이 그의 원대한 목표였소. 세잔처럼 회화의 창작 과정에서 아무도 도달할 수 없을 만큼 거대한 그 무엇에 부딪칠 수 있다는 사실을 절감하고 통찰했던 사람은 오직 발자크(소설가)뿐이었소.

세잔이 그토록 집요하게 평생에 걸쳐 탐구했던 숙제는 과연 무엇이었을까?

세잔의 그림이 말해준다. 하얀 천이 깔린 탁자 위에 과일 바구니와 그릇들이 놓여 있다. 평범한 정물화, 이걸 그리기 위해 그토록 고민했다고? 믿어지지 않는다. 그러나 그림을 자세히 살피면 고민할 수밖에

**그림 4**
폴 세잔
〈과일 바구니가 있는 정물〉
1888~1890년
캔버스에 유채

없었구나 하고 인정하게 된다. 전통 미술에서는 상상조차 할 수 없는 파격적인 방식으로 그림을 그렸다. 현대 미술 사상 최초로 다시점을 적용한 정물화다.

다시점이란 화가가 몸을 움직여 여러 시점에서 대상을 관찰하고 그렸다는 뜻이다. 그 시절, 다른 화가들은 일점원근법을 적용한 그림을 그렸다. 원근법적 공간에서는 그리고자 하는 대상의 위치가 정확하게 정해지고 화가의 시점도 고정된다. 화가의 눈은 카메라의 눈이 되어 정지된 상태에서 대상을 관찰한다. 당연히 소실점도 한 개다. 하지만 이 정물화에서는 소실점이 무려 네 개로 늘어났다. 세잔은 전통 미술에서는 불가능한 방식으로 사물을 묘사했다. 각각 다른 시점에서 대상을 관찰하고, 그 관찰한 경험을 한 화면에 종합적으로 표현했다.

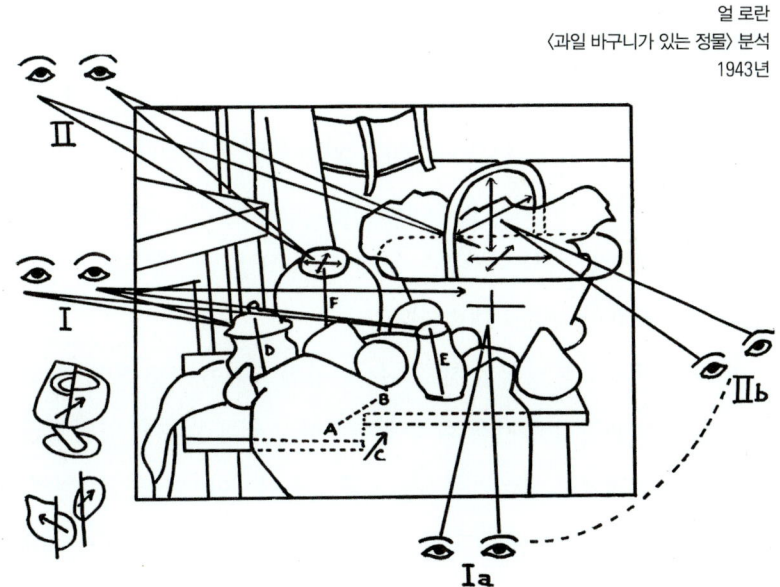

**그림 5**
얼 로란
〈과일 바구니가 있는 정물〉 분석
1943년

예를 들면 항아리는 화면 왼편 위, 설탕 단지는 수평선, 과일 바구니는 화면 아래, 바구니 속 과일은 화면 오른쪽 시점에서 관찰하고 그렸다. 사람들의 눈에 비친 그의 그림은 너무도 낯선 것이었다.

그럴 만도 하다. 과일 바구니와 그 옆에 놓인 항아리를 보라. 탁자 뒤쪽에 있는데도 앞쪽의 정물보다 더 크게 표현되었다. 즉 가까운 물체와 멀리 있는 물체 사이의 공간이 압축되었다. 그 결과 뒤에 있는 과일 바구니와 앞에 있는 정물 사이에 원근감이 생겨나지 않는다. 더욱 황당하게도 천에 가려진 탁자를 투시하면 형태가 맞지 않는다. 탁자의 왼쪽 모서리와 오른쪽 모서리의 선을 그으면 어긋난다. 한 마디로 제멋대로인, 데생의 기초도 모르는 일반인도 이보다 더 잘 그렸을 것이라는 생각이 들 만큼 엉망인 그림이다.

원근법이 적용된 그림에 익숙했던 미술 비평가와 관람객들은 세잔을 재능 없는 화가로 낙인찍었다. 극소수의 추종자들만이 그를 새로운 미술을 창안한 예술가로 찬미했다. 세잔은 엄청난 비난에 시달렸고 인신공격까지 당했다. 극도로 자존심이 상한 화가는 더 이상 전시회에 참가하지 않게 되었다. 고향으로 돌아가 30년 동안 은둔했다.

"나는 세상에 너무 일찍 온 것 같다."

이 말은 괴팍한 삼류 화가라는 오명을 쓰고 인고의 세월을 견뎌야만 했던 그의 쓰라린 심정을 대변한다.

세잔은 왜 스스로 파국을 자초하는 이상한 그림을 그렸을까? 자신의 눈으로 직접 관찰한 공간을 화폭에 재현하기 위해서였다. 일점원근법이란 피카소 편에서 설명했듯 3차원 공간에 위치한 대상을 2차원의 화폭에 수학적인 방식으로 투시하는 기법을 말한다. 마치 실제로 대상을 보는 듯한 효과를 주지만 눈으로 직접 관찰한 공간이 아닌 가상 공간이다. 실제로 사물을 관찰하면 세잔의 그림에서 표현된 것처럼 보인다는 것을 알게 된다.

세잔은 대상의 형태와 색채, 공간과의 관계를 관찰하고 탐색하면서 화가들의 교과서였던 일점원근법은 착각에 불과하다는 점을 깨달았다. 대다수의 화가들은 관습적인 방식으로 그림을 그렸지만 세잔은 물리학자처럼 집요하게 공간을 탐색하고 자신의 눈이 보았던 그대로의 진실을 그린 것이다. 미국의 의학자인 레오나드 쉴레인은 세잔의 그림은 20세기 초 유클리드적 공간 개념을 전복시킨 혁신적인 물리학자들이 주장했던 빛, 시간, 공간의 이론과 일치한다고 주장한다. 오하이오 주립 대학교 교수인 스티븐 컨은 아인슈타인과 푸앵카레의 이론을 사례로 들면서 세잔은 동일한 대상에 복수의 시점을 취하고, 한 화면에 이질적인 공간을 재현한 최초의 화가라고 밝혔다.

> 무한수의 공간이 존재하고 그 공간들은 서로에 대해 움직이고 있다.
> _아인슈타인

> 기하학 공간에서 물체는 관찰자로부터의 거리가 변화함에 따라서 커지거나 작아져 보이기도 한다. (…) 운동 공간에서 우리가 가진 근육 수 만큼의 차원이 존재하는 셈이다.
> _푸앵카레

### 바위에서 피어난 꽃처럼
다음의 일화들은 세잔이 하나의 주제를 끈질기게 파고드는 연구자형 예술가였다는 사실을 증명한다.

'화가는 〈대수욕도〉 한 점을 완성하는 데 무려 10년이라는 시간을 보냈다.'

'말년의 탐구 대상이었던 생트 빅투아르 산은 60점이나 그렸다.'

'미술 비평가 귀스타브 제프루아의 초상화를 그릴 때, 3개월 동안 80번이나 그렸지만 실패했다고 고백했다.'

초상화 모델을 150번이나 서야 했던 화상 앙부르아즈 볼라르는 이런 체험담을 남겼다. 볼라르는 자신의 초상화에서 색칠되지 않은 부분을 발견했는데 손이었다. 궁금해진 화상의 질문에 화가는 이렇게 대답했다.

그 부분을 채울 수 있는 적절한 색을 찾지 못해서입니다. (…) 만일 신중하게 생각하지 않고 색칠하면 다른 부분을 또 다시 색칠해야 할지도 모르니까요.

작은 부분일지라도 깊이 연구하지 않고 색칠하면 전체적인 색채의 조화가 깨져 처음부터 작업을 다시 시작해야 한다는 뜻이다.

대다수의 화가들에게 데생과 색채는 별개였지만 세잔에게 색채는 곧 데생이었다. 그는 색채를 작은 색면으로 해체하고 병치시켜, 입체감과 명암을 표현할 수 있는 혁명적인 기법을 개발했다. 화가는 밝기가 같은 차가운 색조와 따뜻한 색조를 나란히 색칠해 데생처럼 활용하는 기법을 '조음modulation'이라고 불렀다. 음표처럼 색을 배치한다는 의미다. 화가 모리스 드니는 세잔의 그림을 다양한 색실들이 조화를 이루는 태피스트리에 비유하기도 했다.

하지만 색채의 조합만으로 원근감과 입체감을 내려면 엄청난 인내심과 집중력이 요구된다. 각각의 사물들이 어떤 관계를 맺는지 파악해야 하고 공간에서 차지하는 위치도 치밀하게 분석해야 한다. 한 번 붓질할 때마다 이미 칠해진 색채와의 조화를 염두에 두고 색조와 명도, 채도를 고려하면서 색칠해야 한다. 세잔의 작업 속도가 유독 느리고 미완성작이 많았던 이유도 그 때문이었다. 세잔은 죽음을 앞두고 지인에게 이런 편지를 썼다.

> 나는 작업이야말로 최상의 선택이라고 믿는다오. 일흔을 눈앞에 두었지만 그림을 통해 당신에게 응답하겠소. (…) 나는 계속 공부한다오. 나는 갈고 닦으면서 죽을 결심을 했소.

화가는 연구자형 예술가다운 죽음을 맞았다. 1906년 10월 15일, 산에서 그림을 그리다가 갑작스런 폭우를 만나 의식을 잃고 쓰러졌다. 이튿날 정신을 차리기가 무섭게 그림 도구를 챙겨들고 산에 올라갔다가 또 다시 쓰러졌다. 폐렴에 걸려 1906년 10월 23일 예순일곱의 나이로 영면했다.

전통적인 원근법적 공간을 파괴하고, 다시점이라는 새로운 공간을 개척한 세잔은 융합형 예술가들의 멘토가 되었다. 세잔에게서 가장 많은 영향을 받았던 예술가는 조르주 브라크와 함께 입체주의를 창시했던 피카소다. 피카소는 세잔에게 다음과 같은 찬사를 바쳤다. "나의 유일한 스승, 세잔은 우리 모두에게 아버지 같은 존재였다."

권정준도 동일한 대상을 다시점으로 관찰하고 분석과 통합의 결과를 그림에 표현했던 세잔의 후예다. 그는 세잔처럼 집요하게 공간을 탐색하고 연구한다.
　이 작품은 사비나 미술관의 외관과 내부를 여러 각도에서 촬영한 이미지를 도면의 형태로 펼쳐놓은 것이다. 입체물인 미술관의 공간을 평

**그림 6**
권정준
〈펼친 미술관〉
2009년
프린트 · 포맥스

면인 화면에서 한눈에 볼 수 있다. 화면에서 미술관 외벽을 장식한 내후성 강판corten Steel과 건물 옆쪽에 위치한 작은 화단, 입구에 주차된 파란 차의 후면까지 모두 볼 수 있다. 다시점으로 관찰한 공간이 한 화면에 결합되었다. 화면 중앙의 십자+ 형태는 미술관의 지하층 전시 공간을 전개도에 담은 것이고 그 아래의 작은 입방체는 전개도를 조립한 것이다. 입방체의 여섯 개 면을 관찰하면 미술관의 각 층에 전시된 작품들을 한꺼번에 감상할 수 있다. 마치 시뮬레이션 게임처럼 전체 공간을 위, 아래, 옆에서 바라보는 듯한 착각마저 든다. 만일 세잔이 다시점이라는 물꼬를 트지 않았다면 권정준이 평면인 화폭에 3차원 건물을 재현할 수 있었을까?

※ ※ ※

오스트리아의 물리학자인 에른스트 마흐는 이런 말을 남겼다. "어떤 중요한 문제가 있다면 그것을 제외한 나머지는 아무런 의미가 없어야 한다. 질리도록 붙잡고 늘어지지 않고서 감히 그 문제를 풀겠다고 생각해서도 안 된다."

철학자 헤겔도 비슷한 주장을 펼쳤다. "천재는 주제의 특성을 꿰뚫고 그것이 하나의 예술작품이 될 정도로 완벽한 형식을 갖출 때까지 철저하게 일에 몰두한다."

뉴턴은 만유인력을 어떻게 완성했느냐는 질문을 받고 다음과 같이 대답했다. "언제나 그것만 생각했지요."

문제의 해답을 구하거나 번쩍이는 아이디어를 얻고 싶은가? 그렇다면 늘 그것만 생각하라.

참을 수 없을 정도로 괴로운 긴장과
압박감을 이겨내는 능력은
과학적 연구에 필수적이다.
_토머스 쿤

# 계속해서
# 일하시오

모차르트의 머릿속에는 완벽한 악보가 들어 있었다고 전해진다. 다른 작곡가들은 머리를 싸매고 고민하는 동안 그는 종이에 베끼기만 하면 아름다운 음악이 흘러나왔다. 그러나 모차르트의 어록을 보면 비록 천재일지라도 끈기를 갖고 연구하지 않으면 성공하기 힘들다는 평범한 진리를 깨닫게 된다. 그는 스스로 연습 벌레였다고 고백한다.

사람들은 내가 그냥 쉽게 작곡한다고 생각하지만 절대로 그렇지 않습니다. 작곡을 공부하면서 나처럼 고생한 사람도 없을 겁니다. 유명한 선생님을 찾는 것도 쉽지 않았기에 나는 스스로 열심히 공부할 수밖에 없었습니다. 처음부터 끝까지 몇 번이고 반복하는 일이 다반사였어요.

연구형 예술가의 모델인 조르주 피에르 쇠라의 일상도 모차르트처럼 작업을 반복하는 것이었다. 신인상주의를 창안한 업적으로 미술사의 거장이 된 쇠라는 색채학과 광학을 미술에 융합한 예술가다. '어린 화학자'라는 그의 별명은 색채 이론에 관한 한 그를 따를 화가가 없었다는 주장을 뒷받침해준다. 그의 연구가 그림에 어떤 변화를 가져왔는지 추적해보자.

## 색은 과학이다

서커스 공연 장면을 묘사한 그림이다. 그림7 작품은 당시 그려지던 그림들과 확연하게 다르다. 관찰력이 뛰어난 사람이라면 화면에서 무수히 많은 작은 색점들을 발견하게 될 것이다.

그림은 멀리서 볼 때는 사람들이 서커스 단원들의 묘기를 관람하는 모습으로 비친다. 그러나 눈을 화면에 바짝 갖다 대면 형상들은 각양각색의 색점들로 분해된다. 쇠라는 왜 수많은 색점들을 조합해 특정 이미지를 만들었을까? 물감을 혼합해서는 구할 수 없는 순수한 색채를 얻기 위해서였다.

당시에는 화가들이 원하는 색을 만들려면 팔레트에서 여러 물감을 섞은 다음 화폭에 색칠해야만 했다. 그러나 물감은 섞을수록 색은 어둡고 탁해진다. 빛이 아니라 색의 혼합이기 때문이다. 하지만 팔레트에서 색깔을 섞는 대신 캔버스 위에 순수한 색점을 찍어 어느 정도 거리를 두고 보면 병렬된 색점들은 감상자의 망막에서 섞여 중간색으로 인식된다. 사람의 눈이 색을 혼합하는 역할을 대신하는 착시 현상 때문이다.

감상자의 눈이 색점들을 섞어서 보게 되면 어떤 변화가 생길까? 물

**그림 7**
조르주 피에르 쇠라
〈서커스〉
1891년
캔버스에 유채

그림 8
〈서커스〉 부분 확대

오른쪽
〈서커스〉 액자 부분 확대

감을 섞었을 때 탁해지는 현상을 방지할 수 있을뿐더러 색상도 선명해지고 밝아진다. 예를 들면 빨간 색점 옆에 파란 색점을 나란히 찍으면 보라색을 얻을 수 있다. 망막에서 두 색점의 상이 겹치면서 합쳐진 색으로 보이게 되는 것이다. 이런 원리를 깨달은 쇠라는 튜브 물감에서 짜낸 물감을 작은 붓에 묻혀 곧바로 캔버스에 찍었다. 그가 개발한 일명 '분할 묘사법(점묘법)'이다.

즉 원하는 색을 얻기 위해 팔레트에서 혼합하는 대신 순색의 작은 색점들을 캔버스 표면에 일일이 찍어 모자이크처럼 배치한 것이다. 그뿐만이 아니다. 색조를 대상의 고유색과 대상에 와 닿는 빛에 의한 색, 근접한 대상들에 의해 반사되는 색으로 각각 분해하고 수학적으로 정확하게 계산해 수천 개의 색점을 화면에 찍어 나갔다. 그 많은 색점들을 기술적으로 정교하게 화폭에 찍기 위해 수천 번 붓질하고 수정해야만 했던 화가의 집념과 노동력에 감탄을 금하지 않을 수 없다.

작품 양이 적은 것에 비해 밑그림과 드로잉이 엄청나게 많은 것도 쇠라에게 그림이란 감성의 표현이 아닌 실험 정신과 학문적 성과를 담은 연구물이었다는 점을 증명한다. 그는 심지어 액자도 손수 만들었다. 이 작품을 장식한 푸른색 점들로 이루어진 액자는 그가 직접 디자인하고 제작한 것이다.

쇠라는 색의 혼합이 아닌 빛을 혼합하는 방식을 회화에 최초로 실험해 성공했다. 쇠라가 활동하던 19세기 말은 색채 이론과 광학적 연구가 활발히 이루어지던 시기였다. 미셸 외젠 슈브뢸의 《색채의 동시 대비와 채색된 대상의 배열에 관한 법칙》, 오그던 루드의 《선도의 원리》 《현대 색채론》, 데이비드 쉬터드의 《시각의 현상》, 제임스 클러크 맥스웰의 《광선에 대한 전자기의 성질》 등 색채 심리학과 인지 심리학에 관한 과학 서적들은 혁신적인 미술을 창안하고 싶었던 쇠라의 실험 욕구를 자극했다. 특히 슈브뢸과 루드의 색채 이론은 점묘법을 개발하는 과정에 결정적인 영향을 끼쳤다.

슈브뢸에 따르면 색은 인접한 색채의 영향을 받는다. 보색을 나란히 배열하면 동시 대비 효과가 생기면서 색채는 보다 짙고 선명해진다. 대립적인 색들이 충돌해 서로의 색을 선명하게 보이도록 강화하는 역할을 하기 때문이다. 즉 빨간색은 녹색 옆에 위치할 때 가장 빨갛게 보인다. 한편 루드에 따르면 광선의 색과 물감의 색은 다르다. 빛의 삼원색을 섞으면 흰색이 되지만 색의 삼원색인 빨강, 노랑, 파랑을 섞으면 검은색이 된다. 다시 말해 색채의 순도가 떨어지고 색은 어두워진다.

쇠라는 세상을 떠날 때까지 색채와 빛의 연구에 몰두했다. 화가이며 연구자인 쇠라 덕분에 예술가들은 색채를 과학적으로 보게 되었다. 두 개의 순수한 색, 가령 노랑과 파랑을 가까이 배치하면 두 색이 섞여 초록으로 보이며, 실제로 색을 섞었을 때보다 훨씬 밝게 보이는 색채 융합 현상이 일어난다는 것을.

미술사에서는 예술적 감성과 과학적인 분석을 융합한 쇠라를 점묘법의 창시자로 부르고 있다.

### 즐거운 워커홀릭

쇠라가 서른두 살에 요절한 후 그의 연구 정신을 이어받은 예술가들이 나타난다. 쇠라의 진정한 후예는 미국의 화가 척 클로스다.

척 클로스는 쇠라표 점묘법을 업그레이드한 그림을 창안했다. 초상화의 모델은 화가다. 자신의 얼굴 사진을 캔버스에 그대로 옮겨 거대한 사이즈로 확대했다. 그런데 표현 기법이 독특하다. 멀리서 보면 인물화로 보이지만 가까이 다가가면 수백 개의 색면으로 해체된다. 일정한 거리에서는 얼굴(구상)로 보이지만 근접해서 보면 도넛 모양이나 빗금이 쳐진 기하학적(추상) 도형이다. 격자무늬들은 감상자의 눈 속에서 조합되어 사진처럼 생생한 인물로 바뀐다. 그런 이유에서 척 클로스의 인물화를 '격자무늬 추상화'로 부르기도 한다. 그가 자화상을 대형 사이즈로 확대해 그리는 것은 이미지의 반전에 따른 강렬한 시각적 충격을 유발하기 위해서다.

미국의 신경생물학자인 마거릿 리빙스턴은 척 클로스의 그림을 이렇게 분석한다.

척 클로스의 자화상은 시각 체계의 두 가지 특징을 이용하고 있다. 먼저 혼합된 각각의 색채는 거의 동일한 밝기다. 자화상의 이마나 뺨

그림 9
척 클로스
〈자화상〉
2004~2005년
캔버스에 유채

을 바라보면 다양한 색채의 동심원 패턴을 볼 수 있는데, 이 패턴들은 동일한 밝기에 근접해 있다. 다른 많은 부분에서 강렬한 휘도로 윤곽선이 분명하게 나타나는 지엽적인 패턴이 있으며, 이는 전체적인 얼굴 패턴과 경쟁하면서 역동적인 균형 상태를 이룬다. 부분적인 패턴과 전체적인 패턴과의 역동적인 긴장감은 초기 점묘파 화가들의 그림처럼 클로스의 작품을 매우 흥미롭게 만든다.

클로스표 점묘법의 창작 비법은 다음과 같다. 그는 그리고자 하는 대상을 사진으로 찍어 약 8.8센티미터 사이즈의 그리드grid로 나눈 다음,

그리드를 캔버스에 확대한 사이즈로 옮겨 그린다. 각 칸마다 그의 트레이드 마크에 해당되는 도넛 문양을 비롯한 패턴들을 여러 가지 색으로 그려 넣는다. 가까이에서는 컬러풀한 그리드의 집합체로 보이지만 멀리서는 다양한 색과 형태가 합쳐진 컬러 초상화로 바뀐다. 클로스만의 노하우를 그의 육성을 통해 직접 들어보자.

엔지니어인 장인어른은 내가 격자 작업을 하면서 계산기 같은 것을 전혀 활용하지 않는다고 놀리곤 한다. 특히 마름모꼴의 대각선 격자는 캔버스에 정확히 몇 개의 사각형이 들어가며 크기는 어느 정도일지 파악하기 어렵다. 그래서 일정한 길이로 자른 종이를 캔버스 가장자리에 대고 사각형이 몇 개 나오는지 계산한다. 사각형이 너무 적다고 생각되면 적당한 숫자가 나올 때까지 종이를 작게 접는다.

작품 한 점을 완성하는 데 걸리는 시간은 4~12개월, 손품도 시간도 많이 드는 까다로운 작업이지만 예술가는 초심을 잃지 않는다. 아마도 그렇기 때문에 연구자형 예술가만이 할 수 있는 조언을 사람들에게 들려줄 수 있는 것이다.

나는 40여 년 동안 단 한 번도 슬럼프에 빠진 적이 없습니다. 왜냐하면 나에게는 항상 넘어야 할 또 다른 한계, 내가 열어야 할 또 다른 문, 내가 탐구해야 할 또 다른 길이 기다리고 있기 때문입니다. (…) 내 말에 귀 기울이기를 좋아하는 사람들에게 들려주고 싶은 말은 '영감이 떠오를 때를 기다리지 마라'는 것입니다. 영감은 아마추어를 위한 것입니다. (…) 가장 좋은 아이디어는 모두 작업을 하는 과정에서 나옵니다. 묵묵히 작업하는 과정에서 새로운 아이디어가 떠오르고 내가 거부하는 또 다른 뭔가가 나를 지금까지와는 다른 방향으로 밀어붙이기도 합니다.

\* \* \*

1902년, 스물일곱 살의 시인 릴케는 조각가 로댕에 관한 에세이를 쓰기 위해 프랑스 파리로 건너갔다. 파리에서의 새로운 생활에 적응하지 못한 릴케가 어느 날 불안감을 호소했을 때 로댕은 엉뚱한 해결책을 내놓았다.

"계속해서 일하시오."

릴케는 거장의 작업 과정을 지켜보면서 예술은 영감이나 천재성의 소산이 아니라 끊임없는 노력과 연구 정신에서 비롯된다는 것을 깨달았고 그때의 경험담을 《로댕론》에 담았다.

"그는 관찰하고 노트한다. 언급할 가치조차 없는 하찮은 움직임들과 도는 동작들, 반쯤 회전하는 모습을 노트하고 마흔 개의 크로키와 여든 개의 프로필을 그린다. (…) 그는 쉬지 않고 일한다. 그의 평생이 작업일의 하루처럼 지나간다."

마음이 우울하거나 삶이 권태롭게 느껴질 때면 로댕의 조언을 되새기자. "계속해서 일하시오."

나는 이제야 내가 생각하던 영원의
먼 끝을 만지게 되었다.
_김현승

# 구도자형 예술가

1400년 경 이탈리아 화가인 첸니노 첸니니는 화가와 예비 화가들을 위한 개론서인 《예술의 서》를 집필했는데 책에는 이런 글이 적혀 있다.

예술가는 미술 이론이나 철학, 그 외의 학문에 정진하고 언제나 단정하게 생활해야 한다. 하루에 두 끼를 가볍게 먹되 몸에 좋은 음식과 알코올 함량이 낮은 와인을 조금씩 먹고 마셔야 한다.

말인즉 예술가에게 수도사와 같은 삶을 살라는 것이다. 지금도 대다수의 사람들은 예술가의 혼이 담겨 있는 창작품을 신성하게 여기고 심지어 예술가를 성직자에 비유하기도 한다. 만일 미술관에서 예술 작품을 진지하게 감상하는 관람객들의 모습을 보게 된다면 이런 의견에 동의하게 되리라. 관람객들은 침묵을 지키면서 경건한 태도로 예술 작품을 감상한다. 독일의 철학자 발터 벤야민의 주장을 인용하면 "예술 작품이 종교적 의미를 더 많이 담을수록, 종교 의식의 기능이 더 강할수록 사람들은 위대한 예술"이라고 생각한다.

이번에는 예술이라는 종교로 인류를 구원하려고 했던 구도자형 예술가를 소개하겠다. 바로 기하학적 추상화의 시조인 몬드리안이다. 그에게 미술은 종교 그 자체였다. 화가는 예술은 진리와 선, 미를 담고 있기에 인간의 영혼을 구원한다고 확신했고 스스로 구도자를 자처했다.

### 모든 것의 근원

작품은 한눈에 보아도 심플하다. 정사각형의 캔버스를 검은색 수평선과 수직선으로 분할하고 각 격자 안에 빨강, 파랑, 노랑 삼원색을 색칠했다. 자와 캔버스, 물감만 있으면 누구라도 그릴 수 있을 것 같은 단순한 그림이다. 그러나 동양 철학과 수학, 과학이 융합된 걸작으로 칭송받고 있다. 특히 심오한 정신세계를 표현한 작품으로 단연 첫손가락에 꼽힌다. 미술 전문가들이 이 작품을 가리켜 "다이아몬드처럼 맑고 견고한 영적인 세계를 구현했다"라고 주장하는 근거는 무엇일까?

몬드리안에게 그림은 눈에 보이는 대상을 화폭에 재현하는 것이 아니었다. 덧없고 일시적이며 변화무쌍한 자연 현상의 내면으로 파고 들어가 영원불변의 세계를 표현하는 것이었다. 영적이고 근원적인 세계를 추구하려면 외양을 묘사해서도, 감정을 표현해서도 안 된다. 겉모습은 진실을 가리는 가면일 수 있고 감정은 영적인 수련에 방해가 되니까.

그는 불변의 진리를 화폭에 표현할 수 있는 방법에 대해 고민했고 마

**그림 10**
피에트 몬드리안
〈빨강, 검정, 파랑, 노랑의 구성〉
1928년
캔버스에 유채

침내 해답을 얻었다. 이 세상에 존재하는 모든 복잡한 형태를 보편적인 원리로 환원한 것이다. 화가의 눈은 우주를 투시하고 삼라만상의 이면에 감춰진 불변의 실재를 포착했다. 그것은 수직과 수평, 삼원색이었다.

화가에게 수직과 수평, 두 선의 교차는 하늘과 땅, 해와 달, 낮과 밤, 남성과 여성, 탄생과 죽음, 정신과 물질, 선과 악, 활기와 평온 같은 상반되고 대립되는 이원적인 속성을 통합해 우주적 균형과 조화를 이루는 것을 뜻한다.

빨강, 파랑, 노랑 삼원색도 같은 의미를 지녔다. 삼원색은 모든 색깔의 고향이요, 색의 원천이다. 삼원색만 조합하면 수천, 수만 개의 색도 만들어낼 수 있다. 몬드리안은 수평선과 수직선, 삼원색을 빌어 복잡계인 우주의 이치와 자연법칙을 간결하게 압축한 것이다. 즉 몬드리안표 화풍은 범우주적 원리를 집약한 정신의 DNA다. 이는 몬드리안의 어록에서도 확인할 수 있다.

순수함을 추구하기 위해서는 자연적인 형태를 본질적인 요소들로 환원시킬 필요가 있다. 수직선과 수평선은 모든 곳에 존재하며 모든 것을 지배한다. 균형을 이루고 있는 자연의 모든 존재들은 대립을 통한 힘의 조화로부터 기인한다는 것을 깨달았다.

### 종교이며 철학인 그림

그림의 의미를 알게 되었으니 이제 영靈적인 작품이 나오게 된 배경을 살펴보자. 몬드리안표 화풍을 몇몇 단어로 정의한다면 절제, 엄격, 명상, 이상, 고요, 금욕, 초월이다. 그가 비가시적이고 비물질적이며 도덕적인 그림을 그리게 된 계기는 화가의 집안과 신지학, 수학의 영향을 받아서였다.

몬드리안은 청교도적인 가정에서 자라났다. 화가의 아버지는 기독교계 초등학교 교장이었고, 교회에 헌신적이었다. 네덜란드의 신학자인 아브라함 코이페르의 열렬한 추종자였고 개인적으로도 가까운 사이였다. 세속적인 욕망이나 말초적인 감각을 혐오했던 화가의 강직한 기질이나 청빈하고 고독했던 성향은 청교도적인 가정 환경에서 비롯되었다.

화가의 작업실을 찍은 사진에서 그의 예술관과 정신세계를 엿볼 수 있다. 몬드리안의 작업실은 각종 미술 도구로 어지럽혀진 일반 화실과는 달리 깔끔하게 정돈되어 있다. 그의 외모도 성직자의 분위기를 풍긴다.

다음은 신지학의 영향이다. 신지학神智學, theosophy은 1910~1920년대 유럽에서 유행한 '뉴에이지' 철학을 가리킨다. 신지학의 어원은 '신

**그림 14**
파리 몬드리안 작업실

들의 학문' 또는 '신들의 지혜'인데 여기에서의 '신'은 일반적인 의미의 신은 아니다. 오직 신들만이 가지고 있을 법한 '신성한 지혜'를 말한다. 정신력만으로 깨달음에 이르는 신비주의 사상으로 해석하면 무난하다.

19세기 후반 유럽의 지식인과 예술인들은 과학 기술과 물질문명은 인류에게 편리함을 제공했지만 결과적으로 영적인 세계에서 더욱 멀어지게 만들었다고 생각했다. 인간이라면 누구나 한번쯤은 우주의 시작과 끝, 삶과 죽음의 의미, 사후 세계와 신의 존재에 대해 의문을 갖기 마련이다. 지식인과 예술인들은 근원적인 질문에 대한 해답을 동양 철학에 뿌리를 두었던 신지학에서 구했다. 신지학에 의하면 우주와 삼라만상은 하나의 원천에서 비롯되었으며 정신과 물질은 통합되어 있다. 서구의 이원론적 사고방식은 분열과 대립을 가져왔을 뿐이다.

신지학은 기독교를 통한 구원만이 절대적이라고 주장하지 않았다. 인간의 정신을 통해서도 얼마든지 구원에 이를 수 있다는 점을 강조했다. 세기말적 불안감에 시달리던 사람들은 초자연적인 힘을 숭배하고 정신의 승리를 확신했던 신지학에 열광했다. 오죽하면 1889년 몬드리안의 조국인 네덜란드에서 신지학회 회원이 10만 명에 달할 정도로 인기를 끌었을까? 몬드리안도 1909년 5월 신지학회에 가입했다.

그는 신지학의 창립 멤버인 블라바츠키의 저서 《베일을 벗은 아이시스》와 《신지학의 열쇠》를 접하고 몬드리안표 스타일을 창안하는 데 필요한 이론을 정립했다. 블라바츠키에 따르면 남성적 요소(정신, 수직)와 여성적 요소(물질, 수평)는 모든 생명력의 근원이고 서로 대립하면서도 일체가 되기 위해서 상대를 끌어당긴다. 몬드리안은 블라바츠키의 사상을 회화로 구현했다. 수직과 수평선이 교차하는 십자가 형태로 표현한 것이다.

한편 네덜란드의 철학자이며 수학자인 마티에 J. H. 쉔마커스의 사상도 화가의 예술관에 영향을 끼쳤다. 쉔마커스는 자연은 끊임없이 변하지만 근본적으로 절대적인 법칙을 따른다고 주장했다.

> 지구를 형성하는 기본적인 두 요소는 수평선과 수직선이다. 수평선은 태양의 주위를 선회하는 지구의 선이며 수직선은 태양에서 발원한 광선의 공간적인 움직임을 나타내는 선이다. (…) 세 가지 기본적인 색채는 빨강, 파랑, 노랑이다. 삼원색은 유일하게 실존하는 색이다.

몬드리안에게 그림은 철학이고 종교였다. 선 하나를 긋는 것도, 색하나를 칠하는 것도 구도이자 수행修行이었다. 화가는 내적인 평온을 방해한다는 의미에서 곡선을 철저히 배제했다. 오죽하면 동료 화가인 테오 반 뒤스브 부르흐가 사선을 사용했다는 이유를 들어 "당신이 독단적으로 사선을 사용했기 때문에 더 이상 공동 작업은 불가능하다"라고 통보했을까?

그림을 액자에 끼우지 않은 것이나 흰색 벽을 선호한 것도 복잡하고 혼란스러운 외부 세계를 차단하고 명상적인 분위기를 조성하기 위해서였다.

미술이란 예술가의 정서와 감정을 표현하는 것이 아닌 고요와 평온, 조화, 초월로 가는 길이라는 것을 보여준 몬드리안표 화풍은 20세기 미술, 건축, 그래픽 디자인, 광고, 영화, 음악, 패션 등에 커다란 영향을 미쳤다. 몬드리안은 미술이라는 경전으로 인류를 순수의 세계로 인도하던 구도자였다. 그래서 영적인 지도자만이 할 수 있는 말을 남겼다. "항상 더 멀리"라고.

## 현대의 이콘

20세기 러시아 화가인 카지미르 세베리노비치 말레비치에게도 회화는 종교와 철학, 정신세계와의 융합이었다. 말레비치는 순수의 결정체를 화폭에 표현하기 위해 세속적인 것을 연상시키는 요소들을 완벽하게 제거했다. 아래 그림을 보라. 흰색 바탕 위에 검은 사각형만 남았다. 마치 컴퓨터 모니터를 보는 것 같은 착각마저 든다. 순수란 무無이며, 눈에 보이지 않기에 표현 자체가 불가능하다는 뜻이다.

그에게 물질세계와 연관된 요소들이나 인식 가능한 형태들은 순수한 영혼을 오염시키는 불순물, 혹은 쓰레기에 불과했다. 변덕스런 자연을 복사하는 모든 가시적 형태를 화폭에서 완전히 박멸하겠다는 결연

**그림 11**
카지미르 세베리노비치 말레비치
〈하얀 바탕에 검은 사각형〉
1929년
캔버스에 유채

한 의지를 그림으로 보여준 것이다. 화가는 인류의 영혼을 구원하겠다는 신념을 그림에 표현하는 것에 그치지 않고 행동으로도 옮겼다. 비테프스키에 예술 전문 학교를 설립하고 '새로운 미술의 확인자'라는 단체도 결성해 스스로 교주가 되었다. '절대주의 이론'이라는 교리도 만들어 수많은 강연이나 연설을 통해 전파시켰다. '절대주의'란 말레비치 예술 철학의 핵심이다. 원, 사각형, 삼각형, 십자가 형태 등 기본적인 도형만으로 순수한 정신적인 세계를 표현한 미술을 가리킨다.

말레비치가 자신을 메시아로 생각하고 작품이 걸린 전시장을 성소<sup>聖所</sup>로 여겼다는 결정적인 증거가 있다. 이 그림은 전시장 입구의 벽면 높은 곳에 걸려 있었다. 러시아 정교회 신도들의 주택 벽면을 장식하는 이콘icon과 같다는 의미다. 사람들은 그의 그림을 가리켜 '현대의 이콘'으로 부른다. 초월적이며 절대적인 세계에 대한 간절한 기도라고 믿기 때문이다.

**그림 12**
카지미르 세베리노비치 말레비치
〈검은 십자가〉
1923년
캔버스에 유채

✽ ✽ ✽

현대인들은 비록 의식하지 못하지만 마음속으로 영적인 세계를 갈구한다. 물질만으로는 충족될 수 없는 부분이 있다고 느낀다. 신학자인 조지프 캠벨에 의하면 영적 세계와 교감하고 있다고 자각하면 풍요로운 인생을 살아갈 수 있다. 캠벨은 내면의 스승인 영靈과의 만남을 성배聖杯 찾기에 비유한다. '성배 전설'에 나오는 모험담은 내면의 세계를 찾는 데 필요한 통과의례라는 것이다.

기도, 묵상, 명상, 종교 의식에의 참여는 영적 세계의 문을 여는 방법으로 권장된다. 보이지 않는 세계와의 교감은 창의성 향상에도 도움이 된다고 한다. 지금 이 순간부터 '나의 성배'를 찾기 위한 길을 떠나보는 것은 어떨까.

# 07

감각과 감각의 크로싱
## 공감각형 예술가

고산금
장준석
정승운
바실리 칸딘스키
김승영
발러란 베일런
김준
함명수
빌렘 캄프
후안 산체스 코탄
멜 라모스
황인선
로렌스 알마 타데마
신미경
박혜수

> 탁월한 시각은 섬세하고 세련된 감정과 같은 것이다.
> 아름다운 자연 풍경을 보거나 그림을 감상할 때
> 일반인들은 특별한 감정을 느끼지 못하지만,
> 화가들은 흥분하는 것도 그런 이유에서다.
> _장 자크 루소

# 창의성의 원천, 다중 감각

소설가면서 미술 평론가였던 에밀 졸라의 소설을 읽으면 마치 한 폭의 그림이나 영상을 보는 듯한 느낌이 든다. 시각적인 요소가 강한 그의 문장을 한 단어로 표현하자면 '회화적'이다. 회화적 글쓰기, 무슨 의미지? 독자는 감感을 잡기 힘들지도 모른다. 졸라의 대표작인 《테레즈 라캥》의 몇 구절을 읽으면 이해하게 된다.

한 지물상의 유리창을 통과하여 희미한 가게 앞으로 불빛이 어른거린다. 혈암유로 빛을 밝힌 두 개의 램프가 두 개의 노란 불빛으로 어둠을 꿰뚫는다. 맞은편의 캥케 식 양등洋燈 안에 놓인 촛불은 인조 보석 상자 속에 별빛 같은 빛을 던진다. 점포의 장 안에 앉은 여자 상인은 숄 속에 두 손을 파묻고 잠들어 있다.

소설을 읽는 독자의 머릿속에 선명한 그림이 그려진다. 졸라는 어떻게 문자를 이미지로 전환할 수 있었을까? 그는 '공감각자'였다. 미술사의 대가들 중에는 졸라처럼 공감각자들이 있다. 그들은 작품의 메시지를 효과적으로 전달하기 위해 특수 표현 기법인 공감각을 활용한다.

공감각이란 감관 영역感官領域의 자극으로 한 감각이 다른 감각을 불러일으키는 현상을 가리키는 용어다. 영국의 생물학자이며 수학자인 프란시스 갈톤이 1880년 과학 잡지 〈네이처〉에 발표한 논문에 사용하면서 세상에 알려지게 되었다.

대다수의 사람들은 시각, 청각, 후각, 미각, 촉각 중에서 일부만 지각하고 활용하지만 창의성이 뛰어난 예술가들은 복수의 감각을 결합한 복합 감각을 활용한다. 이런 예술가들을 가리켜 공감각형으로 부른다.

이번 장에서는 공감각형 예술가들의 작품을 감상하면서 다양한 감각들을 융합시키는 노하우를 배워보자.

## 글, 이미지가 되다

첫 번째로 소개하는 예술가는 졸라와 짝지을 만한 공감각자 고산금이다. 졸라가 회화를 문자로 전환시킨다면 고산금은 문자를 이미지로 변형시킨다.

2010년 사비나 미술관의 기획전 〈레오나르도 다 빈치처럼 관찰하기〉에 출품된 작품이다. 언뜻 보면 단순히 검은색 스테인리스 판에 쇠구슬이 붙어 있는 형태다. 대다수의 감상자들은 검정색 배경 위에서 반짝이는 쇠구슬만 흘끗 보고 지나친다. 그러면 작품의 숨은 의도를 놓치게 된다. 김승옥의 소설 《무진기행》에 나오는 글자들을 쇠구슬로 변환한

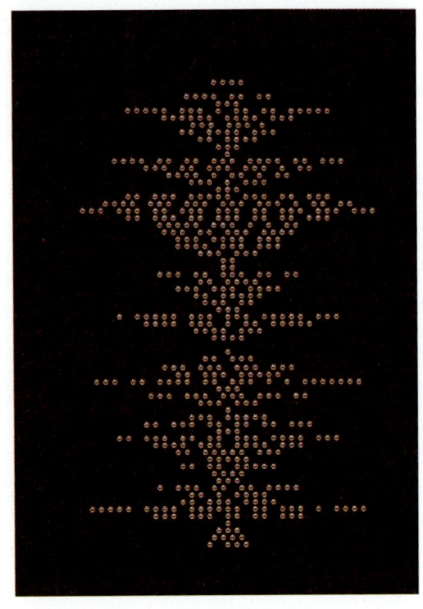

**그림 1**
고산금
《무진기행》
2010년
쇠구슬 · 검정 스테인리스

**오른쪽**
《무진기행》 텍스트

작품이기 때문이다.

    쇠구슬과 《무진기행》을 나란히 비교하면 금세 파악할 수 있다. 인쇄된 활자의 구조, 편집, 문단 배열, 여백은 책에서 그대로 가져왔다는 것을. 외형만으로 구슬과 글자는 꼭 닮았다.

    하지만 소설 속의 글자들은 쇠구슬로 변환되어 암호나 기호처럼 해독할 수 없게 되었다. 글자를 읽을 수 없으니 당연히 글의 내용도 알 수 없다. 감상자는 글자를 각자 다르게 해석하게 된다.

    예술가는 말한다.

"글자는 오직 관람객 자신만이 해독하고 의미를 이해하는, 개인적이고 사적인 기호 체계로 전환된다."

그녀는 왜 문장을 시각적 이미지로 전환할까, 공감각적 작품의 창작 비결은 무엇일까? 동기가 있었다.

고산금은 미국 유학 시절 큰 시련을 겪었다. 어느 날 갑자기 초점이 흐려지더니 눈이 거의 보이지 않게 되었다. 평소 미술가가 아니라면 소설가가 되었을 것이라고 말하곤 했던 그녀가, 그토록 좋아하던 책을 더 이상 읽을 수 없게 될지도 모른다고 느꼈을 때의 심적 충격이란. 절망감에 빠져 있을 때 반전이 일어났다. 눈앞의 글자가 이미지로 보였다. 그녀는 글자를 읽지 않고 '보는' 능력을 갖게 된 것이다. 그때의 시각적 경험이 창작의 아이디어를 제공했다. 소설, 시, 신문 기사, 노래 가사 등의 글자를 조형 언어로 바꾸는 공감각적인 작품은 인생의 위기를 극복하면서 얻은 체험의 산물이었다.

그녀가 작업하는 과정은 마치 수행과도 같다. 구도자처럼 초인적인 인내를 감내하면서 오랜 시간에 걸쳐 글자들을 한 알 한 알 쇠구슬이나 인조 진주로 바꾼다. 힘들게 문장을 이미지로 전환시키는 의미에 대해 예술가는 이렇게 말한다.

현대 사회에서 우리는 4차원적인 방식으로 소통하고 대화한다. 노래 가사는 개인의 경험과 상상력에 의해 해석된다. 그 노래나 텍스트를 과연 누가 진짜로 이해하고, 해석하는지 아무도 알 수 없다. 나는 노래 가사를 듣거나 책이나 신문을 읽고 뉴스를 본다. 나는 그 텍스트를 이해할 수 없는 기호로 바꿔버린다.

우리는 타인과 소통할 수 있는 다양한 수단을 갖고 있다. 휴대폰, 이메일, 편지, 블로그, 페이스북 등. 그럼에도 불구하고 서로에게 이방인의 언어로 말한다. 소통 부재로 인한 오해가 생기고, 대화를 거부하고, 언쟁이 벌어지고 종내는 회복할 수 없을 만큼 관계가 악화된다. 텍스트도 마찬가지다. 여러 매체를 통해 수많은 텍스트를 접하지만 과잉 생산으로 인해 대부분 활용되지 못하고 쓰레기로 버려지고 있는 실정이다. 우리는 텍스트와 이미지를 낭비한다.

이제 예술가가 공감각적인 작품을 창조한 의도를 알게 되었다. 현대인들은 타인의 언어를 번역하는 능력이 없기에 극심한 외로움을 겪는다. 구슬 언어는 타인과의 대화를 갈망하는 예술가의 마음 언어다.

## 꽃보다 아름다운 글자

또 다른 〈레오나르도 다 빈치처럼 관찰하기〉전의 참여 작가인 장준석은 꽃이라는 글자를 이미지로 전환시키는 작품으로 관람객의 눈길을 끌었다.

이 작품은 멀리서 볼 때는 원의 형태지만, 가까이 다가서면 무수히 많은 패턴이 나타난다. 패턴은 작은 '꽃' 글자다. 수많은 글자 조각을 캔버스에 부착해 만든 작품이다. 예술가의 말에 의하면 "글자 이미지로 아름다운 꽃밭을 조성" 했다. 마치 화단에 꽃을 심듯 꽃 글자들을 하나하나 정성껏 심어 완성했다.

제목의 '1/500m'란 실제 꽃밭을 500분의 1 크기로 축소했다는 뜻이다. 상상의 눈으로 작품을 바라보면 가상 공간이 펼쳐지면서 꽃밭 가득히 피어난 꽃을 보게 된다. 공각감자인 그는 꽃 글자를 볼 때 색채와

**그림 2**
장준석
〈Landscape-scale 1/500m〉
2010년
캔버스에 폴리에틸렌

**아래**
꽃 글자 부분 확대

이미지를 동시에 경험한다. 글자와 이미지를 대응시키는 능력은 어려서 체험했던 시각적인 충격에서 비롯되었다.

예술가의 집은 3층이었다. 어린 예술가는 옥상에서 자주 길거리를 내려다보곤 했다. 다양한 기호들은 그의 눈을 자극했다. 당구장의 ※, 교회의 †, 목욕탕의 ♨. 담벼락에 그려진 ♬, 약국의 '약', 책방의 '책' 꽃가게의 '꽃' 등. 그중 '꽃' 글자에 주목하게 되었다.

사람들에게 꽃은 아름다움과 사랑을 의미하지만 '꽃'이라는 글자 자체가 아름답거나 사랑스러운 것은 아니다. 꽃 글자는 두 개의 자음과 한 개의 모음으로 이루어진 기호에 불과하니까. 하지만 장준석은 꽃의 의미가 아닌 글자만으로도 충분히 꽃의 아름다움을 전달할 수 있다는 것을 보여주었다. 보라, 꽃 글자는 선이고 형태며 색채다. 그리고 아름다운 꽃들이 만발한 황홀한 꽃밭이다.

## 자연이 창조한 글자

이번에는 문자를 시각화한 정승운의 설치작품이다. 양쪽으로 나누어진 두 공간을 명주실이 이어준다. 예술가는 전시장 벽면에 명주실을 0.5~1센티미터 간격으로 배치하느라 하루 여덟 시간씩 꼬박 이틀 동안 도우미들과 함께 손품을 팔았다. 작품에 사용된 명주실만 260개나 된다. 명주실을 양쪽 벽면에 설치한 이유는 무엇일까? 숲과 집이라는 글자를 시각화하기 위해서였다.

왼쪽 벽면의 명주실과 그림자에 주목하라. 어떤 형상이 보이는가? "숲"이라는 글자가 보인다. 한편 오른쪽 벽면에 투영된 글자는 "집"이다. 명주실과 그림자는 숲과 집이라는 글자를 만들고 두 글자는 서로의

**그림 3**
정승운
〈무제〉
2007년
실

**아래**
벽면 부분 확대

글자가 되는 기발한 컨셉의 작품이다. 공감각자인 정승운은 한글을 표음문자가 아닌 상형문자로 인식한다. 글자를 의미론적으로 받아들이기 이전에 글자가 지닌 형태적 아름다움에 주목한다.

그가 글자를 이미지로 전환하는 의도가 있다. 숲은 자연, 집은 문명의 상징이다. 예술가는 자연과 인간이 공존하는 친환경적인 사회를 꿈꾼다. 그의 꿈은 실현되리라. 사람이 사는 집, 나무가 살아가는 숲, 두 개의 공간을 오고 가면서 인간은 살아가니까.

\* \* \*

앞선 세 예술가들의 작품은 분리된 단일 감각을 복합 감각으로 전환시킬 때 창의성이 꽃핀다는 점을 증명했다. 이런 교차 감각자, 다중 감각자의 시조는 다 빈치다. 그는 특이하게도 글만 적지 않고 이미지와 단어를 활용해 기록했다. 그에게 이미지와 글은 분리되지 않고 통합되었다. 단어를 읽는 순간 이미지를 연상하고 사물을 보는 순간 문장과 연결했다. 다 빈치에게 글은 이미지요, 이미지는 글이었다.

위의 사례에서 드러나듯 글을 읽으면서 이미지를 떠올리는 훈련을 쌓으면 공감각을 개발할 수 있다. 누구나 어렸을 때 일상적으로 하던 일이다. 예를 들면 아이들이 즐겨하는 글자 놀이와 색깔 있는 글자 모형은 훌륭한 공감각 교재다. ㄱ은 가방, 구름, 기차, 기린, ㄴ은 나비, 나무, 눈물, 눈사람, ㄷ은 다람쥐, 달팽이, 달, 도로 등. 꼬리에 꼬리를 물고 이어지는 무궁무진한 이미지 연상법은 우리가 선천적으로 갖고 있던 능력인데도 성장하면서 상실했다. 이제부터라도 되찾으면 된다.

화음은 귀를 위한 생각이요
들을 수 있는 생각이다.
_빅토르 주커칸들

# 눈으로 듣고 귀로 보다

일반인들은 그림은 눈으로 보고 음악은 귀로 듣는다. 그런데 음악에서 색깔을 보거나 그림에서 소리를 듣는 예술가들이 있다. 대표적인 예술가는 현대 추상회화의 창시자인 바실리 칸딘스키다. 칸딘스키는 미술과 음악의 연관 관계를 깨닫고 청각을 시각으로 변환시킨 공감각자다. 그는 21세기 예술가들이 적극적으로 시도하고 있는 시각과 청각의 융합을 이미 100여 년 전에 시도했다.

    칸딘스키는 당시로서는 유별난 생각을 했다. '음악은 멜로디와 화음, 변주 등의 추상적인 요소만으로도 청중에게 감정을 전달한다. 회화도 내용이 아닌 색채나 형태를 조화롭게 결합하면 감정을 표현할 수 있지 않을까?' 그는 이런 자신의 생각을 기록으로 남겼다.

나는 음악을 들을 때 마음속에서 온갖 색깔을 보았고, 그림도 음악과 같은 힘을 가질 수 있다는 것을 깨달았다.

칸딘스키가 활동하던 시절, 화가들은 그림에서 주제나 내용을 가장 중요하게 여겼다. 인물이나 자연 풍경, 정물 등 구체적인 형상을 빌어 감정을 표현하거나 메시지를 전달했다. 예를 들면 남녀 간의 사랑을 표현하려면 연인들이 키스하는 장면을 그렸다. 하지만 칸딘스키는 대상의 겉모습을 그리지 않고 색채와 기하학적 형태 같은 추상적인 요소로 감정을 표현하는 새로운 회화를 개발했다. 미술사에서는 최초인 현대 추상화를 창안한 것이다.

## 색, 소리가 되다

그의 추상화는 가사 없는 음악이었다. 사람들은 설령 가사를 이해하지 못하더라도 가락과 음정만으로 얼마든지 감동을 받는다. 음악이 순수한 추상적 요소만으로 희로애락의 감정을 표현하는 것처럼 그림도 순수한 조형 요소인 색과 형태를 통해 감정을 표현할 수 없을까? 이 그림은 그런 질문에 대한 해답이다.

그림에서 우리가 인식할 수 있는 구체적인 형상은 한 가지도 없다. 마치 오선지 위의 음표를 보는 듯한 느낌이다. 만일 독자가 음악적인 소양이 풍부하다면 그림 속에서 아름다운 음악 소리를 듣게 되리라. 원과 삼각형, 사각형, 직선, 곡선 등의 기하학적 형태는 자유롭게 배치된 것처럼 보이지만 빨강, 파랑, 노랑과 같은 여러 색채와의 조화를 고려한 것이다. 오케스트라가 바이올린, 첼로, 트럼펫, 심벌즈, 드럼 등 다양한 악

**그림 4**
바실리 칸딘스키
〈구성(composition) 8〉
1923년
캔버스에 유채

기로 하모니를 이루어내듯 화가는 각종 형태와 여러 색채를 조화롭게 배치했다. 그의 그림에서 색채와 형태는 음악처럼 소리를 내고 진동한다. 그림의 제목도 음악을 연상시키는 '구성composition'이 아닌가.

칸딘스키는 저서 《점 선 면》에서 기하학적 도형을 각종 악기에 비유하기도 했다.

대부분의 악기들은 선의 성격을 갖고 있으며 상이한 악기들의 고유한 음높이는 선의 폭과 일치한다. 바이올린, 플루트, 피콜로에서는

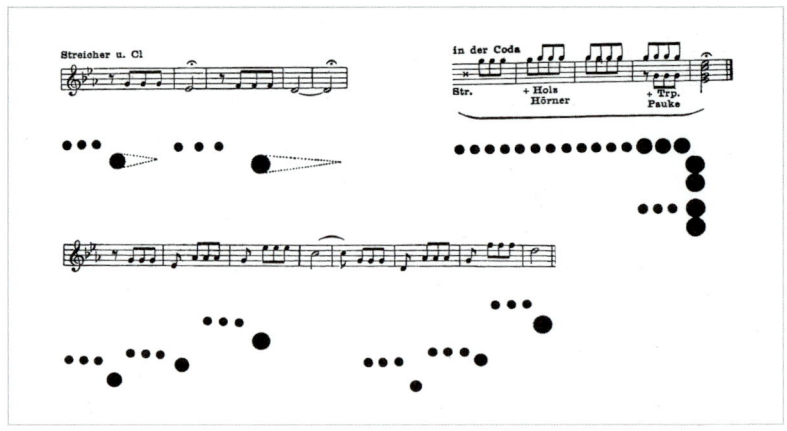

**그림 5**
바실리 칸딘스키
《점·선·면》 삽화

가느다란 선. 비올라, 클라리넷은 좀 더 굵은 선. 콘트라베이스, 튜바에서는 더 넓은 폭의 선이 생겨난다. (…) 피아노를 점의 악기로 본다면 파이프 오르간은 전형적인 선의 악기다.

상세한 설명을 듣고 다시 한 번 그림을 감상하면 화면에서 음악 소리가 들려온다. 가늘고 긴 플루트 소리, 음색이 불안정한 오보에 소리, 쉭 하고 재빠르게 스치는 바이올린 소리, 부드럽게 소용돌이치는 첼로 소리, 빙빙 도는 트럼펫 소리, 챙 하고 부딪히는 심벌즈 소리.

칸딘스키가 공감각자가 될 수 있었던 것은 훌륭한 멘토가 있었기에 가능했다. 바로 작곡가인 리하르트 바그너와 아놀드 쇤베르크다.

바그너는 오페라 〈로엔그린〉에서 빛과 색채, 소리가 융합된 이른바 총체 예술(종합 예술)을 선보였다. 평소 공감각에 대해 관심이 많았던 칸딘스키는 퓨전 예술을 시도한 바그너에게서 영감을 받아 각각의 음조와 특정 색채를 대응시키는 '교차 감각'을 개발한 것이다.

현대 음악가인 쇤베르크에게서는 추상적인 요소로 메시지를 전달하는 방법을 배웠다. 칸딘스키는 친구인 쇤베르크가 기호(음표)만으로 아름다운 음악을 창조하는 것이 부러웠다. 화가들은 사물의 외양을 화폭에 옮기려고 갖은 애를 쓰건만 음악가는 형상에 얽매이지 않았다. 그는 색채와 기하학적 형태를 조화롭게 배치해 클래식을 들을 때와 같은 감동을 전달할 수 있는 방법을 연구했다.

색채의 심리학적 효과를 집중적으로 탐구했다. 음의 높낮이가 다르고, 악기마다 독특한 음색이 있듯, 색채나 형태를 특정한 감정과 연결시킬 수는 없을까? 마침내 그는 소리를 들으면 저절로 색깔이 나타나고 형태를 보면 자연스럽게 소리가 들리는 능력을 갖게 되었다. '회화의 화음'을 만들어낸 것이다.

칸딘스키의 저서 《예술에서 정신적인 것에 대하여》를 펼치면 공감각적인 기법에 대한 설명이 상세하게 수록되어 있다.

주황은 건강한 감정을 불러일으키는데, 강한 알토 음성이나 라르고를 연주하는 비올라처럼 울려 퍼진다. 노란색은 인간을 불안하게 만들고 자극을 주거나 흥분시키는 등 폭력적인 성격을 나타낸다. 높고 예리한 음을 내는 트럼펫이나 고음인 팡파르의 나팔 소리처럼 울려 퍼진다. 차가운 빨강은 정열적인 요소를 지닌 첼로의 중음과 저음의 음색을 연상시키고, 진홍빛 빨강은 강하게 두들기는 북에 비유할 수 있다. 병적인 요소를 지닌 보라색은 잉글리시 호른이나 갈대 피리의 음향과 유사하고 색의 깊이는 목관 악기의 저음과 유사하다. 밝은 청색은 플루트, 어두운 청색은 첼로와 유사하고 색조를 더 심화시키면 콘트라베이스의 음향과 유사하다.

미국의 심리학 교수인 로렌스 D. 로젠블름에 따르면 평범한 사람들도 칸딘스키처럼 소리를 색채로 본다. 높은 음정은 밝은 색깔, 낮은 음정은 어두운 색깔과 연관 짓는다. 예를 들면 노란색은 매우 높은 음이다. 피아노 소리의 색깔은 선명하게, 바이올린 소리의 색깔은 그보다 더 약하게 느낀다.

**듣는 미술**

칸딘스키가 미술과 음악을 융합한 추상화를 창안한 이후 많은 예술가들이 듣는 미술에 도전했다. 심지어 미래주의 화가들은 색채 피아노를 만들기도 했다. 연주자가 건반을 두드리면 그 건반에 해당되는 색 전구가 차례로 켜지는 공감각적인 피아노다.

한국의 설치 예술가인 김승영도 청각을 시각으로 전환하는 작품을 창작한다.

그는 소리를 눈으로 볼 수 있게 하는 도구로 스피커를 선택했다. 이 거대한 탑을 짓는 데 사용된 재료는 여러 나라에서 사용하던 폐품 스피커다. 무려 186개를 쌓아올렸다. 재활용된 각양각색의 스피커에서는 다양한 소리가 들려온다. 지구촌 사람들이 모국어로 대화하는 소리, 열띤 토론을 벌이는 소리, 와자지껄 떠드는 소리, 깔깔깔 웃는 소리.

소리의 탑 앞에 서서 조용히 귀 기울이면 자연의 소리도 듣게 된다.

**그림 6**
김승영
〈TOWER〉
2011년
스피커 · 오디오 인터페이스 · 컴퓨터 · 앰프

빗소리, 천둥소리, 흐르는 물소리, 새의 날갯짓 소리, 매미의 울음소리. 감상자는 스피커에서 들려오는 소리가 움직이는 모습도 볼 수 있다. 소리는 상승하거나 하강하고 때로는 춤을 추는 동작을 취하기도 한다.

김승영은 예술가면서 사운드 컬렉터, 음향 디자이너, 연출가이기도 하다. 수많은 사운드를 수집하는가 하면 기획, 편집도 하니 말이다. 그가 폐기된 지구촌의 스피커들을 모아 소리의 탑을 건설한 의도는 무엇일까? '나'와 '너'로 편을 가른 사람들을 하나가 되도록 하기 위해서다. 소리의 탑 앞에 선 감상자들은 여러 소리에 귀 기울이면서 나와 다른 의견들이 있음을 깨닫게 된다. '타인의 말을 경청하는 대신 혼자서만 줄곧 떠들었구나. 자연의 아름다운 소리를 듣는 대신 시끄러운 소음으로 덮어버렸구나'라고 느끼게 된다. 남태평양의 어부들은 바닷물에 노를 담근 채 노의 손잡이에 귀를 기울이고 수중 세계의 소리를 듣는다고 한다. 예술가는 그런 어부 같은 사람들을 위해 소리의 탑을 세운 것이다.

✽ ✽ ✽

작곡가 알렉산더 스크리아빈과 림스키 코르사코프는 특정 색채를 각각의 음정에 대응matching시키는 작곡 기법으로 화제를 불러일으켰다. 스크리아빈에게 격정을 상징하는 빨간색은 '도', 환희를 의미하는 노란색은 '레', 꿈을 상징하는 푸른색은 '미'였다. 한편 림스키 코르사코프에게 A장조는 장미색, C장조는 흰색, E장조는 푸른색이었다.

영화에서도 소리는 중요한 역할을 한다. 인물의 행동과 분위기를 음악으로 옮기는 작업에 많은 노력과 시간을 투자한다. 소리와 이미지를 융합하면 감정을 보다 강력하고 효과적으로 전달할 수 있기 때문이다.

독자도 소리를 색깔이나 선, 도형들과 짝짓는 훈련을 쌓으라. 구슬픈 가락은 길고 가느다란 푸른 선, 격정적인 음악은 날카로운 노란색 대각선, 감미로운 선율은 분홍색 동그라미로 말이다. 이렇게 청각과 시각을 교차하는 연습을 하면 보는 음악, 듣는 그림이 얼마든지 가능해진다.

촉각은 최초로 점화되어 맨 마지막에 소멸하는 감각이다.
손은 눈이 우리를 배반한 뒤에도
오랫동안 세계를 전하는 일에 충실하다.
_프레데릭 작스

# 눈으로 만지고
# 손으로 보라

미술관 직원들이 바짝 긴장하는 순간이 있다. 꼬마 관객들이 떼지어 미술관을 방문할 때다. 아이들은 본능적으로 작품을 만지려고 한다. 전시장 벽에 "작품은 눈으로만 보세요"라는 글을 붙이거나 전시물 주변에 보호용 펜스를 쳐도 작품이 훼손되거나 파손되는 안타까운 일이 간혹 일어난다. 그래서 요즘은 미술관에서 어린이 관객들을 위해 만질 수 있는 작품들을 전시하기도 한다. 시각 중심인 미술에서도 촉각의 중요성을 인식하고 있다는 증거다.

하지만 과거에는 촉각에 대해 부정적인 생각을 갖고 있었다. 촉감은 동물적이고 음란하며 감정적이라는 편견으로 인해 오감 중 가장 천한 감각으로 멸시했다. 그에 반해 시각은 지적이고 이성적인 최상의 감각으로 우대했다.

17세기 서양 미술사를 펼치면 이상한 점이 발견된다. 감각의 서열에서 1등인 시각과 꼴찌인 촉각이 결합된 그림들이 유독 많이 그려졌다. 일명 '눈속임 그림'으로 불리는 트롱프뢰유에서 두 감각의 조합은 가장 빈번하게 나타난다. 트롱프뢰유 trompe-lòeil는 프랑스어로 속이다라는 뜻을 가진 'tromper'와 눈을 뜻하는 'oeil'에서 유래했다. 예술성이 뛰어난 트롱프뢰유는 얼마나 촉각적인지 관람객이 그림 속 물건들을 실제인 양 착각하고 만져보려고 한다.

### 손끝으로 보는 그림

다음 그림 그림7은 시각을 촉각으로 전환시킨 트롱프뢰유의 대표적인 작품이다. 화가는 편지, 밀랍 인장이 찍힌 봉투, 깃털, 펜, 편지를 뜯을 때 사용하는 도구 등을 실물보다 더 실물처럼 그렸다. 나무판, 가죽 밴드, 못도 실물이 아닌 그린 것이다.

그림이라는 사실을 알고 나도 신기한 느낌은 사라지지 않는다. 캔버스 표면을 직접 만져보고 실물인지 그림인지 확인하고 싶은 충동을 억제하기 힘들다. 그만큼 촉각적이라는 뜻이다. 눈으로 만져지는 그림의 비결은 그리고자 하는 대상과 똑같은 색채를 사용하고 명암이나 질감도 똑같이 표현하는 것이다.

당시 화가들이 눈속임 그림을 즐겨 그린 것은 세상 만물을 화폭에 똑같이 재현하고 싶은 욕망 때문이었다. 대상을 감쪽같이 모방하는 고난도 기술은 화가의 재능을 보증하는 잣대였다. 그림 속에 또 다른 세계를 창조하는 화가의 자부심을 상징하기도 했다.

예를 들면 17세기 트롱프뢰유의 대가인 사무엘 반 호흐스트라덴은

**그림 7**
발러란 베일런
〈메모판〉
1658년
캔버스에 유채

흥미로운 에피소드를 남겼다. 화가는 장난삼아 자신의 집 벽에 눈속임 그림들을 걸거나 바닥에 내려놓았다. 화가의 집을 방문한 지인들은 실물로 착각하고 화폭에 그려진 물건들을 집으려다가 화들짝 놀랐다고 전해진다. 오죽하면 귀신같은 복제 능력에 탄복한 사람들이 "눈을 바보로 만드는 그림"이라고 불렀을까?

그러나 트롱프뢰유는 진정한 의미의 공감각적인 작품은 아니다. 다중감각은 복수의 감각이 상호 교환되면서 제3의 감각으로 변형되어야 하는데, 눈속임 그림은 촉감을 상상으로 느끼는 수준에 그쳤을 뿐이다.

20세기에 들어서면 이원화된 두 감각을 통합하는 진정한 공감각자들이 등장한다. 그중 김준은 창의적인 방식으로 촉각과 시각의 융합을 시도하는 예술가다.

다음 그림<sup>그림8</sup>을 보라. 화면에 문신이 새겨진 인체가 등장했다. 이 문신은 우리가 알고 있는 문신과는 다르다. 통상적으로 문신은 바늘을 이용해 피부에 잉크로 꽃이나 나비, 동물의 형상을 새겨 넣지만 김준표 인체에는 플라스틱, 유명 상표, 럭셔리 브랜드, 신용카드, 동물의 가죽, 심지어 특정 정당政黨의 이름까지 새겨져 있다. 이렇게나 다양하고 자유로운 문신이 가능한 것은 작가가 새로운 타투tattoo 기법을 개발했기 때문이다.

예술가는 한국 사회에서 금기인 '문신'을 주제로 20여 년 동안 다양한 버전의 작품을 창작했다. 처음에는 사람의 피부와 유사한 인조 살가죽을 만들어 잉크로 문신을 새겼지만 요즘에는 3D 컴퓨터 그래픽 기법을 활용해 타투한다. 작품 속에 등장하는 인체는 실제 모델이 아니라 3D 프로그램으로 렌더링한 가상의 인체다.

**그림 8**
김준
〈cradle song-chanel〉
2009년
디지털 애니메이션

그가 스마트 도구를 활용하는 모바일 타투이스트로 변신한 까닭이 있다. 문신을 통제하는 공권력에 저항하는 가장 효과적인 전략이라고 판단했기 때문이다. 문신은 사적인 영역에 해당되는 개인의 장식 욕구인데도 한국 사회는 문신 시술을 범죄로 단죄하고 규제한다. 김준은 법의 테두리 안에서 표현의 자유를 누릴 수 있는 방법으로 스마트 기기를 선택했다. 이런 그의 속내는 작가 노트에서도 드러난다.

꿈틀거리는 살덩이 위에 새겨진 문신 (…) 그것은 아직도 문신을 하나의 문화로 간주하지 못하고, 범죄 취급하는 우리 현실에 대한 도전이다. 이미 현대인의 신체 일부가 되어버린 모바일에 내가 원하는 문신을 새기고 다니는 건 불법이 아니니까.

김준표 문신은 국내외 미술계의 주목을 받고 있다.

미술은 눈으로 감상하는 특성을 지녔기에 촉각은 오랫동안 미술가들의 관심을 끌지 못했다. 신체적 접촉을 연상시키는 촉각은 동물적인 쾌감을 자극하는 상스러운 감각이라는 편견으로 인해 경멸받고 억압당했다. 김준은 저평가된 촉각을 시각과 동등한 수준으로 끌어올렸다. 분리된 두 감각을 융합하는 특수 기법도 개발했다. 사진과 회화의 장점, 촉각과 시각적 특성이 결합된 공감각적인 인체를 창조했다.

감상자는 문신이 새겨진 인체를 보는 순간 실제 피부를 만지는 듯한 착각에 빠져든다. 작품 속의 육체는 그만큼 촉각적이고 에로틱하며 장식적이다. 눈이 만지고 손이 보기 때문이다.

## 물감을 뜨개질하다

이번에는 전통적인 제작 방식으로 공각감적인 작품을 창작하는 예술가를 만나보자. 김준이 컴퓨터를 이용해 시각과 촉각을 융합한다면 함명수는 붓 터치만으로 두 감각을 통합한다.

서울을 그린 도시 풍경화다. 그림9 그림은 한눈에도 촉각적이다. 캔버스 표면 질감이 시각과 촉각을 동시에 자극한다. 북슬북슬한 털실을 만지는 듯한 혹은 매끈한 국수 면발을 만지는 듯한 감촉이다. 예술가는 단지 붓과 물감만으로 감상자에게 가상의 질감을 느끼도록 만들었다. 비결은 무엇일까? 색채의 효과와 붓놀림의 리듬감을 결합했다.

그가 사용하는 팔레트는 다른 화가들의 것과 다르다. 팔레트의 칸칸마다 물감을 짜 놓는다. 각각의 칸에 들어있는 색은 대략 50여 가지. 예술가는 준비된 팔레트에서 물감을 섞는 대신 1호 크기의 세필로 물감을

**그림 9**
함명수
〈도시 풍경〉
2010년
캔버스에 유채

**아래**
부분 확대

찍어 캔버스에 꼬불꼬불하게 그리거나 단숨에 길게 내려 긋는다. 화가는 그림을 그린다고 말하는 대신 다양한 물감을 색실 삼아 뜨개질한다고 말한다. 색채의 뜨개질은 그날의 상황에 따라 달라진다. 몸의 컨디션에 따라 거칠거나 성기게 혹은 촘촘하게 짜여진다. 물감으로 직조된 그림의 진가는 멀리서 볼 때 100퍼센트 발휘된다. 각각의 색깔이 감상자의 망막에서 섞이면서 오묘한 혼합색으로 바뀐다. 구불거리는 색실은 털실로 짠 스웨터의 감촉이나 길게 늘어진 국수 가닥의 질감으로 변한다. 물감(시각)을 뜨개질(촉감)하는 행위를 통해 두 감각을 융합한 것이다.

* * *

미술사학자인 베르나르 베렌손은 시각 예술인 미술에서 촉각의 중요성을 이렇게 강조한다. "위대한 그림은 관람객들과 접촉하고 껴안는 촉감적인 특성을 갖고 있다."

영국의 사학자인 마크 스미스는 영국의 애슈몰린 박물관이 1700년대에 이미 관람객들에게 유물을 만지도록 허락했다고 밝혔다. 박물관 관계자들이 유물과의 접촉은 산지식을 얻는 데 필요한 것임을 알고 있었다는 얘기다. 시각은 사물을 인식하는 중요한 감각이지만 보는 것만으로는 한계가 있다. 눈으로만 보는 것은 대상의 표면만을 읽는 셈이다.

예를 들면 어떤 물건을 직접 만져보기 전에는 무거운지 가벼운지, 속이 비었는지 차 있는지, 고체인지 액체인지, 부드러운지 딱딱한지 구별하기 힘들다. 사물을 눈으로 보는 것에 그치지 말고 직접 터치하라. 질감을 확인하면서 보는 것과 만지는 것은 어떤 차이점이 있는지 비교하라. 촉감은 진리에 접근하는 유용한 도구라는 사실을 기억하자.

들 끝에서 조그만 나비 한 마리가 날아왔다.
내 눈이 주워 먹었다.
내 눈엔 뾰족뾰족 샛노란 개나리가 돋아났다.
_김지향

# 눈으로 맛보고
# 입으로 감상하라

트레이시 슈발리에의 《진주 귀고리 소녀》를 영화화한 〈진주 귀걸이를 한 소녀〉의 첫 장면은 오래도록 기억에서 잊히지 않는다.

화가인 베르메르가 남자 주인공으로 등장하는 영화는 첫 장면부터 회화적이다. 영화는 여자 주인공 그리트가 부엌에서 야채를 써는 장면으로 시작된다.

그녀는 비록 하녀지만 예술가처럼 뛰어난 색채 감각을 지녔다. 칼로 잘게 썬 야채들을 그릇에 담을 때도 아무렇게나 담지 않는다. 각각의 야채가 지닌 고유한 색깔들을 고려해 아름다운 조화를 이루도록 배치한다. 영화는 시각과 미각이 밀접한 관련을 맺고 있다는 것을 선명하게 보여주었다.

## 눈으로 시식하다

서양 미술사를 펼치면 시각과 미각을 동시에 자극하는 그림들을 쉽게 찾을 수 있다. 서양 화가들은 식사하거나 요리하는 장면, 식재료를 파는 시장 상인들을 즐겨 그림의 주제로 삼았다. 반면 동양 미술에서 미각이 주제인 그림은 거의 찾아보기 힘들다. 정신성을 중시했던 동양인들에게 음식은 육체의 영역에 속하는 것이었다. 그들에게 먹고 마시는

**그림 10**
빌렘 캄프
〈바닷가재와 뿔로 만든 술잔, 유리잔이 있는 정물〉
1653년 경
캔버스에 유채

행위는 쾌락과 관능, 상스러움을 의미했다.

미각은 서양 미술의 인기 테마였고, 특히 17세기 네덜란드의 풍속화에서 절정에 달한다. 그 시절 네덜란드는 해양 부국이고, 시민들도 해외 교역으로 부를 축적한 상인들이었다. 상인답게 현실적이었고 물질에 대한 욕망도 강했다. 당연히 미각을 자극하는 그림의 수요도 많았다.

앞서 본 정물화는 '프롱크 정물화'로 불린다. 과시, 장식, 겉치레, 허영 등의 뜻을 담고 있는 네덜란드어 'pronken'에서 유래했다. 사치와 향락, 세속적인 부와 권력을 과시한다는 의미에서 '럭셔리 정물화'로 불리기도 한다. 그림 속의 소재인 바닷가재, 은세공으로 장식된 뿔 술잔, 크리스털 술잔, 레몬, 직물 등은 해외 교역을 통해 사들인 값비싼 수입품들이다.

프롱크 정물화의 소장자는 크게 두 가지 유형이었다. 첫째는 그림 속의 사치스런 물건들을 소유할 만큼 재력가라는 것을 자랑하려는 타입이다. 두 번째는 그림을 감상하면서 소유욕을 해소하려는 타입이다. 고급 음식인 바닷가재를 먹어본 적이 없고 진귀한 물품들을 살 만한 경제력은 없지만 눈으로 시식하고 소유하면서 포만감을 느꼈던 것. 즉 프롱크 정물화는 부유층에게는 신분증명서, 중산층에게는 소유욕을 충족시키는 대체물이었다.

그런데 화가는 왜 그림 속의 소재들을 저토록 상세하고도 정교하게 묘사했을까? 실물과 똑같이 묘사한 그림은 시각과 미각을 자극하기 때문이다. 인간의 기본적인 욕망 중의 하나는 먹는 즐거움이며 시각은 미각을 돋우는 조미료라는 것을 프롱크 정물화에서 확인할 수 있다.

한편 그 시절 스페인에서는 '보데곤'이라 불리는 정물화가 인기를 끌었다. 보데곤은 식료품 저장실을 뜻하는 'bodega'에서 유래했으며, 과일이나 채소, 어패류 같은 식재료나 주방용 식기 등을 그린 정물화를 가리킨다.

아래 그림을 그린 후안 산체스 코탄은 보데곤 화가로 명성을 떨쳤다. 액자처럼 보이는 선반에 멜론과 오이가 놓여 있고 양배추와 사과는 줄에 매달려 있다. 야채나 과일을 끈으로 매단 것은 냉장고가 없던 시절 신선도를 유지하기 위한 음식 저장법이다.

보데곤은 네덜란드에서 유행한 프롱크 정물화의 분위기와 사뭇 다

**그림 11**
후안 산체스 코탄
〈과일 정물〉
1600년 경
캔버스에 유채

르다. 소박하고 정결하고 명상적이다. 화면 속에 묘사된 과채도 사치스런 수입산이 아닌 수도사나 농민들의 주식이다. 화가인 산체스 코탄도 스페인 카르투지오 수도회의 수도사였다. 수도사 화가는 미각을 자극하려는 의도에서 정물화를 그리지 않았다. 오히려 식욕을 경계하는 의도로 그림을 그렸다. 왜? 그에게 그림이란 신에게 바치는 간절한 기도였으니까.

스페인에서 보데곤이 인기를 끌었던 것에는 그럴 만한 까닭이 있다. 당시 스페인은 가톨릭 수호국을 자처하고 있었다. 신앙심을 강화시키기 위한 종교적 엄숙함이 필요했다. 따라서 그림에서 물질적인 풍요로움을 향유하고 싶은 인간적인 욕망은 최대한 배제되었다. 보데곤은 사치와 탐욕을 경계하고 금욕과 절식을 권장하자는 의도에서 그려졌다. 즉 욕망의 다이어트용 그림이었다는 뜻이다.

## 미각과 시각의 융합

20세기에 들어서면 미각과 섹스를 연결시킨 그림들이 창작된다. 영화 〈하몽 하몽〉 〈달콤 쌉싸름한 초콜릿〉 〈요리사, 도둑, 그의 아내 그리고 그녀의 정부〉를 기억한다면 식욕과 성욕의 상관관계를 이해하게 되리라.

흔히 성희롱을 할 때 여자를 음식에 비유하거나 남녀의 생식기를 과일이나 채소에 빗대는 음담패설을 하는데, 이는 미각과 성욕이 밀접한 관련을 가졌다는 증거다. 왜 섹스와 미각을 한 쌍으로 짝지었을까? 먹거리는 식물이나 동물의 생식 활동을 통해 생산되기 때문이다.

미각을 성과 결합시킨 그림을 그렸던 대표적인 화가는 미국의 팝 아티스트인 멜 라모스다.

**그림 12**
멜 라모스
〈벨비타〉
1965년
캔버스에 유채

황홀한 S라인 몸매를 자랑하는 누드모델이 요염한 눈빛으로 관객을 유혹하듯 바라본다. 여자는 마치 조각품인 양 좌대에 올라가 포즈를 취했다. 좌대는 '벨비타'라는 가공 치즈의 상자다. 화가가 섹시한 누드모델과 상표가 노출된 치즈 상자를 함께 그린 것은 성욕과 식욕을 동시에 자극하기 위해서다.

라모스는 핀업 걸pin-up girl의 이미지를 미술에 도입해 유명세를 얻었다. 핀업 걸이란 공장 노동자, 군인, 트럭 운전사와 같은 직업을 가진 미국 남성들이 관음증을 충족시키려고 미녀들의 사진을 사물함이나 운전대에 붙이는 관행에서 유래했다. 화가는 성행위와 먹는 행위가 쾌락의 원천이라는 점에 주목했고 성욕과 식욕을 동시에 자극하는 방법으로 공감각을 활용했다. 핀업 걸의 섹시한 이미지를 콜라나 와인, 옥수수 콘, 초콜릿 등 미국인들이 즐겨 먹는 가공식품과 결합시켰다. 그의 그림은 관음증과 미각의 결합은 강력한 최음 효과를 발휘한다는 것을 증명한다.

황인선에게 미각과 시각을 구분하는 일은 무의미하다. 그녀는 두 감각을 융합할 필요성조차 느끼지 못한다. 한국인의 주식인 쌀밥으로 주방용 식기를 만들어 예술 작품으로 전시하니 말이다. 만일 예술가가 허락한다면 관람객은 전시장에 설치된 작품을 감상한 후 누룽지 식기를 먹을 수도 있겠다.

제작 과정을 살펴보자. 예술가는 직접 지은 밥을 핀셋으로 한 톨 한 톨씩 집어 한지 성형 틀에 얇게 붙인다. 찰기가 마르면 성형 틀에서 떼어내 이음새 부분을 천연 접착제인 밥알로 접착시킨다. 오직 밥알의 찰기만을 이용해 식기의 형태를 떠내는 누룽지 캐스팅 기법으로 밥그릇, 국그릇, 냄비는 물론 숟가락, 수저도 만들어낸다.

우리가 날마다 먹는 쌀밥을 미술 재료로 활용한 발상도 기발하지만 공감각을 자극하기에 더욱 흥미롭다. 미각과 시각을 융합한 작품은 환경이나 먹을거리에 대한 소중함을 깨닫는 기회도 제공한다. 먹는 밥으로 식기를 만들고, 그 안에 다시 음식을 담아 먹는, 순환하는 밥이요 순환하는 음식이다. 황인선의 누룽지 조각은 이상교의 동시 〈남긴 밥〉의 메시지와도 일치한다.

**그림 13**
황인선
〈라면 한 그릇〉
2009년
밥풀

**아래**
〈돼지 저금 밥통〉
2009년

강아지가 먹고 남긴 밥은 참새가 와서 먹고,
참새가 먹고 남긴 밥은 쥐가 와서 먹고,
쥐가 먹고 남긴 밥은 개미가 와서 물고 간다.

우리가 무심코 버린 밥알 한 톨도 이 땅에서 살아가는 수많은 생명체의 먹을거리가 되기에 그만큼 소중하다는 메시지다.

✳ ✳ ✳

 코카 콜라가 베스트 브랜드 1등을 차지한 비결은 소비자의 공감각을 자극하는 데 있다. 코코아 콩의 꼬투리를 그린 삽화에서 영감을 얻어 디자인했다는 병의 독특한 형태와 강렬한 빨강과 흰색을 대비시킨 로고는 시각을 자극한다. 단맛과 카페인이 섞인 맛은 미각을, 코카잎 냄새는 후각을, 코를 톡 쏘는 짜릿함은 촉각을 자극한다.

 영국의 인문학자인 다이앤 애커먼은 공감각을 자극하는 식품이 인기가 높다고 주장한다. 예를 들면 포테이토칩은 한 입에 들어가기 힘들 정도로 크게 만든다. 이러한 팽창의 대부분은 공기로 부풀린 것으로, 씹을 때마다 바삭거리는 소리를 내게 한다. 사람들은 공기로 팽팽해진 포테이토칩의 표피를 이빨로 부수면서 나는 시끄러운 소리를 들을 때 쾌감을 느낀다.

 음식은 오감의 보고寶庫다. 식재료를 고르거나 요리할 때, 음식을 먹을 때도 모든 감각을 열어두자. 다양한 색깔을 관찰하고(시각), 냄새를 맡아보고(후각), 음식을 씹을 때 나는 소리를 듣고(청각), 과일이나 채소를 만질 때의 감촉을(촉각) 기억하자. 미각과 오감이 상호 교차하는 공감각적인 체험은 일상에서도 얼마든지 가능하다.

냄새는 공화당 시계처럼 게으르면서도 정확하다.
떠도는 듯하면서도 자리를 잡고 있으며,
산만한 것 같으면서도 신중하다.
침대보 냄새, 아침 냄새, 경건한 냄새.
_마르셀 프루스트

# 향기로 유혹하는 미술

파트리크 쥐스킨트의 소설 《향수》의 주인공 그르누이는 천재적인 후각을 지녔다. 그는 오직 냄새로 세상 만물을 느낀다. 그의 코는 눈이며 귀이며 입이며 손이다. 소설에는 다음과 같은 구절이 나온다.

> 사람들은 정말 멍청하다. 코는 숨 쉬는 데만 이용한다. 모든 것은 눈으로 확인할 수 있다고 믿고 있다. (…) 타인과 자신을 구별하는 암호인 체취도 맡지 못할뿐더러 심지어 자신이 독특한 냄새를 지니고 있다는 사실조차 깨닫지 못한다.

그르누이의 주장처럼 냄새에도 지문이 있다. 인간이 후각으로 구별할 수 있는 냄새의 종류는 1만 가지가 넘지만 대부분은 구별하지 못한다. 숱한 냄새를 맡으면서도 정작 후각의 중요성은 인식하지 못한다. 냄새는 인간의 신체는 물론 심리적, 정치적, 문화적, 경제적으로도 커다란 영향을 끼치는데 말이다.

《아로마》의 저자 콘스탄스 클라센에 따르면 후각은 마법과 치유, 성적인 능력과도 밀접한 관련을 갖고 있다. 책 속에서 뇌 손상으로 후각 기능을 상실한 남자는 자신의 고통을 이렇게 토로한다.

> 후각을 잃는 순간 마치 눈이 멀어버린 듯했다. 우리의 삶에서 냄새가 얼마나 큰 비중을 차지하고 있는지 미처 깨닫지 못했다. 도처에서 사람 냄새를 맡고, 책 냄새를 맡고, 도시와 봄 냄새를 맡는데도 말이다.

쥐스킨트는 문장과 후각을 융합시킨 공감각적인 소설로 세계적인 베스트셀러 작가가 되었지만, 냄새를 미술로 표현하기란 말처럼 쉽지 않다. 후각을 자극하는 그림을 그렸던 대표적인 화가를 손꼽는다면 19세기 영국에서 활동했던 로렌스 알마 타데마 경이 있다.

## 그림에서 장미향을 맡다

네덜란드 태생으로 영국에 귀화한 알마 타데마는 1899년 기사 작위를 수여받을 정도로 생전에 부와 명예를 누렸으나 사후에는 미술 전문가만이 그 이름을 기억하는 화가로 전락했다. 아카데미 화가였던 그는 새롭고 혁신적인 미술을 주도하는 아방가르드형 예술가가 아니었다. 동시대 대중들의 취향에 영합하는 그림을 그렸다.

하지만 잊힌 화가였던 그의 그림이 최근 미술품 경매에서 고가로 낙

**그림 14**
로렌스 알마 타데마
〈카라칼라〉
1902년경
캔버스에 유채

찰되면서 과거의 인기를 되찾고 있다. 컬렉터들은 고대 그리스와 로마, 이집트의 이국적인 풍경을 배경으로 펼쳐지는 감미롭고 로맨틱한 주제에 열광하고, 헐리우드 영화감독들은 역사물의 고증 자료로 활용하고 있다.

이 그림의 배경도 로마 제국 카라칼라 황제의 궁정이다. 황제의 발아래 시녀들이 붉은 장미 꽃잎을 뿌린다. 황제는 바닥에 깔린 장미 꽃잎을 카펫인 양 살며시 밟으면서 지나가게 되리라. 카라칼라 황제는 로마

07. 공감각형 예술가   315

제국 역사상 가장 끔찍한 악행을 저질렀던 폭군 중의 한 사람으로 후대에까지 악명을 떨쳤다. 화가는 인륜마저 저버린 잔인한 황제를 하필 아름다운 장미와 결합시켰을까? 황제는 장미 마니아였다.

고대 로마인들은 장미를 끔찍이도 사랑한 민족이었다. 바쿠스 축제가 열리는 기간에는 땅을 온통 장미 꽃잎으로 뒤덮었고, 군인들은 장미꽃을 장식한 채 전쟁터로 나갔다. 스포츠 행사나 연회, 혼례식과 장례식에도 장미 향을 사용했다. 오죽하면 장미를 기념하는 공휴일까지 만들었을까.

폭군 황제들의 장미 사랑은 상상을 초월할 정도였다. 카라칼라와 더불어 폭군의 대명사로 불리는 네로 황제는 만찬 회장 천장에 특수 파이프를 설치하고 하객들 머리 위에 장미 향수를 뿌렸다. 역시 폭군으로 악명 높은 엘라가발루스 황제는 장미 꽃잎을 띄운 욕조에서 목욕을 즐겼으며, 불면증을 치료하기 위해 장미 꽃잎을 넣은 베개를 애용했다.

로마 제국을 동경했던 알마 타데마는 장미의 시대를 실감나게 재현하기 위해 철저한 고증을 거쳐 그림을 완성했다. 로마를 답사하고 고적과 유물을 연구하는 등 고고학적 지식과 답사 체험을 그림에 접목했다. 작품 속의 건축물과 의상은 마치 로마 시대를 복원시킨 것처럼 실제감이 느껴진다. 그 덕분에 감상자는 그림에서 달콤한 장미향을 맡는 듯한 착각이 들게 되는 것이다.

## 비누 향내가 나는 도자기

화가들은 후각을 자극하기 위해 알마 타데마처럼 꽃이나 풀, 과일, 음식물을 빌어 간접적으로 냄새를 표현했다. 미술에서 후각을 표현하는 것은 거기까지였다. 하지만 신미경은 미술의 한계를 훌쩍 뛰어넘는다. 보는 것과 냄새 맡는 것의 경계를 해체하고 완벽하게 하나로 통합한다.

전시장 좌대에 분청사기, 철화 백자, 달 항아리 등 다양한 도자기 그림15 가 놓여 있다. 이 도자기들을 제대로 감상하려면 보는 것은 물론 냄새까지도 맡아야 한다. 작품 감상은 어디까지나 시각과 촉각의 영역이다. 도자기와 후각의 결합은 상상조차 하기 힘들다. 과연 이 작품이 시각과 후각을 융합시킨 공감감적인 작품일까?

그렇다. 상상의 코를 도자기에 대고 냄새를 맡아보라. 향기로운 비누 냄새가 후각을 자극한다. 언뜻 보면 영락없는 도자기지만, 가까이 다가가서 냄새를 맡으면 비누 향내가 난다. 왜냐하면 비누로 만들어진 도자기니까.

신미경은 다른 예술가들은 미술 재료로 사용한 적이 없는 비누를 활용해 도자기를 만든다. 비누로 도자기 형태를 뜨고, 동양화에서 사용하는 천연 안료로 밑색을 칠하고, 마치 유약을 바르듯 투명한 비누막을 한 겹 입히고, 상감 기법으로 무늬를 새기거나 다양한 문양을 그려 넣는다.

'비누로 도자기를 만드는 것쯤이야'라고 가볍게 생각한다면 크게 실수하는 것이다. 예술가는 일반적인 조각 재료보다 머리품과 손품을 훨씬 많이 팔아 창작한다고 말한다.

비누 가루로 반죽을 만들어 붙이고 깎아내는 작업은 결코 쉽지 않다. 작품 한 점을 완성하는 데 3개월에서 6개월이 걸린다. 돌조각은 강하게 다뤄야 한다면 비누 조각은 달래가면서 살살 다뤄야 한다.

**그림 15**
신미경
〈Translation-Vase〉 연작
2007년
비누 · 오리엔탈 페인트

대다수의 관객들은 힘든 창작 과정을 거쳐 태어난 비누 도자기를 진짜 도자기로 착각한다. 좌대에 놓여 있어 더욱 헷갈린다. 실제로 그런 일들이 벌어지기도 한다. 그녀가 2007년 영국의 대영 박물관에서 달항아리 특별전을 개최했을 때의 에피소드다.

한국관에 있던 도자기가 다른 곳으로 옮겨진다는 소식을 들은 그녀는 빈자리를 비누로 만든 달 항아리로 채웠다. 관람객들은 유리 진열장 속에 들어 있는 비누 도자기가 가짜라는 사실을 전혀 눈치 채지 못했다. 외양도 똑같은데다 명색이 대영 박물관인데 설마 짝퉁 도자기를 진열할까 싶어 의심조차 하지 않았다. 이 깜짝 이벤트는 화제를 낳았다. 진품과 모사품의 정의에 대해, 권위에 굴복하는 대중들의 심리에 대해 날카로운 질문을 던졌기 때문이다.

신미경이 비누로 도자기를 만드는 기발한 발상을 하게 된 동기는 무엇일까? 그녀는 런던에서의 유학 시절, 대영 박물관의 소장품들을 관람하면서 공감각에 눈을 뜨게 되었다. 서양 조각에서 자주 사용되는 흰 대리석을 보는 순간 비누가 연상됐다. 매끈한 대리석과 반들반들 윤이 나는 비누는 색감이나 질감이 매우 유사했다. 오래된 돌조각들도 비누와 닮았다는 생각이 들었다. 돌조각은 세월의 흐름에 마모되고 비누는 사람의 손에 의해 닳지 않던가. 시간의 힘은 견고한 돌마저도 비누처럼 형체를 해체시키고 무無로 돌아가게 만든다. 그녀는 영원한 것은 없다는 깨달음을 얻었고, 박물관에서의 공감각적 체험을 비누 도자기라는 아이디어로 연결시켰다.

시각과 후각, 촉각을 융합시킨 도자기 작품은 감상자에게 또 다른 반전의 재미를 안겨준다. 원본 도자기를 고스란히 베낀 짝퉁이지만 독창적인 예술품으로 인정받는다. 이는 예술가가 "내 작업은 비누라는 흔한 재료를 통해 문화의 상호 침투와 전이, 독창성의 문제, 복제와 재생산을 다룬다. 도자기 시리즈는 진품과 위조품 논란에서 자유로운 나만의 방식으로 창조한 온전한 진품"이라고 말한 것에도 드러난다. 정말이지 머릿속에 때처럼 눌러 붙은 편견이나 고정관념을 말끔하게 씻어주는 비누 같은 작품이 아닌가.

## 향기를 전시하다

박혜수는 보이지 않는 향기를 전시한다. 어떻게 향기가 예술 작품이 될 수 있을까?

전시 장면을 찍은 사진을 보면 궁금증이 풀린다. 예술가는 향기를 제조하는 조향수로 변신했다. 실험실의 과학자나 의사처럼 하얀 가운을 입고 유리 용기에 든 다양한 향료를 섞어가면서 맞춤 향기를 만든다. 향기 주문자는 관객이다.

전시장을 방문한 관객은 스스로 원한다면 예술가에게 자신만의 향기를 제조해 달라고 요청할 수 있다. 조건이 있는데, 간단한 심리 테스트를 작성해 예술가에게 제출해야 한다.

박혜수가 제조한 향기의 이름은 시적이면서 공감각적이다. 탐험가의 열정, 내 멋대로 자신감, 완벽주의자의 정확함, 몽상가의 상상력, 20대의 명석함, 얼음 공주의 외로움, 내 멋대로 자신감, 외눈박이 물고기의 외로움 등. 그녀는 30여 개의 향료 중에서 네다섯 가지를 혼합해 관객의 향기를 제조한다.

관객들은 자신의 향기가 어떤 조합으로 이루어지는지 지켜보고, 만

**그림 16**
박혜수
〈Find Your Scent–당신의 향기를 물어보세요〉
2008년
가변 설치

들어진 향기는 진열대의 유리 용기에 담겨 전시된다. 이런 모든 과정이 예술 작품이 되는 향기 퍼포먼스다. 그녀는 후각을 전시 콘셉트로 선택한 의미에 대해 이렇게 말한다.

'나는 어떤 향기가 나는 사람일까?'라는 질문에서 시작한 이 퍼포먼스는 단순히 사람들에게 좋은 향기를 만들어주기 위함은 아니다. 자신이 어떤 성격을 가졌는지 알게 하는 것이다. 그래서 때로는 자신의 의도와는 별개로 본인이 싫어하는 향기가 만들어질 수도 있다.

예술가의 말에서도 드러나듯 향기는 한 개인의 고유한 특성, 정체성을 의미한다. 나 자신조차 몰랐던 나를 탐구하면서 스스로의 향기를 발견하는 것이 시각과 후각을 융합한 이 작품의 메시지다.

❋ ❋ ❋

산업계와 유통 업계에서 향기 마케팅이 성업 중인데 그럴 만한 근거가 있다. 다른 감각들은 매개체인 시냅스를 통해 뇌에 메시지를 전달하는 데 반해 후각은 뇌와 직접 접촉한다. 게다가 냄새가 담당하는 영역은 기억이나 분위기, 정서다. 냄새는 소비자의 기분이나 정서에 직접적으로 호소하기에 마케팅 효과가 높다고 한다.

《감각의 박물학》이라는 책에서 소피아는 향기를 제조하는 조향사다. 다음은 그녀가 공개한 특급 향수를 만드는 비법이다.

"향수 제조는 음악과 깊은 관련이 있어요. 우선 두세 가지 아이템만으로 단순한 화음을 만들어내듯 몇 가지 단순한 향기를 조합합니다. 이 화음들을 합쳐 복잡한 화음을 만들어내면 웅장하고 현대적인 오케스트라가 되지요. 생소하게 들리겠지만 향기를 조합하는 것은 작곡과 매우 비슷합니다."

이제 소피아처럼 다양한 냄새를 채집해 아름다운 화음을 만들자. 냄새의 오케스트라, 향기를 조합하는 예술가. 생각만 해도 근사하지 않은가.

# 08

너와 나의 크로싱
## 협업형
예술가

페테르 파울 루벤스
프란스 스네이데르스
윌리엄 모리스
번 존스
길버트 프로쉬
조지 패스모어
김미인
서정국
권여현
안토니 곰리
정영훈

지식을 공유하면
혁신은 저절로 이뤄진다.
_앤드루 맥아피

# 함께는 혼자보다 힘이 세다

융합형 시대를 대변하는 단어 중의 하나는 '협업'이다. 소셜 네트워크 서비스로 불리는 'SNS'는 'I'에서 'We'와 'They'로, 종縱에서 횡橫으로의 변화를 말해준다. 누구나 자유롭게 정보를 올리고 편집하는 '위키피디아'는 집단 지성을, 수백, 수천 명의 친구들을 맺어주는 '페이스북'은 집단 인맥을, 소비자들이 공동구매하는 '소셜 커머스'는 집단 쇼핑을 보여주는 협업의 대표적인 사례다.

## 대가는 함께 일했다

협업을 통해 새로운 가치를 창조하는 시대상을 반영하듯 미술에서도 공동 창작하는 예술가들이 늘어나고 있다. 복수의 예술가들이 아이디어를 공유하거나 공동 제작하는 방식으로 창작물을 만들어낸다. 흥미로운 점은 협업을 통한 공동 창작은 21세기만의 산물이 아니라는 것. 중세에서 18세기까지는 미술에서 협업이 가장 활발하게 이루어진 시기였다.

미술사학자인 질 네레에 따르면 17세기 바로크의 거장 페테르 파울 루벤스는 동료 화가인 프란스 스네이데르스와 공동 작업으로 〈사슬에 묶인 프로메테우스〉를 완성했다. 루벤스는 동료 화가와의 협업으로 그림을 그렸다는 증거를 기록으로 남겼다.

코카서스 산에 묶인 프로메테우스와 그의 간을 쪼아 먹는 독수리에서 원화는 내가, 독수리는 스네이데르스가 그렸다. 가격은 500플로린.

1621년 루벤스의 작업실을 방문했던 덴마크 의사 오토 스페를링은 협업하는 현장을 목격했다.

창문이 없고, 천장에 난 채광창으로만 빛이 들어오는 커다란 방에서 많은 젊은 화가들이 각자 캔버스에 그림을 그리고 있었다. 그림들은 루벤스가 초크로 드로잉하고 일일이 색상을 지시한 작품들이었다. 마무리는 루벤스가 직접 했다. 그런 과정을 거친 그림들은 루벤스의 작품으로 인정되었다.

독자들은 렘브란트와 더불어 바로크 최고의 화가로 평가받는 루벤스가 다른 화가들의 도움을 받아 그린 그림을 자신의 작품으로 둔갑시켰다는 사실을 알고 나면 당혹감을 감추지 못하리라. 그러나 루벤스는

**그림 1**
페테르 파울 루벤스 · 프란스 스네이데르스
〈사슬에 묶인 프로메테우스〉
1610~1611년
캔버스에 유채

 '양심 불량'으로 그런 짓을 한 것이 아니다. 당시의 제작 관행을 따른 것이다. 그 시절 유명 예술가들은 혼자서 창작하지 않았다.
 화가의 아틀리에도 오늘날의 작업실과는 많이 다르다. 중세의 공방 guild에서는 고객에게 작품을 주문받으면 여러 명이 함께 작업했고, 서

명도 아틀리에의 이름으로 대신하는 경우가 많았다. 17세기 아틀리에의 주인master은 오케스트라의 지휘자와 같았다. 거장은 작품 전체를 총괄했으며 주요 부분만 자신이 직접 그리고, 나머지는 협력자들과 도제들에게 맡겼다. 협력자라고 무시하면 곤란하다. 그들은 꽃, 동물, 풍경 등 해당 분야의 전문 화가였다.

루벤스가 고객에게 사기를 친 것은 아니다. 계약서에 동료 화가와 공동 작업한 사실을 솔직하게 밝혔고 가격도 합당한 선에서 제시했다. 자신이 전부 그리면 가격은 올라갔고, 협력자와 공동 작업하면 내려갔고, 전혀 손을 대지 않으면 스스로 2급 작품으로 분류했다.

다시 말해 그 시절의 화실은 주문 제작으로 작품을 완성하고 납품하는 일종의 그림 공장이었다. 미술사학자들이 거장들의 작품을 놓고 진위 논쟁을 벌이게 된 이유도 협업의 관행에 있다.

예술가들은 왜 협업으로 그림을 제작했을까? 생산성을 높이기 위해서였다. 루벤스처럼 인기 화가라면 쇄도하는 주문량을 혼자서 감당하기란 불가능하다. 효율적인 면도 있었다. 제아무리 재능이 뛰어난 화가라도 꽃, 동물, 풍경, 인물 등을 모두 잘 그릴 수는 없으니까.

하지만 18세기에 접어들면서 공동 창작은 점차 자취를 감춘다. 예술가의 위상이 높아지면서 창작 환경에도 커다란 변화가 일어났다. 1648년, 파리에 미술 아카데미가 설립된 것을 계기로 '예술가=특별한 존재'라는 공식이 성립되었다. 심지어 예술가는 천재라는 여론이 형성되었다. 예술가와 고객을 중개하는 화랑도 생겨났다. 예술가는 그림을 주문받기 위해 고객의 눈치를 살필 필요가 없어졌다. '창작의 자유'란 예술가가 화실에서 홀로 작업하는 것을 의미하게 되었다.

## 예술이 된 디자인

19세기 말에 들어서면 협업에 의한 작품 제작은 극히 희귀한 사례가 된다. 그런데 최초의 북 디자이너인 윌리엄 모리스는 시대를 거슬러 올라가는 시도를 한다. 중세의 공방 시스템을 '세기말 버전'의 공동 작업실로 변형시켜 동료 예술가들과 협업으로 작품을 제작했다. 특히 절친한 친구인 번 존스와의 공동 창작은 유럽 미술계에 커다란 반향을 불러일으켰다. 그들이 협업한 동기는 무엇이며 어떤 결과를 가져왔을까?

'영시의 아버지'로 불리는 제프리 초서의 작품집이다. 모리스와 번 존스가 함께 제작했다. 활자(초서체) 고안과 전체적인 디자인은 모리스의 몫, 표지와 속지를 장식한 포도 잎사귀와 넝쿨, 화초 문양 등의 삽화는 번 존스가 맡았다. 두 예술가의 협업은 놀라운 결과를 가져왔다. 중세풍의 우아한 글씨와 화려한 장정, 아름다운 삽화가 황홀한 조화를 이룬 책은 그 자체가 하나의 예술품이다. 번 존스마저 "책은 작은 대성당이 될 것이다(중세 성당의 아름다움을 책으로 구현했다는 뜻)"라고 말할 정도였으니까. 이 책은 아센덴 공방의 〈돈키호테〉, 더우즈 공방의 〈성서〉와 더불어 세상에서 가장 아름다운 3대 인쇄본이라는 찬사를 받고 있다.

모리스가 과거의 공방 제작 방

**그림 2**
윌리엄 모리스·번 존스
〈제프리 초서의 작품집〉

식을 복원시킨 의도는 무엇일까? 이상주의자이며 멀티아티스트였던 모리스는 디자인이 인간의 의식주와 사고, 감성에 지대한 영향을 미치는데도 불구하고 단지 제품을 포장하고 홍보하는 도구로만 인식되는 현실이 안타까웠다. 디자인 세상으로 바뀌면 산업과 기계문명에 의해 파괴된 공동체적 의식도 저절로 회복되리라고 판단했다. 그러기 위해서는 주거 공간, 가구, 생활용품은 물론 공공건물도 기계 생산이 아닌 예술가의 손으로 직접 만들어야 했다. 그는 예술과 일상이 하나로 융합되는 디자인 도시, 디자인 인생을 꿈꿨고 이를 위해 중세의 공방을 벤치마킹했다. 동료 예술가들과 함께 모리스-마셜-포크너 회사를 설립했다. 예술가와 장인을 구분 짓지 않고 협업으로 창작했던 중세적 방식 그대로 양탄자, 스테인드글라스 창문, 도자기, 타일, 가구 등 다양한 생활용품들을 제작했다. 모리스-마셜-포크너 회사는 현대 디자인 회사의 원조다.

또한 모리스는 켐스콧 프레스라는 출판 공방을 설립하고 영국 최고의 예술가들과의 공동 작업으로 세상에서 가장 아름다운 책들을 만들었다. "책이란 읽기 전에 보는 것"이라고 주장했던 그가 모델로 삼았던 책은 중세 채색 필사본이었다. 5~15세기에 제작된 필사본은 글을 베껴 쓰는 필경사와 그림을 그리는 채식 화가, 세밀 화가와의 협업으로 만들어졌다. 책의 소장자는 왕족, 귀족, 성직자, 교수와 같은 상류층과 지식인이었다. 신분 과시용이며 특권층의 정체성을 상징했기에 예술 작품처럼 만들어졌다.

모리스는 명품책을 만들기 위해 골든체(로만체), 트로이체(고딕체), 초서체 등을 고안하고 인쇄되는 면이나 자간, 행간, 레이아웃, 종이와 잉크도 연구했다. 그는 미술과 디자인, 예술가와 장인을 융합시킨 멀티아티스트였다. 현대 디자인의 시조, 최초의 북 디자이너, 책 제작의 명장名匠이라는 찬사를 받고 있다.

## 예술 창작의 샴쌍둥이

20세기 미술계로 오면 공동 창작이라는 단어는 실종된다. 사람들의 머릿속에서 순수 미술이란 '단 한 명의 예술가가 세상에서 단 한 점뿐인 작품을 창작하는 것'으로 고착된다. 하지만 20세기 중반 이후 유명 예술가들의 리스트에 공동 창작자의 이름이 하나둘 등장하기 시작한다. 길버트와 조지, 크리스토와 장 클로드, 피에르와 질, 체프먼 형제 등이다. 이들은 공동 창작물로 미술계에 신선한 자극을 주고 있다.

이 중 길버트 프로쉬와 조지 패스모어는 가장 유명한 듀오 아티스트로, 예술 창작에 관한 한 '샴쌍둥이'다. 길버트는 이탈리아인, 조지는 영국인으로 국적도 다르고 혈연 관계도 없는 남남이건만 똑같은 옷을 입고, 똑같은 음식을 먹고, 쇼핑을 할 때도 마치 한 사람인 양 똑같이 행동하고 창작 활동도 함께 한다.

이 작품의 제목은 〈노래하는 조각〉이다. 두 예술가는 미술사의 기네스북에 오를만한 황당한 일을 시도했다. 둘이서 살아 있는 조각품 흉내를 낸 것이다. 샐러리맨처럼 정장을 하고 손과 얼굴에 금속 광택이 나는 컬러 페인트를 칠한 다음 전시장에 놓인 탁자 위로 올라가 테이프에서 흘러나오는 노래에 맞춰 춤을 췄다. 노래가 끝나면 탁자에서 내려와 테이프를 앞으로 돌리고 똑같은 행동을 반복했다. 그것도 전시 기간 동안 날마다, 온종일.

**그림 3**
길버트 프로쉬 · 조지 패스모어
〈노래하는 조각〉
1970년

두 예술가는 공동 창작하는 예술가인 동시에 자신들이 창조한 작품이 되었다. 그리고 스스로를 '살아 있는 조각'으로 명명했다.

2인조 미술가는 예술가의 신체도 작품의 재료가 되며 창작품이 될 수 있다는 기발한 콘셉트로 세계적인 명성을 얻었다. 그들은 어떻게 자신들의 몸을 전시한다는 기발한 발상을 하게 되었을까?

두 사람은 1961년 런던 세인트마틴스 미술대학의 동창생으로 만났다. 졸업 시즌이 되었을 때 둘 다 돈이 궁해 작업실을 얻지 못했고, 그

동안 작업했던 조각품들을 학교에 남겨두고 떠나야만 했다. 쓰라린 경험은 두 사람을 한 팀으로 묶어주는 계기가 되었다.

만일 예술가의 신체를 작품으로 전시한다면 모든 고민이 한순간에 해결되리라. 작업실과 재료, 도구도 필요 없고 시간과 공간의 제약도 받지 않게 된다. 예술의 한계를 뛰어넘는 자유로운 창작 행위도 얼마든지 가능하다. 둘의 마음만 일치하면 언제 어디서나 작품으로 깜짝 변신할 수 있으니 말이다.

이후 두 사람은 개인적인 삶을 포기하고 2인조 예술가로 공동 창작하면서 살고 있다. 1986년에는 자신들이 주인공으로 등장하는 대형 사진 작업으로 영국에서 가장 권위 있는 터너 상을 수상하기도 했다. 두 사람이 일심동체가 되어 공동 창작을 하는 일은 말처럼 쉽지 않을 것이다. 엄청난 희생과 인내가 필요하겠지만 지금껏 둘이면서 하나인 삶을 살며 창작 활동을 한다. 결코 분리될 수 없는 이름인 '길버트 & 조지'로.

독자는 한국 미술계에도 협업으로 창작하는 사례가 있는지 알고 싶어지리라. 나 역시도 그런 점이 궁금했고 〈더블 액트 Double Act〉전을 기획하면서 해답을 얻었다. 기획전에 참여했던 예술가 그룹 중 서정국, 김미인 팀은 흥미로운 콘셉트로 관람객들의 눈길을 끌었다.

두 사람은 부부 예술가다. 평소에는 혼자 작업하지만 때로 뭉쳐서 공동 작업을 한다. 전시 도록에 실린 두 예술가의 인터뷰를 읽으면 공동 작업의 의미를 이해하게 된다.

• **공동 작업의 과정은?** 아이디어를 도출하는 부분에서는 각자 따로 진행하지만 형태나 색채, 설치 방법, 기술적인 면 등은 공동으로 진

**그림 4**
김미인 · 서정국
신종 생물 시리즈
2004년
F. R. P. 우레탄

행한다. 그런 과정에서 자연스럽게 역할 분담이 이루어진다.

• **장점과 단점은?** 요즘은 예술가라고 오로지 작업에만 몰두할 수 있는 세상이 아니다. 작품 설치, 컴퓨터 작업, 작업 노트를 쓰는 등 창작 이외의 부분에도 많은 시간을 할애해야 한다. 함께 창작하면 혼자서는 버거운 일들도 서로 나누어 가질 수 있다. 또한 서로가 힘들어하는 분야가 다르기 때문에 혼자일 때보다 문제를 해결하기 쉽고 작업에 집중하는 시간도 벌게 된다. 스케일이 큰 작업이나 작업량이

많은 경우에도 조금 더 용감해질 수 있다.

반면 단점은 상대와 다른 생각을 버려야 할 때가 종종 있고, 작업이나 혼자만의 생각대로 진행될 수 없다는 것이다. 자신만의 개성을 조금씩 양보해야 하고, 때로는 섞이기도 하면서 창작에 대한 성취감이 줄어들기도 한다.

• **공동 작업의 의미?** 인생의 동반자인 부부가 협업하면서 예술혼을 공유하는 동지 의식을 갖는 것, 서로에게 필요한 존재가 되는 것은 삶에 즐거움을 준다. 그것이 공동 작업을 오랫동안 지속할 수 있게 하는 가장 큰 이유라고 생각한다.

선택은 두 가지다.
나의 길을 부르짖으며 홀로 투쟁하느냐,
의리의 길을 노래하며 함께 싸울 것인가.
_트와일라 타프

## 모두가 예술가

지금껏 독자와 듀오 아티스트의 공동 창작에 관한 이야기를 나누었다. 이번에는 여러 사람들과의 협력으로 예술 작품을 창작하는 사례를 찾아보자.

세계적인 설치 예술가 올라퍼 엘리아슨은 베를린에 있는 자신의 이름을 딴 올라퍼 스튜디오에서 무려 서른 명에 이르는 과학자, 건축가, 기술자들과의 협업으로 작품을 창작한다. 예술가는 이들을 가리켜 조수가 아닌 협력자라고 부른다. 만일 그가 작품 제작에 집단 협업 방식을 도입하지 않았다면 미술과 과학, 공학, 생태 환경을 융복합한 설치 작품을 창작할 수 없었으리라.

한국의 권여현은 제자들과의 집단 협업으로 새로운 형식의 미술을 제작한다. 조선 시대 풍속화의 대가 신윤복의 대표작인 〈월하정인〉을

**그림 5**
권여현
〈신윤복, 월하정인〉
2004년
사진 위에 혼합 재료

**그림 6**
신윤복
〈월하정인〉

차용한 그림이다. 작품의 제작 과정은 기발하다.

　교수와 제자들은 원작 속의 인물과 똑같은 포즈를 취하고 사진을 찍는다. 각자는 자신이 분한 인물을 대한 책임지고 완성한다. 이 작품에서 예술가는 보름달 속에서 연인들의 밀회 장면을 훔쳐보는 남자로 분했다. 데이트하는 두 남녀는 제자들이다. 달 속의 남자는 권여현이 그렸고 여인은 여학생, 선비는 남학생이 그렸다. 즉 교수와 두 제자, 세 사람의 공동 작업을 통해 그림은 완성되었다.

　집단 창작품은 미술 수업의 결과물이기도 하다. 학생들은 창작에 사용될 명화를 고른다. 명화가 결정되면 자신이 어떤 역할을 맡을지 스스로 선택한다. 명화 속 상황을 똑같이 재현하는 연출 사진을 찍고 인화된 사진을 확대해 자신이 분한 인물은 각자 맡아서 그리는 식이다.

　흥미롭게도 예술가는 단지 자신의 모습만 그렸고 나머지는 제자들이 그렸는데도 작품의 소유권과 저작권은 그에게 있다. 그는 집단 창작을 지휘하고 감독하는 연출가이며 최초로 아이디어를 낸 사람이기 때문이다. 예술 기획 자체를 엄연한 창작 행위로 인정하는 것, 이것이 곧 작품의 콘셉트다.

## 쌍방향 예술

2009년 7월 6일, 런던의 명소 트라팔가 광장에서 기상천외한 퍼포먼스가 벌어졌다. 사람들은 마치 조각품인 양 대형 대좌 위에서 1시간 동안 다양한 포즈를 취한 채 서 있었다. 100일 (2400시간) 동안 총 2400명이 릴레이로 참여해 매시간 살아 있는 조각상으로 변신하는 'One & Other'라는 이름의 예술 프로젝트였다.

**그림 7**
안토니 곰리
〈One & Other〉
2009년

평범한 시민들이 예술 작품이 되는 체험 퍼포먼스를 기획하고 연출한 사람은 영국 출신의 세계적인 조각가 안토니 곰리다. 흥미롭게도 작품의 창작자는 예술가와 수많은 시민들이었다. 관람객이 참여하지 않으면 작품은 완성될 수 없기 때문이다.

조각상이 되기를 원하는 사람들을 선정하는 방법에서부터 홍보에 이르기까지의 전 과정이 민주적으로 이루어졌다. 공식 홈페이지를 통해 2400명의 지원자를 공개모집방식으로 선발했다. 선정된 사람들은 평범한 시민들이었다. '살아 있는 조각상 1호'로 뽑힌 영광의 주인공도

레이첼 워델이라는 평범한 주부였다. 그녀는 지원 동기에 대해 이렇게 밝혔다.

예술 작품의 소재가 되기 어려운 평범한 가정주부의 모습을 조각상으로 표현하고 싶었다. 특히 내 아이들에게 비록 자신은 평범하다고 느낄지라도 무엇이든 할 수 있다는 것을 스스로 보여주고 싶었다.

참가자들이 예술 작품으로 분한 모습은 24시간 인터넷으로 생중계되었고, 웹사이트에 기록되었다. 예산도 런던 시의 공공 기금을 지원받았다. 예술가는 왜 이런 이색적인 퍼포먼스를 기획했을까? 열린 미술, 열린 사회를 구현하기 위해서였다.

트라팔가 광장에는 남성 중심의 역사가 담긴 기념비적인 조각들이 놓여 있다. 권위적이며 공식적인 자리에 다양성을 지닌, 소수자 집단, 동시대를 살아가는 개인들의 특수한 체험이 반영되도록 했다. 시민들이 직접 참여하는 민주적인 예술 형식을 통해 지금 그대로의 영국을 보게 하려는 것이다.

곰리의 주장에서도 드러나듯 그가 예술에서 가장 중요하게 여기는 것은 대중과의 교감이나 상호 소통이다. 극소수의 사람들만이 예술 작품을 감상하고 이해하는 일방통행이 아닌, 누구나 공감하고 참여하는 쌍방향 예술을 지향한다. 미술에 연극적 요소(퍼포먼스)와 인터넷을 도입한 것도 관람객들을 수동적 감상자가 아닌 능동적 참여자로 끌어들이기 위해서였다. 이처럼 일방 통행이 아닌 쌍방향성 예술을 가리켜 '인터렉티브 아트interactive art'라고 부른다. 인터렉티브 아트에서 작품을 최종적으로 완성하는 사람은 '관람자'다.

이 작품도 관람자의 참여로 완성되는 인터렉티브 아트다. 관람객은 눈으로만 작품을 감상하지 않는다. 텔레비전 화면에 자신이 원하는 무엇이든 그림을 그릴 수 있다. 낙서하거나 숫자를 적어도 된다. 스스로 작품의 이미지와 전개 방향도 바꿀 수 있는, 말 그대로 창작자다. 쌍방향성 예술 작품답게 제작 과정도 협업으로 이루어졌다. 예술가는 협업의 의미를 이렇게 말한다.

인터렉티브 작업은 작품 기획 및 제작에 많은 시간이 소요되며 작가, 디자이너, 프로그래머, 엔지니어 등 여러 전문가들과의 협업을 필요로 한다. 외부 전문가들과 소통하는 부분은 쉽지 않지만, 각자의 분야에 대해 연구한 후 서로 정보를 교환하고 대화를 하면서 점차 서로 간의 간극을 줄여 나간다. 열린 마음으로 다른 분야의 전문가들과 만나 새로운 기술, 미래의 기술에 대해 배우는 마음으로 작업에 임한다.

일찍이 현대 미술의 거장인 마르셀 뒤샹은 "나는 예술품을 제작하는 예술가나 작품을 감상하는 관객 둘 다 중요하게 여긴다"라고 말한 적이 있다. 관람객이 예술 작품의 의미를 깨닫고 해석하는 과정도 엄연한 창조적 행위라는 뜻이다. 이제 예술 작품은 아틀리에를 벗어나 공개된 장소에서 제작되고 관람객들의 참여를 요구한다. 예술은 예술가와 대중들의 협업으로 창작되는 열린 마당이 되었다.

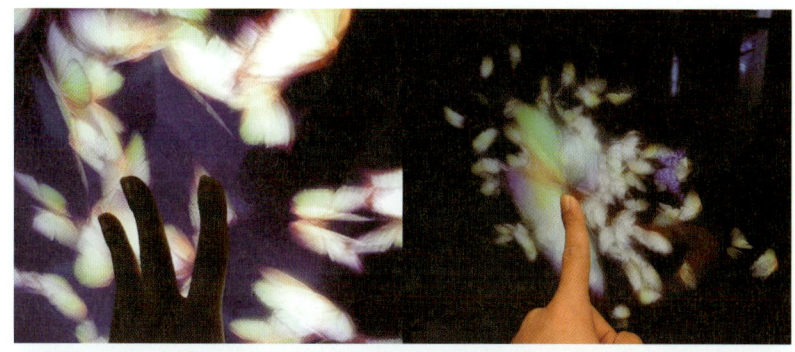

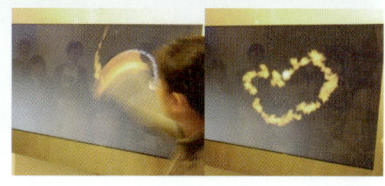

**그림 8**
정영훈
〈The Flowers〉
2002~2009년
디지털 인터렉티브 설치

* * *

《생활 속의 곰팡이》 저자 정동효에 따르면 미생물은 낙엽이나 동물의 유체, 배설물의 유기물을 능률적으로 분해하고 탄산가스와 물, 각종 무기물로 변화시켜 대자연을 정화시키는 역할을 맡고 있다. 그 과정에서 진드기나 흰개미도 미생물과 공동 작업으로 환경을 정화하는 일을 한다.

페이스북이 자신의 프랑스어 사이트를 만드는 데 걸린 시간은 얼마였을까? 믿기 힘들겠지만 단 하루였다고 한다. 비결은 페이스북 이용자들의 적극적인 번역 참여. 모두 협업의 중요성을 말해주는 사례들이다.

우리는 소셜 네트워크를 활용해 언제 어디서든지 함께 일할 수 있는 환경에서 살고 있다. 얼마나 다행한 일인가. 깊고 넓게 아는 자가 될 수 있는 길이 우리 앞에 활짝 열려 있으니.

협업은 '기적'을 만들어내기도 한다. 함께는 혼자보다 힘이 세다.

**KI신서 3407**

**이명옥의 크로싱**

**1판 1쇄 발행** 2011년 6월 24일
**1판 2쇄 발행** 2011년 7월 7일

**지은이** 이명옥 **펴낸이** 김영곤 **펴낸곳** (주)북이십일 21세기북스
**출판콘텐츠사업부문장** 정성진 **출판개발본부장** 김성수 **인문실용팀장** 심지혜
**기획·편집** 이주희 **디자인** 씨디자인
**마케팅영업본부장** 최창규 **마케팅** 김보미 김현유 강서영 **영업** 이경희 우세웅 박민형
**출판등록** 2000년 5월 6일 제10-1965호
**주소** (우413-756) 경기도 파주시 교하읍 문발리 파주출판문화산업단지 518-3
**대표전화** 031-955-2100 **팩스** 031-955-2151 **이메일** book21@book21.co.kr
**홈페이지** book21.com **21세기북스트위터** @21cbook **블로그** b.book21.com

© 이명옥, 2011

ISBN 978-89-509-3163-6 03320
책값은 뒤표지에 있습니다.

이 책 내용의 일부 또는 전부를 재사용하려면 반드시 (주)북이십일의 동의를 얻어야 합니다.
잘못 만들어진 책은 구입하신 서점에서 교환해 드립니다.